汤之《盘铭》曰：苟日新，日日新，又日新。

《康诰》曰：作新民。

《诗》曰：周虽旧邦，其命维新。

是故，君子无所不用其极。

——《大学》

主　编：高全喜
学术委员：李　强　季卫东　王　焱　高全喜
　　　　　张千帆　曹卫东　杨立范　陈　明
　　　　　谢鸿飞　刘海波

政体初论

刘海波 著

图书在版编目(CIP)数据

政体初论/刘海波著. —北京：北京大学出版社，2005.1
(政治与法律思想论丛)
ISBN 7-301-08382-3

Ⅰ.政… Ⅱ.刘… Ⅲ.政治制度-研究-中国 Ⅳ.D621

中国版本图书馆 CIP 数据核字(2004)第 128028 号

书　　　　名：	政体初论
著作责任者：	刘海波　著
责 任 编 辑：	梅　林　谢海燕
标 准 书 号：	ISBN 7-301-08382-3/D·1044
出 版 发 行：	北京大学出版社
地　　　址：	北京市海淀区中关村 北京大学校内　100871
网　　　址：	http://cbs.pku.edu.cn　电子信箱：pl@pup.pku.edu.cn
电　　　话：	邮购部 62752015　发行部 62750672　编辑部 62752027
排　版　者：	北京高新特打字服务社　51736661
印　刷　者：	三河新世纪印务有限公司
经　销　者：	新华书店
	650 毫米×980 毫米　16 开本　15.25 印张　227 千字
	2005 年 1 月第 1 版　2005 年 5 月第 2 次印刷
定　　价：	22.00 元

未经许可，不得以任何方式复制或抄袭本书之部分或全部内容。
版权所有，翻版必究

前　言

在这本书中，政体（constitution 或 regime）是一个关键的词，不过我却不打算像通常的做法那样先给它一个定义。我使用着这个词，只要这本书的内容、使用这个词时的上下文，能使读者明白我的意思就可以了。通常的定义方式，而不是词典式的释义方法，本身就是我反对的一种思考问题的方式。

这本书名为《政体初论》，而不是《政体新论》，因为我的研究范式不是新颖的，我试图效法最古老的思考方式，其有文献记载的源头可以上溯到亚里士多德、周公、孔子时的政治思考。实践伦理学是政治科学的前提，那么关于实践伦理学性质的讨论，也许可以称之为哲学或政治哲学。这种讨论对政治科学的完善非常重要，在一个思想迷乱的时代尤其如此，因为这可以澄清我们的语言，纠正我们自相矛盾的思考和行事方式。政治科学本是人类最古老的一门学问，无论中国还是西方，古人已经获得了堪称伟大的成就。但是今天，特别是在中国，我们在很大程度上似乎已经丧失了古人的视野，失去了古人曾经达到的高度。我力图在自己的研究中恢复政治科学的古典视野和意向，使政治科学重新回到对政体的研究中去，而同时又利用理论社会科学已经取得的成果。书中有些新颖的内容，如关于治水问题，我构建了多中心治理和普通法司法秩序的理论模型，但这只是使用的工具上新旧理论的组合，在理论的意向上，仍然古老。理论的目的是建设性和建构性的，必然是在一定的价值论证下进行的，但我不认为，这会因此损害理论的描述和解释能力，实际上倒刚好相反。对于流行的社会科学规范——价值和事实可以分离，社会科学只关心事实问题，我并不认同，我认为这个说法本身就是个迷信。上文所提及的诸多内容，在书中都有，所以此处不再赘述。

这本书也没有名为《政体论》，因为本书显然论述不够精密，阐述也乏技巧，其中的一些思想现在还正在完善和进一步论述中。我建议读者观其大略、知其大意即可，我只希望能够给读者一些启发。我们所面临的时势的紧迫性和权且提出一些大胆的见解以抛砖引玉的愿望，似乎可以成为这本书公之于众的尚可站得住的理由。《宪政联邦主义的理论建构》写于2001年，其中牵涉到许多哲学层面的问题，对这些问题的思考，可以说是政体论研究的前奏，但没有哪个学者，能把自己的哲学立场彻底地阐述清楚，而且这么做在许多时候也没有必要。这篇文章对联邦制运转在宪法安排层面上的一些问题没有涉及，更没有进行实际政治制度的比较研究。如在政府组成上，全国性政府多大程度上独立于地方性政府？合作联邦主义与二元或竞争联邦主义在政制结构上的差异为何？联邦主义理论是否也是适当的安排司法权的理论？以何种方式划分全国性政府和地方性政府的权力界限？这些问题，在另外的两篇长文《政体论的政治科学与当代中国政体分析》和《联邦主义与司法》中有所涉及。不过，后两篇文章的一个特点是有些一锅煮，我不仅谈了联邦主义，还谈了司法体制的安排、对违宪的司法审查制度和同一层级政府中权力分立与制衡（混合政体）。这不仅是因为这些问题是相互联系的，也是因为我看待这些问题的视角同流行观点不同，导致一个问题总引起另外一个问题，以致不得不依次阐发。今后，我再不会写这样的文章了，至少在学术性论文中，会就一个专门的问题集中论述，而只捎带提一下我的其他看法作为背景。

  本书初步提出了政体分析的三个理论模式，即普通法宪政主义、联邦主义和混合政体。良好政体中最基本的结构体现在统治权和司法权（或治理权与审判权）的分立上，与之相比，联邦主义和混合政体是次级的结构。从实践伦理学的性质和特定司法制度下规范秩序的理性重构中考量，我认为普通法司法制度是良好政体中最基本的结构，成文宪法也是一般意义上普通法的一个部分。我较多地谈到了美国，认为不是权力的功能性分割和多重主权，而是统治权与司法权的分离以及统治权的共享（混合政体）与统治权的重叠（联邦主义）更好地描述和解释了美国政体运转最成功的方面，也成为指导政体安排的规范——实践理论。通常意义上的国家主权对于政体分析是个无意义的概念。一个理论模式，具有规范性的目的，描述并解释了某个事物最好的方面，这不是为了对这个事物进行宣传，而是为了将理论作为工具帮助我们的实践，理论同时对那个事物也是批判性的。努力消除规范判断的结果不会使理论变得更科学。例如混合政体的理论，难道比行为主义者的许多模型缺乏解释能力？不拒绝规范性的理论倒是自然具有很强的解释能力。

上述理论模式，背离了洛克、孟德斯鸠权力分立理论的传统智慧——这似乎是当前宪政理论中政制结构安排的主导范式。我在本书中表达的观点是高度尝试性的，但我认为，如果不进行这种背离，我们没有办法拯救古典政治科学中最重要的智慧，也不能继承英美等政治成功的国家的政治经验中最好的方面。

《政体论》是我今后努力的方向，我祈望能够完成这个工作。

在我的学术经历中，我要感谢很多人，这里只能提到一部分。我要感谢我在北大时的导师王浦劬和李景鹏教授，他们在多方面提携了我；我要感谢王焱、李强、汪丁丁、刘军宁等老师，在思想上我从他们那里获益良多；我要感谢张小劲、景跃进、张鸣等所有系内同事，我们共同维系了一个和谐愉快的工作和生活环境；我要感谢秋风、范亚峰、高全喜等朋友，同他们经常的讨论碰撞出许多思想的火花，本书只是其中的一部分；我感谢这本书责任编辑的细心工作；我要感谢在人大我教过的学生们，他们忍受了我讲课中的凌乱并进而深感兴趣，这使我受到鼓励；最后，我感谢我的妻子吴静湿，她给了我莫大的鼓励和宽容。

刘海波
2004年3月

CONTENTS 目 录

一、理论阐述 ... 1

宪政联邦主义的理论建构 ... 3
  序言 ... 3
  内容摘要 ... 7
  导论 ... 9
  第一章 奥斯特罗姆的论述和宪政联邦主义的概念 ... 25
  第二章 宪政联邦主义的价值论 ... 53
  第三章 宪政联邦主义的知识学 ... 65
  第四章 宪政联邦主义制度的初步论述 ... 94
  第五章 联邦主义与治水秩序 ... 123
  结论 ... 131
  参考文献 ... 134

政体论的政治科学与当代中国政体分析 ... 140

联邦主义与司法
    ——兼对美国联邦主义的一种解读 ... 179
  一、引言：对联邦主义进行进一步的分类 ... 179
  二、联邦主义与司法关系的一些评论 ... 182
  三、体制保障理论 ... 184
  四、美国联邦主义体制保障的缺乏：
    以参议院为例 ... 187
  五、联邦主义的体制保障并不可取 ... 192
  六、为什么是法院以及法律推理的问题 ... 198
  七、只有一个最高法院 ... 205

二、时评杂议 — 211

- 中国的状况与挑战 — 213
- 私有财产权利保护不必入宪议 — 217
- 良好治水秩序的制度条件 — 222
- 众多利益相关者互动的决策过程 — 226
- 由"宝马"案反思我们的司法制度 — 230
- 莫兆军事件的启示 — 232
- 我国现行"一国两制"的问题 — 235

一、理论阐述

宪政联邦主义的理论建构

序　言

在序言中，我想谈谈这篇论文所关注的最核心的两个问题。论文理论的全部立脚点在于人类的立宪选择或对制度的选择是可能的，并因此认为政治科学的关注应从对制度的解释转移到对制度的选择上来。要阐明这一思想在当今的中国是非常困难的，因为已经发生了五四这场思想革命，支撑这一思想的观念，即我们曾经拥有的中国的主流道德论述传统早已不被认为理所当然的，甚至在流行理论明确说出的层次上，就其逻辑而言早被加以拒绝。道德观念被认为不具有独立且指导性的地位，而是在包括尼采、弗洛伊德和各种社会学的学说中进行化约论的解释。立宪选择之所以有可能需要对独立于个人利益的客观正义的信奉，这是论文关心的第一个核心问题。进行制度选择需要对制度的工作性质的理解，即要对无论是否现实存在的不同制度下的社会秩序进行重构，这是论文关心的第二个核心问题。现在已成为显学的经济学和西方十八世纪的立法科学可以在第二个方面帮助我们，但当总体的社会科学观是实证主义的甚至是奥古斯特·孔德式的，即使掌握了经济学明言层次上的一切理论工具，如果没有共享大师们没有明确阐述的、也不可能明确阐述的默会的焦点关注，看来是完全合乎西方学术标准的经济解释也不太可能使我们对制度的工作性质有更深的理解。中国传统学说对制度工作性质的研究似乎只在个别人如顾炎武那里处于萌芽的状态。在实际的制度设中，能够逐步建立起某种差强人意的制度就好像是一个工匠的工作，木匠在打造一张桌子，我们能够把某个木匠的产品称为一张可以使用的桌子，尽管这张桌子距离美、实用、坚固等方面理想的标准还相差很远。当今中国面临的特殊复杂的问题，可能需要理论自身的发展,将西方大师们没有明确阐述的理论含义揭示出来。尽管对制度的工作性质的理解,我们永远也不可能达到完全的程度,却值得做出一切努力。

真正意义上的制度选择之所以可能,是因为我们承认人类道德与价值观念独立的、不可化约的地位。而相反,对制度的全涉性解释无论是孔德、黑格尔式的历史规律的发现,还是用人类的理性选择解释制度——这种理论内部的危机没有得到完全的展现,实际上都建立在似是而非的信念基础上。此种信念推及到它们的逻辑后果在于使得我们生活的世界是荒谬的、无意义的,因而是同我们整个的语言系统相矛盾,最终这些论者所珍视的理性或科学也会荒谬。我在论文中之所以不将立足点放在联邦主义制度发生学的解释上,是因为这种解释往往以上面那种似是而非的信念为基础。制度包含着我们的信念和价值,而它们有着不可化约的独立地位,是我们理性建构的基础。这种全涉性的解释的实践后果,不是陷入无所作为的犬儒主义,就是导致推翻人类一切既定价值的极权主义运动。看来似非而是的事却为哈耶克的主要著作所关注(也许受到争议的《致命的自负》例外),这也正支持了论文所说的宪政制度选择或宪政制度创新的努力而不是相反。①

为了阐明制度选择的问题,在其初步的或基本的阶段,需要两个方面的工作,一方面是概念澄清的工作,也就是寻求道德讨论的正确话语形式或者普遍正确的伦理形式法则,即提出超历史、超实证的价值批判的概念。进行这样的概念澄清的工作并非是要确立任何具体的规范,而是为了有意义地谈论立宪选择。具体道德规范的讨论不需要专门的知识,学者也不比普通人有更大的权重。立足于对客观正义的信奉或超实证价值批判的概念,那么就出现了对制度进行规范性评判的基础,引起了立宪设计的基本问题,即要求对正义原则的发现内在于制度设计当中。宪政联邦主义的制度能够合乎这样的要求,因此得到价值上的论证。同样,这种价值论证方式也能够对民主制度进行有力的辩护,因为民主多数原则可以视为正义原则之发现内在化的制度之一,同时也是对无限制地将人民议会视为地上的神的看法的坚决拒绝。对司法审查制

---

① 哈耶克的《法律、立法与自由》是自洽的著作还是明显自相矛盾的? 我持前一种看法。

度或哈耶克拟议当中的立法议会和政府议会分立的双议会制度都可以从这个角度加以评判。承认真理与正义观念的内在力量,反对价值相对主义和虚无主义是为了使宪政联邦主义的价值论建立在我们源远流长的主流道德论述传统之上。这种传统尽管肯定了许多大成问题的具体规范,但拥有正确的规范探究的形式法则。当代流行的是麦克尔·博兰尼称为道德倒位(moral invertion)的原则。① 当然不能认为在否定道德理想的任何现实性的思想体系里,人们会无限地将这些思想体系推至它们的逻辑极限,无论多么狂热,没有任何政权可以不接受任何公开的道德限制而行动。但是道德倒位这一原则不能为公开的道德做些让步这一事实所否定,正如任何现实的宪政政体也都是不完善的,不时作些权宜让步也并不削弱这些让步所偏离的道德原则。危险是它们可能滑入全面道德倒位的逻辑上比较稳定的状态,使制度选择在理论上成为不可能,或者使得人们在不可压制的道德热情之下而肆行残酷。所以,概念的阐明用孔子的话讲就是"必也正名乎。名不正,则言不顺;言不顺,则事不成",或者说"其言之不怍,则为之也难",或者哈耶克的话"语词失去意义,个人丧失自由"②。民主制度不能够通过所谓历史潮流浩浩荡荡或历史发展的规律这样的理论得到论证。我完全同意朱苏力教授在《送法上门》③ 这本书中所主张的对中国司法制度改革的建议,初审法院和上诉审法院不是上下级的关系,而是分工的不同,这是朱苏力教授做出的具有重大意义的贡献,但是它不能通过秋菊有秋菊的正义,北京人有北京人的正义这种可能发展成为道德倒位(moral invertion)形式的原则进行论证。这也是为了确立这篇论文所要发展的政治科学的界限和形式。

对制度的工作性质的研究是通过重构现行和假定制度下的社会秩序来进行。如果否认有所谓大写的理性或者历史规律并用这样的认识方法来认识社会整体秩序的性质,那么所能做的工作就是对制度下自生自发秩序的重构,或是亚当·斯密"看不见的手"的原理的阐发,布坎南

---

① 〔英〕迈克尔·波兰尼:《个人知识——迈向后批判哲学》,许泽民译,贵州人民出版社2000年版,第七章,特别是第11、12节。
② Friedrich. August. Hayek, 1988. *The Fatal Conceit—The Errors of Socialism*, edited by W. W. Bartley, III, Routledge, p.106.
③ 参见苏力:《送法下乡——中国基层司法制度研究》,中国政法大学出版社2000年版。

说"自生自发秩序的原理是经济学惟一重要的原理"正是这个意思。这种认识，主要能借助的理论工具是经济学的，在政治学中我们称之为公共选择理论。然而这是个异常困难的任务。确实在一些通常的问题上利用理性选择理论，我们可以论证，在简单规则下竞争的私人饭馆的优越性，或者在美国的现实制度中，民主投票决定财政收支所面临的困境，以及无人是自身案件的合适的法官。但这些问题之所以能够得到我们看起来这么满意的论证并因此有助于制度的建设，实在是因为有些问题被我们认为是理所当然的而视而不见了。然而，如果我们仅仅依赖于理性选择理论的话，我们可能批评八股取士的科举制度，因为它的激励机制使一国最聪明的头脑从事无补于实际的形式化技巧，却很难告诉我们科技科举是同样荒谬甚至是更荒谬的制度；它能够告诉我们要在制度设计上发展对统治者的制约措施，但很难设想出分工合作的多层次的司法体制或普通法司法制度的优越性；更不能设想一种多中心的制度来解决中国面临的尤为迫切的现实问题，如沙尘暴和水资源短缺。这些却是联邦主义制度的工作制度之性质论证中的核心难题。我集中关注的是对于中央集权制度荒谬性的揭示，和在正当规则下对多中心的多边互动制度的良好说明，在政治制度领域我称之为联邦主义原理。对联邦主义制度工作性质的研究所要回答的主要不是对统治者的制约问题，不是政府如何执法、如何行政的问题，而是政府要做什么，什么样的法律要出现的问题。政府的举措、公共政策和公共产品在一个什么样的制度框架下提供。不是会计不做假，统计数字要真实的问题，而是会计和统计建立在什么样的基础上，要计算和统计什么。

上述认识是我论述联邦主义制度的一个工作框架，重要的是我难以明确陈述的这个工作框架，即对于自生自发秩序的优越性，我所能够说出来的远远要少于我所知道的。问题的复杂性所造成的困惑是如何使用各种理论工具将所知道的事情揭示出来。标准经济学的理性选择方法是非常重要的，但仅仅依赖它却不够。不是所有的经济解释都具有同样的意义，尽管有些解释在知识上可以说是明白无误的，但可能是琐碎而无意义的，正如不是所有确证的考据都具有意义一样。这些解释要具有意义，依赖于学者们具有何种信念，和经济学家对集中关注问题的触及程度，而不单纯是一个好奇心的问题，顽童的好奇可能会有新的发现,但不会是有意义的发现。据我个人看来,诺贝尔经济学奖获得者当中,被称为思想家的那些人,也就是说他们的著作是我们搞政治学的人也能看得懂的,如诺斯、科斯、布坎南、哈耶克,他们著作的价值除去在技术层面的确定性以外,更是因为他们对于这一问题给了我们更多的启发。张五常教授可能在经济学上懂得比科斯更多,但他离诺贝尔奖较远,很可能是它的研究在形式上看来已合乎明确的学术标准,但是对于这一默会的、隐含的核心意义的问题触及较少之故。

在宪政联邦主义制度工作性质的研究中,需要各种可能的论述策略。它可以是在知识论的层次上论述人类知识的默会性与弥散性。它也可以是隐含地具有这一工作框架的学者们进行一些似乎是历史学方面的研究。我相信,没有这样一种工作框架,托克维尔的《旧制度与大革命》、葛剑雄的《统一与分裂》、顾炎武的《郡县论》不会是目前的这种形式。它还可以是以经济学的理性人假设作为工具,选择合适的问题进行一种揭示,如科斯的《社会成本问题》。谈联邦主义与治水秩序也只是作出这种论证的一个尝试,之所以要写这么一章是偶然的,这与我生活在中国有关,实际上论述司法制度或大学管理制度中所能够体现的原理和触及我所关注的核心问题也是一样的。在我写完这篇文章后,我感到另外一种论证策略可能会更好,例如仿照托克维尔的方式通过大量案例的叙述来揭示出中央集权制度的荒谬性,毕竟撇开其他一些方面不说,我在这方面的认识程度应该是超过了顾炎武和葛剑雄,但托克维尔的伟大是难以企及的。这样处理有利于读者分享我所达到的认识。

内 容 摘 要

本文不是对现实中的联邦制进行经验主义的比较研究或历史的描述,而是立足于如何帮助人们作出立宪层次上的制度选择的问题情境以建构一种宪政联邦主义理论,以补充宪政主义传统分权学说在制度建设方面的不足和理出解决当今群体间相互依赖性日益严重问题的线索。在通过制度选择以解决我们当今面临的问题时,宪政联邦主义的概念,即宪法规则下多中心的、重叠管辖的各层级政府同时直接面对公民个人的政治结构,具有根本的重要性。本文通过对宪政联邦主义的价值论和知识学基础的阐述以厘清这一概念所具有的含义和与概念有关的根本性关系。宪政联邦主义建立在对客观正义的坚定信奉之上,并且认为存在探究这种正义规则的标准方法,其价值论需借助于广泛存在的道德哲学和政治哲学论述传统。仅凭规范推理不能得出合理的制度,因此需要它的知识学对规则与社会秩序的关系或者规则的工作性质,作出切实的研究。这种政治科学重视分散的知识在社会中的利用问题,因而宪政联邦主义对宪法制度设计进行了更复杂考虑。本文的理论是基于人类的可理解行为提出的,并努力去理解人有目的行为的意义和作为主体间性规则的意义。在上述理论视角下,宪政联邦主义制度不仅形成了对政府的制约而且这种制约是有效率的。联邦主义的治水模式说明了本文理论在解决群体间相互依赖性问题上的潜力。本文希望的是引发人们对政治体制改革这一问题认识模式的转换。

关键词:立宪选择　宪政联邦主义　价值论　政治科学　效率

The Theoretical Construction of Constitutional Federalism

Abstract

This paper is not an empirical and comparative study or historical description of federal system in the world, but to construct a theory of constitutional federalism to help people make choice at constitutional level. The theory aims to complement the traditional theory of constituionalism and the separation of powers and explore the solution of complicate problems of interdependence in different groups and regions in a modern society. When we are faced with institutional choices, the conception of constitutional federalism, which means a polycentric political system, overlapping jurisdictions and concurrent governments reaching to the persons of individuals under constitutional laws, is of fundamental importance. This paper clarifies the meaning of constitutional federalism and relations with the conception through discussing the foundation of value and knowledge of it. Constitutional federalism founds itself on firm faith in objective justice and believes there is a method of normative inquiry to find just principles. The arguments of its foundation of value need help from tradition of moral and political philosophy. We can not work out proper rules applied in reality if only depending on normative inference, therefore, we must develop a kind of political science to explore working properties of rules or interrelation between the systems of rules and social order resulting under those rules. This kind of political science, which constitutes the knowledge foundation of constitutional federalism, pays attention to the efficient use of knowledge diffusing in a society, so constitutional federalism means more complex thinking about the design of constitutional system. The above-mentioned theories are based on the methodology of understandable action of human and try to understand the meaning of purposeful action of human and rules as inter-subjectivity. The system of constitutional federalism is not only arrangements that restrict governors and prevent them from pursuing their private interests in opportunism, but also ensure efficiency. It is helpful to the solving of complicated problems confronting a society, such as the water property distribution under extreme water scarcity and the efficient control of floods. The author of this paper hopes to trigger a change in people's thinking model about political system reform.

Key words: Constitutional Choice, Constitutional Federalism, Value, Political Science, Efficiency.

导　论

一、研究背景的说明

这篇论文的题目可能给读者造成一种误解，认为我是在做关于世界各国联邦制的研究。那么一开始需要说明的是我并没有打算做这件事。在读到文森特·奥斯特罗姆的著作之前，我论文原来的题目是《地域性政治权力分立的一般理论》或《多政府单位的宪政理论》。使用联邦主义这个术语是表明和奥斯特罗姆同样的理论旨趣,同时使表达也减少一些生僻。我的专业背景是政治哲学和政治经济学,而且我持有同实证主义的社会科学观不同的社会科学观(这里先不作出为什么的解释),因此我确实不可能做读者可能以为的关于联邦制的经验主义的比较研究。现在世界上有二十多个被称为联邦制的国家,历史上也存在着联邦和国家联盟的事物。但广泛收集这些国家各个方面情形的细节,即使进行了对比,也很可能得不出比较可靠和有实践意义的结论。不同国家联邦制的制度结构有很多差异的地方,哪些差异是根本性的,哪些差异是无关紧要的?从资料中,我们当然知道,各个国家的政治、经济和社会情形是非常不同的,那么在决定这些不同的因素中,联邦制起了什么作用?而且联邦制肯定只是一个方面的决定因素。上面的问题使得研究必须进行分类工作,对常识意义上的联邦制进行分类,或者说定义什么是真正的联邦制。定义实际上是理论建构而不是观察的工作,首先要鉴别为什么有些特征对真正的联邦主义或联邦制是关键的,鉴别取决于我们对不同制度结构下所产生后果的认识,以及如何在观察或收集到的各种后果中找到联邦制度之间存在着的真实联系,于是就出现了为什么存在着真实的联系这一问题,这需要理论的解释。联邦主义的政治秩序模式,可以分离出一些特征,因为联邦主义政府间关系的内在复杂性和多中心互动的情形,较之中央集权制,关系的纬度随政府单位的增多成幂次增长。每个政府单位受宪法性法律的保障具有了一定的自主行动范围,它们的行动呈现出不断相互调整,以适应因为其他单位行动而变化了的情势的特征,这对公共政策和公共产品提供、公共服务的性质有什么影响?秩序模式的这种特征,如果不加以理性重构,相当难以被认识到,而且很难在经验实证的一般意义上被观察到。那么这种非实证的实在对我们认识联邦主义的多中心治理有什么意义?对这种秩序特征的阐明,将有助于解释前代政治科学家所感觉到但没有被精确阐释的经验,如顾炎武和托克维尔对中央集权制的深痛反对。较政治科学其他方面的研究,在联邦主义的研究中,理论建构的工作是更为漫长而艰巨的。1787年美国宪法创立的现代联邦主义,本身就建立在抽象而复杂的理论之上①。

如果把美国宪法的创立视为现代联邦主义政治制度开始,如果把伴随有全国性政府与州、地方政府分权的联邦共和政体的观念视为政治史上一项创造性的突破②,人类是在几乎没有什么联邦主义政治实践的情况下就创立了这项制度的③。后来者对美国联邦主义政体的模仿却总是不太成功。对此,有一个颇吸引人的解释:美国联邦主义的建立是由当时美国的各项具体的环境和条件决定的,后来者不具备这些决定因素,因此各国应该从本国的具体条件出发建立其制度。这是一个很有深度的解释,但是到达这个深度解释的基础却是可疑的,美国立宪者们自己并不具备这些解释者们的思想。更重要的是,这种解释,使政治理论丧失了实践的意义。

以何种角度研究联邦主义?这似乎成了研究开始时的一个问题。如果我们从另一个角度,从政治制度设计者的角度④,也就是从联邦主义理论论证本身是否可靠的角度出发,而不是从联邦主义理论和制度为什么会出现的解释出发,我关心的问题就变成:作为政治理论工作者,怎样才能帮助人们在基本政治制度建设的实践上或在宪法层次上作出制度选择,以及以何种角度切入,使用何种理论工具才能做到这一点。这样一开始就避开了深度的解释,研究是从人们对事物之评价和理解的表面和主观出发,但我们要看看这个方式能否导出深刻和客观的结论来。

作为一个中国人,我特别关心的是:中国当今面临的政治体制改革

---

① 参见托克维尔对美国联邦制宪法的评论:"因此,联邦制无论做什么都有一套复杂的理论。这套理论的应用,要求被治者每天都得运用他们对这套理论具有的知识","但是,在我们研究世界上已知的最完美的联邦制宪法——美国宪法时,却对于这个宪法的条款繁多和要求被治者必须具有的识别能力感到吃惊。联邦政府几乎完全建立在法律的假设之上。联邦是一个理想国,可以说它只存在于人的头脑里,它的版图和范围也完全凭心去意会"。(〔法〕托克维尔:《论美国的民主》,董果良译,商务印书馆1988年版,第185页。)

② 〔美〕肯尼思·W.汤普森编:《宪法的政治理论》,张志铭译,三联书店1997年版,第3—21页。

③ 当然联邦主义的理论构想在美国立宪者们之前就已出现,参见孟德斯鸠在《论法的精神》中的阐述,以及 David Hume 在 *Idea of a Perfect Commonwealth* 一文中关于理想共和国的制度设计。

④ 参见〔美〕斯蒂芬·L.埃尔金、卡罗尔·爱德华·索乌坦编:《新宪政论——为美好的社会设计政治制度》,周叶谦译,三联书店1997年版。

需要理论的指导,但是何种理论能够较好地实现这个任务,我们需要发展一种什么样的政治思考?一种体现在1787年美国宪法的联邦政体和被奥斯特罗姆概念化为联邦主义的政治制度,自主分立、重叠管辖的多个政府单位同时存在而且直接都面对公民个人,对立宪制度选择有什么意义?

政治领域是公共事物,政治学的主要关注之一是作为一个整体的社会秩序的改善。对于公共事物,人们既提出伦理要求或价值评判,也希望获得实践的成功。这样,就需要正确的价值思考来进行政治领域的批判,也需要确切的知识即关于事物之间真实联系的知识,没有真实的知识,在现实中的实践没有成功的希望。这样我感到,将探究何为正义并对价值问题进行概念论证式思维的政治哲学和追求人类可能获得的确切知识的政治科学结合起来,对于解决我的问题可能是有必要的。政治科学限制了政治哲学的应用范围,政治哲学影响了政治科学研究的取向。在政治领域的思考和实践中,二者相互联系,不可偏废。另外,知识自身并不获得它的全部意义,只有从其他目的即从实践角度,它才显得有意义。① 着眼于进行制度选择的实践角度,我们需要的政治科学似不应着重于对制度的解释,而应着重于对制度的工作性质或制度与制度所导致的社会秩序的关系进行研究。

就我所关心的问题,目前的阅读视野,以及我的政治哲学观、社会科学观导致的选择标准而言,与我的问题密切相关的理论是西方传统的宪政理论和现代广义的宪法政治经济学。也就是说要继承政治科学的大传统,保持其基本的意向和问题意识,但同时吸收现代发展起来的理论工具。

传统的宪政理论,其最古老的渊源可以追溯到古典政治学的混合政体理论,而不是号称价值中立的社会科学。但高度重视政体的现实后果,如维尔所说,"因此,宪政理论(constitutional theory,作者翻译为政制理论)从根本上是一种经验性的政治理论,然而是一种公开承认某些价

---

① 〔德〕奥特弗利德·赫费:《政治的正义性——法和国家的批判哲学之基础》,庞学铨、李张林译,上海译文出版社1998年版,第18页。

值的重要性、承认使这些价值得以维护之手段的重要性的政治理论"①。传统的宪政论在制度设计上重视分权与制衡,着重对政府滥用权力的制约。对这方面的论证,现代的公共选择理论是很完满的。实际上有些传统政治学家几乎是以同样的思路考虑问题的,《联邦党人文集》可以看做是公共选择理论的经典文献,除了没有使用数学工具以外,其理论假设同公共选择理论没有不同之处。

传统的分权学说在现代遇到了危机,同样用维尔的话来说,"因此到了20世纪初的几十年里,18世纪那种漂亮的、简单化的关于政府职能的观点已被打得血肉模糊、残缺不全。然而,尽管这些抨击看起来排山倒海、势不可挡,但到这时为止也只有否定性的批评,而没有出现政府结构体系的融贯理论,没有出现过对政府各部分组合的系统阐述,来取代先前的理论"②。然而在20世纪,这一学说基本被否定了,或者是仅仅作为一套概念存在,为建立一种有效、适合于现代情况下自由政府体系的调查和描述提供有用语汇。但是几乎没有提出什么来替代这一比较紧凑的政治学说,以作为政治体系分析的框架。③

维尔认为,危机是由现代社会事物治理的复杂性所带来的协调问题和对政府控制问题之间的矛盾造成的。但我认为,现代社会治理的复杂性需要中央集权这样一种观点完全是一个误解。联邦主义制度中的多政府单位在抽象规则的制约下,可以出现有效率的互动模式,使公共产品的提供在一种准市场的自生自发过程中出现,并解决现代社会严重的无论是国内还是国际上地区间和群体间的相互依赖性问题。中央集权会带来制度的荒谬性(不仅仅是对权力的制约问题),会出现形式正义但荒谬的制度,如形式公正且设计出防止考官舞弊的科举制度将一个社会主要的智力资源投入到高度形式化的游戏当中。实际上,对此我们可以从托克维尔的《旧制度与大革命》,甚至顾炎武的《郡县论》那里获得启发。这些都是传统分权理论没有考虑到或只是模糊地考虑到的,在这个维度上考虑宪政制度设计问题,也许可以补充传统分权学说的不足,

---

① 〔英〕M.J.C.维尔:《宪政与分权》,苏力译,三联书店1997年版,第8页。我不认为这句话中经验性的政治理论的含义是我们通常所理解的实证主义的含义。
② 同上书,第5页。
③ 同上书,第9页。

这是我论文的核心问题。

另外，维尔所说的替代性的系统理论，我认为，在维尔这本书出版（1967年）之后，哈耶克和布坎南已经作出了这方面的努力。

詹姆斯·布坎南本人在80年代将他的研究改名为宪法政治经济学。正统的经济学试图在既定的制度和宪法结构下解释经济人的选择，经济人之间行为的互动以及行为互动的结果。宪法政治经济学则试图解释不同的制度——宪法规则的工作性质，而这些规则制约着经济行动者和政治行动者的选择和行动。对基础性的规则或制约的工作性质(working properties)的分析和比较构成了宪法政治经济学的研究范围。在这方面，公共选择理论家们的著作提供了如何在规则下集中进行选择的实质性分析。宪法政治经济学的整体目标是为这些参加立宪改革讨论的人们提供指导，通过改进"游戏的规则"来改进我们生活于其间的社会秩序。在规范判断方面，宪法政治经济学的标准是规范个人主义的，即关于个人的评判——他们的利益和价值，为不同规则的优劣提供了判断的标准。这个标准来自于维克塞尔的一致同意检验标准。[①]

布坎南宪法政治经济学的要点是对规则工作性质的研究和对一致同意规范检验标准的探讨。有两个问题需要在此考虑：首先，一致同意标准似乎不可能成为在现实中运用规则的选择标准，但如果作为一种道德诉求的论述却又似乎显得太单薄了一些。在既定的权利体系和其他制约下，一致同意是效率标准的可操作性定义，因为人们的偏好是主观的。作为主体间性的正当规则，却只能被认为是客观的，对其的探究是源远流长的道德哲学和政治哲学的事业。显然，有比维克塞尔更重要的政治哲学家和道德哲学家。布坎南的宪法政治经济学如果能够同更广泛的政治哲学论述传统相结合，以后者补充自身的不足，则可能会有更扎实的价值论的基础。其次，在研究规则的工作性质的理论工具中，公共选择理论是重要的，可以为传统的分权学说提供更严密地论证，但是，仅仅依靠公共选择理论，难以充分地说明如何在政治活动的整体秩

---

① 参见布坎南的相关论著，特别是 James Buchanan and Gordon Tullock., 1962. *The Calculus of Consent: Logical Foundations of Constitutional Government*. Ann Arbor: University of Michigan Press; James Buchanan, 1991. *The Economics and Ethics of Constitutional Order*, Ann Arbor (MI), University of Michigan Press.

序中有效利用分散的知识。布坎南提倡的竞争性联邦主义是在图伯特的用脚投票模型①下进行的,无法很好地说明联邦主义的制度框架在知识利用和解决群体间、地区间相互依赖性问题上的潜力。因此对联邦主义制度工作性质的研究可能是不足够的。

尽管一般只有布坎南本人将其研究称为宪法经济学,但广义上有人也将罗尔斯、哈耶克、诺齐克等的著作包含在宪法政治经济学的范围之内,或至少认为他们的著作与之是密切相关的。

在罗尔斯的著作中,他提出的两个正义原则是处于无知之幕之后的人们理性地选择出来的。因为处于无知之幕当中的个人对自己的地位、偏好、禀赋等一无所知,对于规则的选择是无偏私的。然而在我看来,在立宪选择问题上实际是有两层无知之幕,一层是罗尔斯所说的那样使个人成为一个无偏私的选择者,这一层无知之幕,其厚度越厚则越能保持规则的公平性;另一层无知之幕则是横在我们面前的对于规则的工作性质的无知,这层幕是越薄越好,对此我们越是拥有充分的知识则越能保证规则的合理性。罗尔斯的著作尽管对人们的规范探究标准做了富有意义的回答,但我们没有发现他对规则的工作性质的强调。

哈耶克认为,传统的运用权力分立手段为个人自由提供制度性保障的尝试是失败了(我们当然不必看得这么绝对),失败的原因是因为人们不再信奉一种独立于个人利益的正义,而是用立法来授权强制,来为特定的人或群体谋求特定的结果,并把阐明正当行为规则的任务与指导或管理政府的任务都置于同一个代议机构之手。结果,宪政被认为是一种多数意志在任何特定问题上都不受制约的政府形式。② 在此问题情境中,哈耶克进行了宪政制度的创新工作,其主要内容是两个议会的设立,其中一个以特殊方式产生的议会(制规院)专门负责制定正当行为的规则,这是把对正义原则的探究内在于制度设计当中。③ 哈耶克进入

---

① Charles Tiebout, 1956, "A Pure Theory of Local Expenditures", *Journal of Political Economy*, vol. 64, pp.416—424.

② 〔英〕弗里德利希·冯·哈耶克:《法律、立法与自由》第一卷,邓正来等译,中国大百科全书出版社 2000 年版,第一卷导言。

③ 〔英〕弗里德利希·冯·哈耶克:《法律、立法与自由》第二、三卷,邓正来等译,中国大百科全书出版社 2000 年版,第 17 章。

这一制度设计的论证路径十分复杂,对哈耶克的自生自发规则理论,目前人们仍是众说纷纭。不过从哈耶克本人创制了一种宪法模式,以及自己认为他的理论同罗尔斯没有实质区别而言①,我认为这个理论是对以唯科学主义的谬误来摧毁价值的做法的反驳,说明价值对于所有理性建构来说具有独立且指导性的地位,是捍卫对客观正义的信奉,而不是反对以非唯科学主义的正确方式来探究正义规则和制度建构。因此,在某种意义上,哈耶克也是将价值论述同制度建设结合起来考虑的。

联邦主义的制度设计没有出现在哈耶克的宪法模式当中。我们考虑:现代社会的种种问题不是单靠个人间的互动就可以解决的,如地方性公共物品的存在,如群体间的相互依赖性。无论决定分立结构的具体规则和具体形式(它们是可以变化的)是什么,甚至它们是否具有地域性政治权利的性质,这些都是可以讨论的,但不能忽视分立结构本身。将分立结构本身纳入宪法制度设计考虑是有必要的,实际上这种考虑的理论基础就是哈耶克早期的经济学著作和自发秩序的理论。

文森特·奥斯特罗姆充分强调了联邦主义在立宪选择中的重要性,而且奥斯特罗姆的整个论述几乎同我关心的所有方面都是密切相关的,因此本文在下一章较详尽地讨论了奥斯特罗姆的著作。联邦主义同美国宪法的创立是联系在一起的。奥斯特罗姆认为,美国政治制度的建立,是一系列相对自觉努力设计的结果。这种设计反映了特殊性质的考虑,而这些考虑并非所有政治制度的组织特征。政府制度的设计是一个选择的问题,人类可运用已知的原则,以适当的形式设计满足人类需要的结构。《联邦党人文集》是立宪设计理论的光辉范例。汉密尔顿和麦迪逊依靠公理推理的结构,使它们能够解释在宪法建议案中为何要有特定条款,能够预计产生的结果将会是什么。为此,他们运用理论推理作为基本工具,该工具能使人类运用他们的智力去推理并得出选择。理论既被用来进行实证分析,以说明特殊结构特征的意蕴,也被用来阐明宪制设计中使用的正常标准。考虑设计时也需要参考规范的标准,要考虑

---

① 〔英〕弗里德利希·冯·哈耶克:《法律、立法与自由》第一卷,邓正来等译,中国大百科全书出版社2000年版,第一卷导言。

价值问题,联邦主义制度设计不是价值祛除的。① 下面我们分析联邦主义与宪政制度设计的各个方面。

在对人类价值问题的思考中,如果认为存在独立于任何个人和权威机构的正义,那么就否定了法律来源于单一的政府或多数人这种法律实证主义的说法,多中心的政府体制就是可以想像的。对客观正义的信奉要求对正义原则的发现内在于宪法规则的制度设计当中,这就是司法审查制度和哈耶克的制规院设立的根据。宪法的权利宣言部分的另一种意义所在,就是为人们提供了通过不断阐释来思考一种特殊相互关系(相互把对方当作目的而非工具)的符号系统。我认为联邦主义的制度设计也有这方面的含义。同法律实证主义相反根据下文所说的正义原则所发现的超实证批判性质,在不同层次的规则之间所要求的内在一致性,至少不完全是几何体系的那种一致性,即地方的、小群体内部的规则可用几何推理的方式从更高层次的规则当中推论出来。以上说的客观正义并没有涉及到具体的内容,联邦主义制度的具体形式要受到有具体含义的各种价值标准的影响,如民主自治、平等。随着价值体系具体内容的变化,制度的具体形式也会发生变化。但是价值的具体内容,仅承认价值的独立且具指导地位本身就已经具有了对制度设计的深刻含义。当然,这种设计是基础性的,本文一直关注的就是这种基础性的联邦主义制度设计。法律是不能自我维持的,要实现法治,就要对一切政府特权的行使进行明确制约。《联邦党人文集》主要是在这个意义上阐释联邦主义的制度结构:权力不能集中于任何个人、群体或特定多数,而是要以野心对抗野心,以共和病治疗共和病,让每个人、每个部门的私利成为公众权利的守卫者。但是,联邦主义制度还有更深刻的含义,即制度的效率和解决社会复杂问题的适应性和能力。奥斯特罗姆充分注意到了联邦主义制度的工作性质的这个方面,并做了大量的论述。他提出了多中心治理的概念体系,并主要从公共选择理论、公共物品理论等角度作出论述,而且涉及到政治科学的研究方法论等更抽象的层次。也正是在这个方面,以传统理论和公共选择理论作为工具不足以充分地

---

① 文森特·奥斯特罗姆:《被遗忘的传统:宪法层次的分析》,载麦克尔·麦金尼斯主编:《多中心治道与发展》,王文章、毛寿龙等译,上海三联书店2000年版,第191—208页。

说明,我们需要努力地做进一步的澄清,因为这对宪政制度选择的意义至关重要。我们也许可以引进奥地利派经济学、科斯《社会成本问题》中的理论、哲学认识论来对此作出更充分的阐述。

除了文森特·奥斯特罗姆本人的研究之外,与联邦主义制度工作性质相关的研究还有埃林诺·奥斯特罗姆和印第安纳大学政治理论与政策分析研究所其他学者的著作。他们的主要研究领域是多中心治理和公共事物自主治理的实践与理论。[1] 他们更关心微观层次公共事物的治理,主要是结合大量的案例研究进行工作。

研究公共财政问题的学者如图博特、奥茨、马斯格里夫等人所做的工作一般被称为财政联邦主义,财政联邦主义的基本理论是为政府不同层次单位财政功能的安排以及为实现这些功能的财政工具的标准框架所进行的讨论,在最一般的水平上,财政联邦主义认为中央政府应有负责宏观经济稳定的功能以及向低收入群体提供财政支持的收入再分配功能,中央政府也要提供全国性的公共物品,这些公共物品的收益对象是全国范围内不同地区的居民。次一级的政府,其首要职能是提供那些供地方性消费的产品和服务,在这种情况之下公共服务的产出就能够适用于一个国家不同地理单位的偏好和环境。[2]这些作者们的关注对象是用主流的经济学理论研究一些具体的问题。

上述最后两个方面的研究都有大量的文献,即使做一个简单的综述也是困难的。本文关注的是阐述宪政联邦主义的基本理论以帮助人们设计立宪层次上的制度,所以没有在蔚成系统的财政联邦主义理论下建立一个新的模型,以解释某些现象的发生或做例如中国某时期财政制度变迁这样的经验研究,也没有做一个公共池塘资源管理的案例研究,这当然也是由于我的专业不是经济学而且也没有掌握相关的具体材料。

以上说的是本文研究的主要理论背景,下面说一说它面临的现实背景。现代社会面临着严重的群体间、地区间的相互依赖问题,如环境污染、森林资源消失、水资源短缺、洪水灾害以及近来中国人特别关注的

---

[1] 参见上海三联书店出版的制度分析与公共政策分析译丛。
[2] Wallace E. Oates, 1998. *The Economics of fiscal federalism and local finance*, Edward Elgar, p. xiv.

沙尘暴问题,对这些问题的解决我们现在还依赖于传统的智慧即纯技术方案和集中管理,但是否存在更好的办法是可以探讨的。当今世界面临经济全球化和地区一体化的进程,在这种情况下,如何处理国与国之间的关系?联合国的模式是否是一个可行的工作框架?在地区一体化进程中,欧洲共同体如何设计其政府制度?最重要的是中国人当前所面临的政治体制改革,如何使政治制度能够满足于人们对正义的渴望和对美好生活的追求?中国作为一个大国,传统的民主理论和现行的民主政府模式在中国的可行性确实是可能成为疑问的,如果传统的政治理论有所不足的话,我们能否借助于已经发展起来的理论独立思考并解决我们的问题?我相信本文联邦主义的概念和理论潜藏着解决这些问题的线索。

二、研究方法的说明

接下来谈谈本文所采用的研究方法。本文采取了概念提出——理论建构的方法。先提出宪政联邦主义的概念,然后从价值论和知识学两个方面进行论述,以理清概念的含义和与概念有关的根本性关系。在建构起来的理论视角下分析宪政联邦主义制度的优越性和解决我们紧迫的相互依赖性问题的潜力。这么做的理由是因为我认为,理论是先于观察的,我们实际上不可能看见已成为"联邦制"的东西,联邦制不能当作自然科学中的事实那样来进行研究,我们不能把联邦制或联邦主义看作活生生的事实。

我无意否认哪怕是纯自然主义的经验描述也能为我们提供有益的知识,例如1840年前后一本描述西洋各国状况的书,哪怕在今天看来错误百出,但仍然包含着真实的东西,并给当时的中国人进行对外决策提供了帮助。但是,尤其在社会科学中,经验主义的描述只能在一个非常有限的范围之内才是正确的和有道理的。甚至当我们描述一场足球比赛时,如果不理解足球比赛规则,只能得出快速移动的圆形物体和人形物体这样的描述。这就是众多学者认为的理论一向先于观察的道理:我们关于这个世界的所有知识(不论是常识方面的知识还是科学思维方面的知识)都包含着各种构想,也就是说,都包含着思维组织的各个层次所特有的一整套抽象,即一般化、形式化和理想化。严格说来,根本不存在这些作为纯粹而又简单的事实的事物。所有事实从一开始即是由我们的心灵活动在普遍的脉络中选择出来的事实。[①] 从自然科学使用"事实"一词的特殊意义上说,我们称作的"社会事实"和个体行为或他们的对象一样也不是什么事实。这些所谓的"事实",不过是恰恰与我们在理论社会科学中所建立的那些模式一样,是一种根据我们自己的头脑中所找到的要素建立起来的思想模式。[②] 理论在常识的层次上就变成了经验,并停留在这个层面,但是社会科学的理论不能仅停留于常识的层次,还需要的是在人们常识的构想之上再进行构想(许茨语)。我们不能够通过相反的方式回到更基础的经验以获得有实践意义的理论,如哈耶克所说,经验从来不能告诉我们,任何特定的结构都拥有不是从定义或我们建构它们的方法而来的特性[③]。出于上述的社会科学观,本文先提出了宪政联邦主义的概念,然后建立一种理论推理的技术或逻辑以充分阐明概念的内涵。理论推理从价值论和知识学两个方面进行,然后对宪政联邦主义制度的含义作出评价。这也就是奥斯特罗姆所说的,"我们不能够直接把人类社会看作活生生的现实,替代这一做法的另一选择是去了解如何运用适于研究的作为规则规范关系的人类社会的语言和计算逻辑"[④];"我们参考想要成为什么,并在什么可能出现的意义上,去理解规则以及规则规范关系的意义"[⑤]。

在宪政联邦主义的知识学论证中,我采取偏重于有目的行动的个人自我利益最大化的正统经济学、偏重于知识在社会分布的弥散性和个人知识的默会性以提倡自生自发秩序优越性的奥国学派经济学和相关的哲学认识论,这两者都是方法论个人主义的,或者更一般地说,是主观主义认识论的社会科学。在价值论论证上,从个体表达其是非的概念出发,理解其语言,以寻求主体间性的客观标准。本文认为存在普遍性的正义规范和标准的规范探究方法,并提出了超实证批判的概念,但这不是本文的重点内容。实际上,古今中外的道德论述传统,特别是宪政主

---

① 〔德〕阿尔弗雷德·许茨:《社会实在问题》,霍桂恒、索昕译,华夏出版社2001年版,第31页。
② 〔奥〕A.哈耶克:《个人主义与经济秩序》,贾湛等译,北京经济学院出版社1989年版,第66页。
③ 同上书,第71页。
④ 〔美〕文森特·奥斯特罗姆:《复合共和制的政治理论》,毛寿龙译,上海三联书店1999年版,第222页。
⑤ 同上书,第213页。

义理论已具备丰富的成为本文之宪政联邦主义价值论基础的思想资源。理论建构的方法通过重新建构人们在日常生活世界的构想来理解主体行动的意义和作为主体间性的规则,并因此使理论可能具有帮助实践着的人们的意义。至于人类的行为和观念是否是社会历史环境决定的问题,我不试图做无所不知的观察者或历史的解释者,不是从个体的外部来观察,而是从内部去理解。

对一种社会科学的理论建构来说,我认为下面的说法似乎是毋庸置疑的:一种理论,首要的问题是它的正确性与实践意义,而它是粗糙还是精致,零散还是系统,包含经验内容的多与少即可通过经验检验的程度,是后一步才需考虑的问题。本文力图始终贯彻上述见解,因此宁可向粗糙、原始、片断、缺少经验内容让步,也不稍稍减低可能危害理论之正确性的反思并力求理论的实践意义。这并非说,我已妄称获得了肯定正确的理论或者在这篇文章中就要获得彻底的正确。尽管有时候我大致知道为了使理论更确实,所应努力的方向是什么,但为了在有限的时间、精力内完成现实的任务,为了我们的生存处境所必须当下回答的问题,我必须限制自己的努力,必须在某个地方停下来,因此我想表达的问题是,在某个范围内,我们能否向正确的实践前进一小步。

经济学运用到政治领域的研究中,从理论建构到解释特殊变得更加困难,进行解释时很难做到对具体因素的适当把握。一些解释之所以不那么令人满意,很可能是作者将所要解释的现象扩大至通常传统经济学的应用范围所产生的,例如安东尼·唐斯的"政党竞争模型"[1]。唐斯的模型之所以没有取得像经济学家们某些工作那样的广泛认同,不是因为他所使用的理论有任何不同,而是在这个领域对特殊的把握实在困难之故。上述问题的解决在我看来部分地取决于我们对具体问题的把握,也就是张五常教授所说的了解真实世界的运行是怎样的。这种方法尽管有助于我们获得一些更确切的知识,也就是对现象的解释更好地通过了通常意义上的经验检验,但是这些知识是否对我们的实践具有重要的意义是成疑问的,它甚至诱导研究者为了知识的确切性而忽略他所探究的知识的意义。此种情形极端的例子发生于纯粹的考据学研究当中。所

---

[1] Anthony Downs, 1957. *An Economic Theory of Democracy*, Harper & Row Publishers.

以我的问题不是经验检验对于知识确切性的意义,而是当经验检验作为一个惟一重要的,或由权威树立的标准时所带来的荒谬性。因此,除了自由地讨论交流竞争之外,我并不认为需要将经验检验作为对我们所探究知识进行评价的第一性标准。

我认为,为了更彻底地阐明联邦主义的理论,方法论上的反思是必要的,例如经济学者的效率概念。效率并不是在所有情况下都具有客观的含义,它能否成为客观的依赖于一定的条件。我们需要反思这样的陈述:比较不同社会安排所产生的总产品,在设计和选择社会格局时,我们应考虑总的效果。这里,总产品和总的效果究竟是什么意思,我们是否有了确定的含义,是否有一些混淆。所以问题是,效率怎样才可能具有客观的含义。相当程度上如许茨所说:"如果科学所创造的这些虚构的东西(idealities)可以直接地、自然而然地代替生活世界,那么,在科学发展的下一个阶段,这些有关基础的问题和悖论就会显现出来,所有实证科学今天都在遭受这些问题和悖论的折磨,它们本应该接受一种溯及既往的(ex post facto)知识批判的治疗,这种知识批判来得太晚了。"[①]正如我在后文中说,对后进国家的学者来说,知识论上的反思是尤其重要的。

在方法论的反思上,我们不能够混淆先验的和经验的这两类陈述,正是这种不加反思导致我们对政治经济学研究中出现一些混淆,并且使我们不能够确切地了解下述命题的含义:囚徒困境是永恒存在的,以及我在联邦主义理论中的陈述——中央集权制是不可能的。在本文关于联邦主义的研究中,首先研究的不是常识意义上的客观事实和现象,它首先以主观的、自明的观念为出发点,提供一种推理的技术,阐明先验自明性的知识,并因此建构一种抽象的联邦主义的理论。先验的陈述其成立只依赖于内在一致性检验而不依赖于经验检验。纯粹的理论,像绝对的中央集权制是不可能的,也是对我们来说是非常有用的知识。上述的先验陈述经内在一致性检验被证明是正确时至少可以防止我们犯一些很有可能犯的错误,拒绝一些虚假的理论,以及完全从这些虚假理论

---

① 〔德〕阿尔弗雷德·许茨:《社会实在问题》,霍桂恒、索昕译,华夏出版社2001年版,第174页。

出发的实践。我们会去检查计划经济的理论基础是什么。在经验的事物发生之前,通过检查计划经济的理论基础,上述先验的知识就给我们在大脑中建立了一个工作的框架,并借助一些很少但很确切的具体因素的把握(这些具体因素一直被人们认为是理所当然的而不是学者们经过艰苦的调查研究才能发现的),就可以对现实的计划经济的前景作出大致的预测。正是因为如此,对治水当中的技术知识一无所知的政治经济学家们才能讨论大型水利工程的中央决策是否合理,因为他们可以获得下列的知识:某个大型水利工程从总体上是利大于弊的这样一种陈述,在理论上看是不可能的。方法论反思迫使政治科学家在运用经济学方法时不仅需要了解新古典经济学的内容,而且需要了解奥地利学派经济学的内容,有必要的话甚至要追溯到现象学社会科学的理论基础上,似乎只有如此我们才能作出我们的最大贡献。

　　本文虽然高度强调抽象,但本文并不排斥常识性的认识,常识正是理论建构的出发点和基础。并且本文认为我们日常生活中的认识,一种纯自然态度出发的社会科学知识,在新古典经济学框架下工作的财政联邦主义理论,新制度经济学家们的研究,都有其合理的一面。而且这些普通人和学者们的工作已经取得了伟大的成就,是本文所代替不了的。在联邦主义与治水这一章当中,对于各群体的利益分歧和某个具体群体特定利益的认识,当然是完全建立在常识性知识的基础上,某个群体的利益就是那个群体所认识到的和被其他人所公认的。

　　尽管强调方法论的反思,本文仍然是在大体上被人们认为的政治科学的范围内工作的,并没有过多地涉及到哲学和社会科学方法论的层次。本文所采用的方法和现象学的哲学主张是一致的,但是本文并没有长篇地讨论胡赛尔、舍勒、阿尔弗莱德·许兹的著作,而且我也承认,这些学者的著作我没有读过很多。但可能也正因为如此本文才有一种独特的意义,相对于这些哲学家们,一如财政联邦主义相对于本文一样都有一种独特的意义。当然这必须是在沿着本文所开启的工作来进行得比较完善的条件下才行,而到目前为止,我的工作还是很不完善的。只有沿着这条道路一直走下去,并取得一定的成果之后,我的说法才是成立的。我的理论如果是独特的话,是在理论的层次上是独特的,我想它是一种中间层次的理论。最后,本文也试图效法传统宪政科学对问题的综合性思考方式,这在今天看来可能是不合时宜的,但也似乎是实践所要求的。对立宪选择问题也许只有从政治哲学、经济学、法理学、伦理学等不同的学科综合研究才能得到有一定实践意义的正确认识。在今天这样一个学科分立的时代,也许只有政治学的学者,尽管他在上述各学科中都不能成为专家,却可以起一种桥梁的作用,采取这样一种综合的、各学科看来不免粗糙的方法。似乎也只有这样才可能为当今社会的制度选择提供具有直接意义的帮助。

还有一个问题是本文为什么不写成思想史或思想传记的形式。详尽叙述一位过去思想家如托克维尔或孟德斯鸠的学说,尽管是十分有学术意义的,对本文关心的问题却只有间接的帮助,而且如我所说,传统的宪政与分权学说是有明显不足之处的。当代思想家罗尔斯、哈耶克和布坎南的理论似乎都没有包含我所关心的全部问题。奥斯特罗姆的学术旨趣同我是最接近的,但个人的看法,奥斯特罗姆似乎不是哈耶克量级的大思想家,他的理论缺乏系统论述的特征。将他各个部分的理论以融贯的方式联结为一体时,有时不得不推想作者本人并没有明确说过的话,这样一来,就不可避免是六经注我的学术方式。最重要的是,对中国学者来说,要以理论为思想工具,独立地寻求解决当代中国问题的途径。我们既不可能模仿现成的模式,也不能把西方的具体规则搬过来(这方面,我很同情朱苏力教授对法律移植的批评,这不是否认普适价值的存在,只是不能轻易把特定时空下的具体规范当成普适的)。本文的理论尝试是大胆的,也是有可能失败的,但我认为是值得的。

当然宪政联邦主义的理论建构仍然是不完善的,我们需要进一步研究哲学认识论方面著作以加强其方法论基础的部分;需要进一步研究政治哲学和道德哲学的著作以加强其价值论的部分;还需要进一步研究奥地利经济学,新制度经济学,甚至正统经济学。通过这些研究来考察它所宣称的以下说法是否恰当:联邦主义的政治秩序能够制约政府的专横,能够有效地利用分散的知识以及能够较好地解决群体间的相互依赖性。

第一章 奥斯特罗姆的论述和宪政联邦主义的概念

这一章通过阐述奥斯特罗姆的联邦主义理论引出本文概念—理论建构的研究方法。提出新的概念是为了帮助思考和解决我们所面临的用已有概念不能很好解决的问题,理论建构是为了厘清概念所具有的意蕴和与概念有关的一些根本性关系。宪政联邦主义概念的提出是为了将宪政主义的价值论证同联邦主义的制度分析、建设知识学结合起来,补充宪政主义传统分权学说在政治制度建设方面的不足。宪政联邦主义的理论建构分价值论和知识学两个方面。在这一章的最后,我谈到了为什么上述论证要回到基础问题上去的理由。

一、联邦主义的定义

依据通常的定义,当今世界大约有 20 多个国家实行联邦制。在我们的常识层次,联邦制就是一些国家给自己冠的名称。但这种宽泛的直接面对经验的定义对我们认识联邦制几乎没有什么帮助。因为这些国家除了名称之外,几乎毫无共同之处。[①] 鉴于上述问题,有些学者主张以美国、瑞士、加拿大和澳大利亚作为典型的联邦制,在这个基础上对这一概念进行更严格的定义。这种研究方法确认,中央和地方两级政府在法律上都不应该从属于另一方,这是联邦的基本原则。按照这种理解,联邦政府体制的权力散布于各个独立而又相互作用的政治中心。[②] 或者如 William. Riker 表述的下列定义,判定一部宪法是不是联邦宪法的识别规则是:1. 统治同样的土地和人民的两个层级的政府;2. 每级政府至少有一个自主行为的领域;3. 存在对每级政府在其领域内自主行为的保障(甚至仅仅是在宪法中一个陈述)。[③]这个定义,不仅仅是对常识的分类,而是对正式法律规定的分类,联邦制只切合于少数几个国

---

    ① 〔英〕戴维·米勒、韦农·波格丹诺编:《布莱克维尔政治学百科全书》,邓正来等译,中国政法大学出版社 1992 年版,第 255 页。
    ② 同上书,第 255 页。
    ③ William Riker, 1964. *Federalism*: *Origin*, *Operation*, *Significance*, Boston: Little Brown and Co., p.11.

家现实的政治制度,虽然它能成为一个有用的概念分析工具,但是,这种仅仅按宪法条文的规定所定义的联邦制,正如文森特·奥斯特罗姆所指出的那样,是对民主的或联邦的治理制度一个很弱的概括方法。① 例如,没有提到美国 1787 年宪法联邦政治制度的一条根本原则:以公民个人,而不是以集体身份或政治资格存在的团体或共同体作为立法的对象。② 从此出发直接进行经验比较研究(如英国和美国的比较)尽管能够为我们提供有益的关于制度实际运行的细节描述,但会得出有些令人不能完全接受的结论:联邦主义是否使人民被治理的方式有任何不同? 回答看来是几乎完全没有。③ 如果经验的、法条主义的研究不能令人满意,这就需要我们发展一种理论了。理论一向先于观察,只有在足够抽象的理论下,我们才能看见某些事物。也许只有在了解宪政主义的发展如洛克的合法性理论,了解《联邦党人文集》中的制度设计概念后,我们才能更好地理解美国宪法,并对不同的宪法进行比较研究。我们可以把经济制度分为市场经济和计划经济,但是制度经济学却不仅是对这两种制度进行经验主义的比较研究,甚至主要不是进行这种工作,它的分析依赖于基本的经济学理论,甚至是将经济学上升到人类行为学这样层次的理论。这也正如奥斯特罗姆所说的,并且同我上文所引的许茨的话是一致的:"没有人已经'看到了'成为'政府'的东西。我们要看到的是一种思想的构造;我们必须依靠语言和计算逻辑这些理论工具,来使我们能够理解作为社会现实的任何组织模式的本质"④。

与宪法与宪政主义、民主制政府与民主主义的区分类似,我将联邦制用作描述性的和经验分类的符合常识的定义,用联邦主义或本文特殊的用语宪政联邦主义来表示理论建构的旨趣。也许在英语中它们可以

---

① Vincent Ostrom, 1991. *The Meaning of American Federalism*: *Constituting a Self-governing Society*. Institute for Contemporary Studies, p.8.

② 对此汉密尔顿在《联邦党人文集》中作了详尽的论述和重点的强调,认为这是美国当时拟议中的宪法所建立的联邦同以前的联邦体制根本不同的地方,正是这个方面的因素,使得美国的联邦主义被认为是人类政治科学上的重大创新。

③ William H. Riker, 1996. *Constitution, Democracy and State Power*: *the Institutions of Justice-volume* 1, Edward Elgar Publishing Limited, p.368.

④ 文森特·奥斯特罗姆:《美国公共行政的思想危机》,毛寿龙译,上海三联书店 1999 年版,第 160 页。

分别对应 Federal system of government 和 Federalism。本文所说的联邦主义是基于概念—理论建构的研究方法。建立理论的目的之一是为了对某个政体范围内不同层次政治或其他单位(无论这些单位的独立性如何)的关系以及它们行动形成的整体秩序进行考察,作出分析和判断,并有可能构想非现实的但真实的或极有可能存在的关系。在通常联邦制的论题内,这些单位是政治和地域性的,所以不讨论同一层级政府不同权力机构的分权与制约问题(尽管这两个问题也是紧密联系的),而讨论不同层级政府单位之间和不同地域的政府单位之间的关系。

  我们需要建立什么样的联邦主义概念或理论?我们能否看见成为"联邦制"的东西,我们能否看见"联邦制"的本质特征?"联邦制"并不是经验的对象,不像自然科学所研究的那种事实,它所代表的是一种观念对象,其存在取决于理论的假设,是一种根据我们头脑中的要素建立起来的思想模式。[①] 在社会科学的概念建立中,有必要把我们日常谈论中隐藏的或含混的东西弄清楚些。因此本文所说的也是奥斯特罗姆关于联邦主义的概念,像分权的概念、市场经济体制的概念和私人财产权利体系的概念一样,由于方法论的不同,不能像实证主义理解的经验事实那样来理解,它是我们得以借助进行思考的人为建立的工具。我们可以把它定义为宪法规则下运行的多政府单位体制,或如奥斯特罗姆所说的:"联邦主义可以概括为反复应用于每个单位都受可实施的宪法性法律约束的政府体制中各个不同政府单位的立宪选择"[②]。这些定义都是抽象的理论模式,它有助于把我们日常谈论中隐藏的或含混的东西弄清楚些。但是单靠定义远不能够概括出联邦主义的全部含义和其中蕴含的各种关系,这就需要理论的建构,将这一切揭示出来(尽管这种揭示可能是永远不完全的),并对之作出规范的和知识可靠性的评价。在这之后,我们才能恰当地利用通常的联邦制研究告诉我们的知识。而且,在这个意义上,联邦主义的理论并非不可以运用于非政治、非地域性的

---

 ① 参见〔奥〕A.哈耶克:《个人主义与经济秩序》,贾湛等译,北京经济学院出版社1989年版,第66页;〔英〕卡尔·波普尔:《猜想与反驳——科学知识的增长》,傅季重译,上海译文出版社1986年版,第486页。

 ② 文森特·奥斯特罗姆:《复合共和制的政治理论》,毛寿龙译,上海三联书店1999年版,第24页。

行动群体之上。

多方面的知识都有助于建构一种联邦主义的理论。这些知识包括：传统的宪政理论，政治经济学如公共选择理论、财政联邦主义，奥国学派经济学特别是其中关于知识在社会中利用和计划经济不可能实现经济核算的思想，哲学认识论如麦克尔·博兰尼的默会知识和多中心的自发秩序思想。这就需要把零散的综合起来，提出完整的联邦主义理论，就我目前的阅读视野和理解而言，文森特·奥斯特罗姆教授已经在这方面做出了极富成效的努力，他的著作是我进入联邦主义理论研究的先导。

二、奥斯特罗姆的联邦主义理论

（一）奥斯特罗姆的联邦主义概念

文森特·奥斯特罗姆是美国印第安纳大学的阿瑟·本特利政治学终身教授，著名的政治经济学家和研究联邦主义的名家。以美国经验为基础，他系统地勾勒了联邦主义的概念，提出了联邦主义的哲学—政治学—经济学理论。奥斯特罗姆认为他关注的核心问题是在一个人类社会进行如何的制度建构，才能实现真正的自治，社会的成员不被居于社会之上的国家或政府所统治。也就是说，如何形成一个无人进行统治的自治秩序，真实的有意义的民主是否可能。民主可以说是人人向往的，但政府并不等同于人民。虽然在许多现实政治中，人民确实在投票和选举代表，但能否说投票就意味着人民在统治，这种联系是否太微弱了？奥斯特罗姆认为，在真正的自治社会的建构中，联邦主义的概念具有根本的重要性。[①]

奥斯特罗姆认为，观念改变现实，人们对事物的概念可以塑造生活本身。联邦主义的概念是人为的建构物，美国宪法和美国的联邦主义，在相当程度上是深思熟虑和自由选择的产物。联邦主义是 1789 年美国

[①] 参见文森特·奥斯特罗姆：《复合共和制的政治理论》，毛寿龙译，上海三联书店 1999 年版；文森特·奥斯特罗姆：《美国公共行政的思想危机》，毛寿龙译，上海三联书店 1999 年版；麦克尔·麦金尼斯主编：《多中心治道与发展》，王文章、毛寿龙等译，上海三联书店 2000 年版；Ostrom, Vincent. 1991. *The Meaning of American Federalism: Constituting a Self-governing Society*. Institute for Contemporary Studies 等著作。

宪法创立时使用的一个关键性设计概念。联邦主义是使宪法成为实在法律,而不仅是道德宣言的最关键的建制。美国宪法和《联邦党人文集》是人类政治领域一项创造性突破。这个突破就是复合共和制的政治理论。在此之前的人类历史上,人们普遍认为民主只能在小范围的共和国内实行,对面积广阔的地区的治理模式则只能采取自上而下的帝国式统治,也就是说自由和大国是不能相容的。体现在《联邦党人文集》中复合共和国(compound republic)理论则可以解决这一矛盾,复合共和制并不是意味着次一级的共和国组成了联邦共和国,也不是几个小的共和国政府组成了大的共和国政府,而是同时存在着不同两个或多个层次的共和国,最高层次即为联邦共和国。因此,同一个地域范围,可以同时属于重叠存在的两个或两个以上的共和国。所有这些共和国的政府都是面对公民个人的,每一个公民,同时是两个乃至数个共和国的公民。全国性政府也直接面对公民个人,而不是封建式的"分级管理",即每一级政府各自管理下级政府,而不面对公民个人。每个共和国都拥有独立但有限的权力。联邦政府和次级共和国政府都是面对公民个人的,它的权力是独立的,直接来源于人民,有独立的手段来执行这些权力。政府面对个人,避免了对集体而不是对个人课以责任,而个人责任是可实施法律的基础。在复合共和制理论中,不存在绝对国家主权的概念,如果它是指制定法律的权力,那也是为联邦政府和次级共和国政府所分享的。① 奥斯特罗姆的联邦主义概念较之依据宪法条文的定义,进一步精致化和抽象化了,他提出所有政府单位都直接面对公民个人而并没有着意于联邦和成员单位两级政府的宪法规定的权限。这么做时不可避免要脱离日常经验,而失去对常识的分类功能,但具有更强的方法论功能。我甚至想我们可以建构一种更高度抽象化的理想的联邦主义概念,我称之为完全联邦主义。我以无限可分的正方形来说明这种联邦主义的地域划分。在一个大的地域范围内,存在一个共和国,这个共和国被划分为若干个小的共和国,每个小的共和国又被划分为更小的几个,以

---

① Vincent Ostrom, 1991. *The Meaning of American Federalism: Constituting a Self-governing Society*. Institute for Contemporary Studies;文森特·奥斯特罗姆:《复合共和制的政治理论》,毛寿龙译,上海三联书店 1999 年版。

此类推,以至无穷。最重要的是,不是几个小的共和国政府组成了大的共和国政府,而是所有这些共和国的政府都直接面对公民个人,个人同时属于范围不同的很多乃至无数个共和国。每个共和国都拥有独立的但有限的权力。当然,这个概念是为了在某些情况下理论论证的需要,并不是要直接应用于现实,但有时候可能为现实中的联邦主义提供了一种理想化的评价标准。在现实的情况下,共和国的划分层次是有限的,通常是两层、三层或四层。

奥斯特罗姆所说的联邦主义,同它的现实形式既有联系也有区别,既是对经验的描述更是对经验的理论审视,并在审视中发现经验现象的真实联系,并因此改进原有的制度。其出发点是如何形成一种政府间关系的制度和秩序视角,它首先是一种概念式的抽象建构,然后才是历史、经验的研究。奥斯特罗姆反复说我们绝无可能直接把握经验,尤其是现实中大量存在着概念滥用的情况下(所以不能直接进行集权制或联邦制的比较研究)。抽象的联邦主义理论同样适用于研究典型的联邦制、典型的中央集权制和分裂割据的无政府状态,为我们如何在总体上认识中央集权制度和联邦制或任何一种宪法层级分权体制提供视角或"眼镜"。当然,这样使用联邦主义这一术语时,有可能引起人们的误解,我也曾经想把这种理论称为地域性政治权力分立的一般理论、多中心政府体制理论、多中心治理理论或自生自发的政治秩序理论,但似乎后面这些术语太生僻,而且与美国宪法创立时所使用的关键性设计概念[①]的语义缺乏联系。

(二) 联邦主义的秩序模式和联邦主义的价值基础

单靠定义远不能够概括出联邦主义的全部含义和其中蕴含的各种关系,这就需要理论的推理,将这一切揭示出来(尽管这种揭示可能永远是不完全的),并对之作出规范的和知识可靠性的评价。当然奥斯特罗姆不仅仅是提出了一种联邦主义的概念,他以大量著作做了理论上的阐发,并对概念和理论工具作了区别。理论要求在逻辑上厘清使概念具有意义而必须满足的条件,要求审慎思考概念所蕴含的复杂观点,理

[①] Vincent Ostrom, 1991. *The Meaning of American Federalism: Constituting a Self-governing Society*. Institute for Contemporary Studies, p.6.

论是认识的计算性方面,能够使我们说明与概念性方面有关的根本性关系。① 新概念可以被引入用来思考全新领域的问题,在观念领域里要厘清新概念的意蕴颇费时日,理论永远不可能是完满的。② 我认为理论需要不断地进行重构,才能逐渐完满,才能满足社会实践的不断变化。

理论要说明在上述的联邦主义制度下人类行动的总体后果,即联邦主义下社会秩序的一般模式。这之后,我们才能恰当地利用通常的联邦制研究告诉我们知识。这同布坎南提倡的宪法经济学的研究路线类似,宪法经济学试图解释不同的制度——宪法规则的工作性质,而这些规则制约着经济行动者和政治行动者的选择和行动。

要阐明规则下理性行动者的行动所形成的秩序模式,当然主要依靠经济学的方法,如公共选择理论、财政联邦主义、奥国学派经济学(特别是其中关于知识在社会中利用和计划经济不可能实现经济核算的思想)。文森特·奥斯特罗姆教授在这方面做出了极富成效的努力。他同时也重视哲学认识论和传统的政治理论,前者如麦克尔·博兰尼的默会知识和多中心的自发秩序思想,后者如托克维尔和《联邦党人文集》作者们的思想。奥斯特罗姆认为,在考虑制度设计时需要参考规范的标准,要考虑价值问题,联邦主义制度设计不是价值祛除的。③ 所以,奥斯特罗姆的联邦主义理论可说是政治经济学和政治哲学的结合。

初次阅读奥斯特罗姆的著作时可能给人带来莫大的困惑或不习惯,因为作者有时像一位标准的公共政策分析专家,对灌溉系统进行极其详尽的系统经验分析;有时又像政治哲学家进行有关立宪秩序替代方式的哲学考察;有时像经济学家那样提出公共选择和公益物品的理论;在提出存在标准的研究方法"己所不欲,勿施于人"来确定是非和美国联邦主义的宗教基础时,他又像一位道德哲学家。如何在如此众多纷繁的理论中抓住主要的线索,这是一个问题,关系到我们对联邦主义理论的完整理解。下面我试图从奥斯特罗姆对汉密尔顿和麦迪逊在《联邦党人文

---

① 文森特·奥斯特罗姆:《复合共和制的政治理论》,毛寿龙译,上海三联书店1999年版,第3页。
② 同上书,第12页。
③ 文森特·奥斯特罗姆:《被遗忘的传统:宪法层次的分析》,载麦克尔·麦金尼斯主编:《多中心治道与发展》,王文章、毛寿龙等译,上海三联书店2000年版,第191—208页。

集》一书中用来论证其观点的政治理论的重构努力中发现其方法论的一个重要特征,并且尝试提出其理论的主要线索即其理论是怎样建构起来的。

  对汉密尔顿和麦迪逊的理论,奥斯特罗姆是从理论的内部进行理解的,而不是从外部进行某种解释,这和比尔德《美国宪法的经济观》①中的方法截然相反。"现在我们面临一个严重的困惑。如果人类在很大程度上创造了自己的社会现实,那么人们不通过用于设计和创造现实的理论概念就能够理解这些现实吗?《联邦党人文集》的作者写作了大约85篇文章解释了在大众或者民主治理体制中构造不同政府单位的各种美国实验之中心最关键的实验设计。似乎应该根据整个设计所运用的理论来解释设计治理体制实验的结果。"② 这种内部的理解,不仅仅是复述,而是要评估这些理论在说明条件和结果之间关系的可靠性,是在更为基础性的因此也是更为人们公认的价值标准、逻辑法则、事实当中进行理论的内在一致性检验,这样来领悟研究者在他们所熟悉的研究领域的论证逻辑以及提出有关何为可能的结果的主张,并说明理论所包含的优点和潜在的缺点。"《复合共和制的政治理论》一书是我阐述汉密尔顿和麦迪逊用之以解释美国宪法设计的理论结果。我这样做,并不是作为历史学家来解释1787年发生的事情,而是作为政治科学家来努力理解和重新建构曾用来设计美国宪法的理论及其对更为一般的美国立宪政府体制更为广泛的意蕴。我的兴趣主要是重建一个理论,它不仅在1787年是有用的,而且也可以为我们搞定当代形形色色的问题提供基本的概念工具"③;"我的任务是选择学识卓著、技艺高超的两位政治设计家所撰写的80篇文章,并试图重述作者在进行分析时所运用的基本逻辑,这样我们可以理解美国宪政体制设计所运用的基本概念和论证模式。我不仅概括他们的观点,而且还试图重新阐述他们在表述这些观点

---

  ① 〔美〕查尔斯·A.比尔德:《美国宪法的经济观》,何希齐译,商务印书馆1989年版。我接受的经济学理论不是解释个人行为的,而是解释个人行为合成的社会秩序,因此我认为比尔德的这部著作甚至不是经济学理论的适当运用。
  ② 文森特·奥斯特罗姆:《美国公共行政的思想危机》,毛寿龙译,上海三联书店1999年版,第159页。
  ③ 文森特·奥斯特罗姆:《复合共和制的政治理论》,毛寿龙译,上海三联书店1999年版,第5页。

时所运用的理论"①。奥斯特罗姆说他不试图猜测作者的动机,而是带着同情的态度努力理解理论本身,忠实地重述论证的逻辑,然后才可能从事合理的批判。也许只有我们在考虑更深层次的方法论意义上才能对奥斯特罗姆的理论方法有更好的理解,如社会科学同自然科学方法的根本区别,社会科学要指涉人类行动对于行动者所具有的主观意义,理解行动者的主观性,社会科学家的任务是重新构造人们在日常生活中解释他们自己的世界的方式。这种方法也许保证了这种可能性,即人类的知识在内部逐渐进化的可能以及帮助人们实践的可能。无人能够看到"联邦制"这个东西,我们只能通过概念工具使我们理解世界,并通过理论工具在现实中帮助我们自己的实践。确实,即使我们知道了比尔德的观点,如果我们想真正能够通过深思熟虑和自由选择来建立一个良好的政府,而不是注定要靠机遇和强力来决定我们的政治组织,我们也不太可能从比尔德那里获得实践上的帮助。也可以说,从人们如何进行道德评判的言说表面出发的政治哲学和从人们理解自身行动意义的主观方面出发的政治科学,反而可能是获得客观之正义与知识的途径。

奥斯特罗姆的联邦主义理论在我看来可分为价值论和知识学两个部分。这么说一开始可能令人费解,说知识学是没有问题的,奥斯特罗姆提出了多中心治理理论,做了水资源管理、大城市地区警察服务等多方面的研究。像多中心治理的效率,是《联邦党人文集》的作者们从来没有提出过的,尽管我们不妨认为他们已模糊地感觉到了。《联邦党人文集》的作者们明确论述的是联邦主义可以以共和病对抗共和病,以野心对抗野心,关心的是传统的如何制约政府暴虐的问题。他们也没有清晰的公共选择和公益物品的概念。奥斯特罗姆实际上是大大发展了联邦主义的理论。奥斯特罗姆对联邦主义的知识论证集中于这几个方面:适当联邦主义的规则能够制约败德者,在现实中是能够稳定存在下来的;同官僚主义自上而下,进行层级控制的管理体制所说的相反,在联邦主义下,人类社会能够实现有效的治理。这几个方面的论证,既存在于古典的著作中,如《联邦党人文集》和托克维尔的《论美国的民主》,在

---

① 文森特·奥斯特罗姆:《复合共和制的政治理论》,毛寿龙译,上海三联书店1999年版,第22页。

现代的新政治经济学中也更有逻辑严密的理论阐述。这些论证的核心是对人性的两个假设：人是自利的；人的知识是有限的，是易犯错误且能在错误中学习。市场在一只看不见的手的推动下，服务于公众的福利。但政府们也不见得就一定是只看得见的手，通过精心的设计，它们也会变成看不见的手，通过政府间的相互竞争来实现公众的福利。在联邦主义的政治过程中，人们追求自我利益、追求合理的共同体的行动能够得到协调，而不是相互损害。联邦主义秩序的优良可以在诸如哈耶克、迈克尔·博兰尼等人关于自发秩序的哲学思想中得到论证。联邦主义充分利用了人们局部性的知识，明确了法律和道德责任的归属。基本上奥斯特罗姆的联邦主义理论知识学部分是个人主义下的经济学理论和运用其理论进行的水资源管理、大城市警察服务等个案研究。

但是，如何说奥斯特罗姆也论述了或者至少很关心联邦主义的价值基础呢？回到他本人的著作中就很容易发现。最显著的一点是奥斯特罗姆的文章《美国联邦主义的圣约基础——宗教之源》[1]。这篇文章要探索为联邦主义的美国理论提供了基础的形而上学（宗教）和方法论前提。奥斯特罗姆说："美国联邦主义的核心概念是依靠订立圣约和把我们联结在一起以形成一个自我治理的关系社群的过程"[2]，又说，"我关注的是对理解美国联邦主义的含义具有根本重要性的概念，这些概念深深植根于犹太教和基督教的传统当中并且其宗教意义是极为重要的，但是这些概念并不局限于任何特殊宗教信条当中"[3]。联邦主义是从拉丁语（foedus）派生，而foedus就意味着圣约，人类之间的关系根源于圣经中描述的上帝与人的圣约关系。"己所不欲，勿施与人"这条金律是人类规范性探究的基础。我想，正是有这样的形而上学基础，人类选择正义的规则才有可能，联邦主义这样的建构事物才可能出现。奥斯特罗姆意义上的联邦主义在人类历史上的出现，并不仅仅是历史演进的产物，它也是人为的建构事物。这是如何可能的？人民选择联邦主义是立宪层

---

[1] Vincent Ostrom, 1991. "The Covenantal Basis of American Federalism: Religious Roots", in *The Meaning of American Federalism—Constituting A Self-Governing Society*, Institute for Contemporary Studies, San Francisco, California, pp.53—68.
[2] Ibid., p.57.
[3] Ibid., p.53.

次上的选择,立宪选择是如何可能的? 我想要回答这个问题,仅有理性选择下的人类行为假设是不够的,也许正是这个原因,奥斯特罗姆探讨了美国联邦主义的宗教起源——基督教圣约(covenant)观念。"行动依靠思想和以思想为基础的习惯。而人类社会秩序模式则依靠有关人类如何以有序的生活方式构造人类社会、相互联系的共享的理解社群。"①

丹尼尔·埃拉扎在《联邦主义探索》②一书中从词源学的角度说明了联邦主义的价值基础:"'联邦'(federal)这个术语来自拉丁语 *foedus*,这个词如同希伯来语中的 *brit*,都意味着圣约。从根本上来说,一个联邦制的安排是成员间关系的一种,它建立在圣约的基础上,并为圣约所规范。它的内在关系反映了成员中普遍存在的对某种事物共享着的理解,这是建立在对每一个个体成员之诚信的相互认同和要在成员间形成一种特殊的联合的努力上的"③。"在其起源形式上,联邦主义的理念是神学—政治式的,它定义上帝和人的关系,在此关系中上帝和人由圣约联系起来,这种关系是被设计成双方共同对世界的美好负责。首先形成于希伯来圣经中的圣约理论是上帝和以色列关系的基础,而在十六和十七世纪的新教改革中,这种联邦主义的概念被以圣经为中心的"联邦神学家们"(federal theologians)所复活。这些神学家们,从拉丁语 *foedus* 锻造了"联邦"(federal)这个词,来描述作为他们世界观根本基础的存在于上帝和人类之间的神圣和永恒的圣约体系。此圣约既是使人类服从上帝命令的工具,也是人类实现自由的机制"④。在这里我想补充的是,正如我在下文中要说的,联邦主义尽管在词源上有这样强烈的价值术语含义,但是在现在的语义中更多地和多中心政府制度联系在一起,奥斯特罗姆和埃拉扎所说的联邦主义的价值论含义在宪政理论中有更丰富的理论资源。奥斯特罗姆的文章 *The Covenantal Basis of American Federalism*:

---

① 文森特·奥斯特罗姆:《美国公共行政的思想危机》,毛寿龙译,上海三联书店1999年版,第177页。
② Daniel. J. Elazar, 1987. *Exploring Federalism*, The University of Alabama Press.
③ Ibid., p.5.
④ Ibid., p.115.

*Religious Roots*①,我想这篇文章的题目如果将 American Federalism 改为 American Constitutionalism 可能没有任何问题甚至更好。另外,联邦主义的价值基础是否必须是某种特殊的宗教学说,至少对中国人来说这是一个重要的问题。

奥斯特罗姆本人明确提倡在联邦主义的理论建构和制度建构中必须探究其价值的基础,"发展一门价值中立的行政科学的替代途径,是明确认识到价值总体上在所有形式的工艺中所起的重要作用,尤其是在人类社会组织这种工艺中的作用。我们必须对人类努力和组织的道德和形而上学基础,有一个更好的(虽然是尝试性的)理解"②。奥斯特罗姆联邦主义理论的价值论部分认为存在客观的正义法则并且有标准规范探究方法来探究之。

因此,对奥斯特罗姆联邦主义理论的完整理解必须认识到其价值论和知识学两个方面的含义,用他本人的话来说就是:"一旦我们开始理解人们思考和相互关系的方式是人类事物治理的最根本的特征,我们能够理解政府在社会的治理当中只能行使有限的任务,圣约的概念、宪法的概念和多单位政府的概念,所有这些在一起都关系到一个政府的联邦主义体制,关注点不能仅仅集中于政府之上,它包括人们怎样思考和处理相互之间的关系,以及将整个复杂的人际关系的制度如何联结为一体"③,我想最后这一句话包含了联邦主义的两个方面的含义,即价值论和制度建构的知识学的含义。"民主政府体制的生存在最理想的状态下也是有问题的。公民们需要了解将人类社会组织为相互间生产关系的道德和哲学基础,还有表达民意的合适的宪法选择理论。如果他们利用这种知识解决他们集体组织的问题,对政府行使权力施予适当的限制,

---

① Vincent Ostrom, 1991. "The Covenantal Basis of American Federalism: Religious Roots", in *The Meaning of American Federalism—Constituting A Self-Governing Society*, Institute for Contemporary Studies, San Francisco, California, pp.53—68.

② 文森特·奥斯特罗姆:《工艺与人工制品》,载《多中心治道与发展》,王文章、毛寿龙等译,上海三联书店 2000 年版,第 498 页。

③ Vincent Ostrom, 1991. *The Meaning of American Fedralism—Constituting A Self-Governing Society*, Institute for Contemporary Studies, San Francisco, California, p.10.

那么民主制就成为现实可能。"① 联邦主义的理论一方面是道德和哲学基础或人们共享的有关是非及公正的价值标准,另一方面是合适的宪法选择理论。我对奥斯特罗姆的话完全同意,但在使用的术语上,他称为民主或民主制的地方我都称为宪政或宪政政体(理由下文另作解释)。

丹尼尔·埃拉扎对上文所说的联邦主义的两个方面有着类似的看法,他说,"共识本身彻底地浸淫着联邦主义的精神,它超越了联邦体制纯粹制度方面的关怀,而信奉伙伴情谊和平衡的观念,这两个方面加在一起,就导致了联邦主义原则的诞生"②。丹尼尔·埃拉扎在另一本书中说,"古代以色列的例子代表了联邦主义最完全的形式:一个民族为圣约所建立和一个政体在联邦性的原理下组织起来。尽管联邦性的安排经常被用来联结没有圣约基础的人民,而一些为圣约或契约所建立的民族也没有建立联邦式的政府制度,但只有二者联结在一起时,联邦主义制度才最强大,在整个历史上,也一直是如此"③。埃拉扎没有解释为什么会这样,而在我看来,这正是宪政联邦主义理论建构的核心内容。联邦主义的理论建构需要分为价值基础和知识学两个部分,仅仅采用道德金律的规范探究方法不能完成复杂的制度设计任务,而关于制度工作性质的研究也不能脱离价值的探讨。

文森特·奥斯特罗姆的联邦主义理论包含了价值论和知识学两个方面,即圣约的或道德金律的规范探究方法和多中心治理的理论。尽管奥斯特罗姆的工作主要集中于后一方面,从政治学、政治经济学、哲学、人类学各个角度阐述多中心治理呈现的不是混乱和低效率而是高效率的秩序井然的人类社会关系模式,但是圣约的概念或者人类考虑他们之间相互关系的正确的价值术语,也同样是重要的,缺乏这一方面,联邦主义的理论是不完整的。

---

① 文森特·奥斯特罗姆:《工艺与人工制品》,载《多中心治道与发展》,王文章、毛寿龙等译,上海三联书店 2000 年版,第 497 页。
② 参见丹尼尔·埃拉扎为《复合共和制的政治理论》所做的序言,载《复合共和制的政治理论》,毛寿龙译,上海三联书店 1999 年版,第 11 页。
③ Daniel. J. Elazar, 1987. *Exploring Federalism*, The University of Alabama Press, .p.120.

三、宪政联邦主义概念的提出

无论是对奥斯特罗姆联邦主义理论的解释还是我在本文所做的宪政联邦主义的理论建构，都是从价值论和知识学两个方面进行的，力图在方法论上将价值追求和阐明人们把理想转化为制度后的社会过程的有关理论结合起来，这么做的理由也许可以从维尔和伯尔曼的话得到支持，"西方政治思想史描绘的是一套价值——正义、自由、平等和私有权神圣不可侵犯——的发展和阐发，多少世纪以来这些价值的意蕴一直受到考查和争论；但同样重要的还有这样一个历史，它所争论的是必须有什么样的制度结构和程序，这些价值才能在实践中实现并相互和谐"①。"通过这种历史的透视，法的社会理论应探讨西方法律传统甚至在民族国家全盛时期在何种程度上依赖以下信念：确信在最高政治权威的法律之外存在一个被称作神授法（后称作自然法，新近又称作人权）的法律体系；转过来，也探讨这种信念在何种程度上依赖国家内部社会共同体（诸城市、地区和工会）自治法律体系的活力以及依赖跨国社会共同体（各国际商业和银行社团、国际机构和教会）的活力"②。这是西方政治思想，特别是其宪政理论长久以来的主题，那么，是否也是中国当代政治理论面临的问题呢？我们尤其要注意：作为一个政治学家，奥斯特罗姆尽管主要通过经济学方法阐明联邦主义下的秩序模式，但却没有以经济学代替政治哲学，而这种倾向，在各派经济学家甚至詹姆斯·布坎南身上都很明显③。奥斯特罗姆的联邦主义理论是可以融合进传统的宪政论中的，并且是丰富了它的内容。

我们需要考虑在奥斯特罗姆所处的具体环境当中，这些基本的价值考虑可能是不言而喻的，可以直接作为理论研究的出发点，但是在我们这里情况远不是这样。我所做的工作并不是将某一种在西方被认为是普遍适用的具体规范认可为普遍的价值，我的初步目标是试图澄清是否

---

① 〔英〕M.J.C.维尔：《宪政与分权》，苏力译，三联书店1997年版，第1页。
② 哈罗德·J.伯尔曼：《法律与革命——西方法律传统的形成》，贺卫方等译，中国大百科全书出版社1993年版，第52页。
③ 关于布坎南以"一致同意"为立宪选择的最终的规范性标准仍然是以经济学代替了政治哲学的问题，我在其他文章中再做论述。

存在普遍正确的伦理规范探究的形式法则,因为一段时间以来,历史主义、相对主义的价值论述遮蔽了我们的视野,阻断了我们今天的道德语言同我们源远流长的道德论述传统之间的联系,所以本文所作对宪政联邦主义的价值基础探究仅仅是一个概念澄清的工作,恢复我们传统的、正确的价值探究方式,而不是试图确立任何具体的规范。这么做的另一个理由是奥斯特罗姆对联邦主义价值基础的简要奠定是从一种特殊的宗教学说,即犹太教和基督教的传统出发的,这在他那里是没有任何问题的。对于我们来说则需要问:宪政联邦主义的价值基础是否必须依赖一种特殊的宗教学说,普遍正确的伦理形式法则或道德金律作为规范的探究方法,是否也是我们的道德论述传统中所固有的?一经进行概念澄清的工作,处于中国传统中的人们也将很自然地抛弃历史主义、相对主义的价值论说方式和规范探究方式。我认为联邦主义不需要建立在特殊的宗教学说之上,在对我们语言的全部含义进行反思之后,我们将会同意不同的文化传统当中都蕴含着联邦主义建立的价值基础。正如奥斯特罗姆所说,"金律作为基本的道德箴言,令人奇怪地缺乏实质性的道德内容。它不是作为一个具体的规则,而是要被认为是一个规范探究的方法,使人们能够获致用于规则或标准选择的价值术语的共享性的理解"[1]。

另外,尽管如丹尼尔·艾拉扎所解释的那样,联邦主义同圣约的概念有着词义上的联系,但是熟悉政治思想史的人们知道,同一种源远流长的价值探究结合起来的政治理论一般被人们称为宪政主义而不是联邦主义,我不认为有必要以联邦主义这一术语取代宪政主义,宪政这一概念同那种追求普适性的价值探究的努力有着更紧密的语义上的和历史的联系。我更倾向于把联邦主义视为宪政政体制度构成的一个在既有基础上发展了的原理,它在宪政主义中的地位像分权与制衡学说,但联邦主义比分权与制衡学说有更丰富的内涵,它不仅包含了防止政府权力的滥用而实行权力间的相互制约的含义,更重要的是它揭示出对权力的制约和有效治理并非是矛盾的,我们并不总是处在正义、民主和效率种

---

[1] Vincent Ostrom, 1991. *The Meaning of American Federalism—Constituting A Self-Governing Society*, Institute for Contemporary Studies, San Francisco, California1, p.53.

种价值观冲突的状态,而这正是维尔的《宪政与分权》一书所提倡的观点。多中心治理的概念揭示出等级命令结构的官僚制不一定是人类追求有效率的对社会事务治理的方式,在适当的理论建构中,对政府的控制和政府行为的协调并不一定是矛盾的,尽管这是反直觉的,却是极有可能存在的人类社会秩序关系。基于以上理由我认为对联邦主义价值基础的奠定应当是在宪政主义的论述当中进行的,也因此将我所建构的理论称为宪政联邦主义,以后的论述中首先确立的是宪政政体的概念。

对规范的探究并不能够直接导致合适的制度设计,在复杂的情形当中尤其如此,人类关系的模式经常是反直觉的,因此哪怕是考虑了合适的价值基础的政治理论也不能直接从价值出发来建构制度。例如分权的纯粹学说,"分权的'纯粹学说'也许可以这样表述:为了政治自由的建立和维护,关键是要将政府划分为立法、行政和司法三部门或三部分。三个部门中的每个部门都有相应的、可确定的政府职能,即立法、行政和司法的职能。政府的每个部门都一定要限于行使自己的职能,不允许侵蚀其他部门的职能。进而,组成这三个政府机构的人员一定要保持分离和不同,不允许任何个人同时是一个以上部门的成员"①。这种学说尽管其价值前提在相当程度上令人信服的,但并不是宪政政体合适的分权理论,不对制度的后果进行反思,也就失去了人类价值探究的对话性质,似乎最后的正义已可以用人间的制度形式体现出来了。对于奥斯特罗姆引证的一本书《美国宪政主义的起源》(*The origins of American Constitutioanlism*)②,我感到,这本书的作者忽略了 1787 年制宪会议在知识上的突破和制度建构上的突破。传统的宪政论在价值基础的论述上是丰富的,但制度建构上可能显得不足,有限政府、三权分立等学说往往停留于一般的原则。在现代面临复杂的群体间的相互依赖性的情况下,我们不太可能在"无为而治"的意义上谈论有限政府,政府需要行动起来以提供以前时代无法设想的公共产品,我们需要考虑在什么样的条件下,公共产品的提供是合乎正义且合乎效率的。因此,仅仅宪政主

---

① 〔英〕M.J.C.维尔:《宪政与分权》,苏力译,三联书店 1997 年版,第 12 页。
② Vincent Ostrom, 1991. *The Meaning of American Fedralism—Constituting A Self-Governing Society*, Institute for Contemporary Studies, San Francisco, California1, p.53.

义可能无法表达此种独立的制度建构知识学的含义。

奥斯特罗姆的主要努力可以概括为论证多中心的治理体制对宪政主义(他的术语是实现真正意义上的人民的统治)的意义和对人类社会良好的、有效率治理的意义。多中心治理有在一般语义上强烈的联邦主义的含义,它同宪政主义的关系至少在中国当前的学术语境和公共舆论中,并不是常识,但这种关系正是联邦主义理论建构的关键所在。圣约的概念同宪政主义有紧密的联系,但是显然不能直接推出多种心治理的理论,后者同一些特殊的学科知识相联系,如宪法政治经济学、奥国学派经济学、新制度经济学、演进主义知识论等等。我们所说的联邦主义,其正式的源头是美国宪法和《联邦党人文集》,这是真正具有创造性的制度创新。

出于上述理由,我提出了宪政联邦主义的概念,并进行理论建构,以说明这个概念蕴含的各种复杂的观点及与之有关的根本性关系,尽管这种理论建构还仅仅停留于初步的、粗糙的形式。为什么我要使用宪政联邦主义一词(constitutional federalism)呢? 我们知道,一个词,如果不是有隐喻或讥讽的含义,很难表达内在联系不明显的两个意思。圣约的含义可以和宪政的概念有明显的联系,但是和多个政府单位之间的联系,则不是直觉可以把握的。而联邦主义一词,主要的含义已变成多政府单位,所以尤其需要用宪政来加以限定以凸显宪政联邦主义的价值论和知识学两个因素。奥斯特罗姆和埃拉扎的联邦主义一个词实际已包含了这两个因素,但我觉得至少在中国这不是一个很合适的词语,对于阐述可能造成一些不必要的障碍。

既然我们人类世界很大程度上是由人类自己塑造的,既然我们生活在一个由概念构成的世界当中,人类能够利用不同的概念和观念体系来塑造不同的现实,明了这一点是成为公共行政和研究人类专家的最为根本的一步[①]。我们可以通过建构适当的概念—理论来理解现实并帮助实践中的人们。思想方式上的范式变化能够改变人类社会的秩序模式,不同的理论建构有着不同的认识—实践旨趣。通过宪政联邦主义的概

---

① 文森特·奥斯特罗姆:《美国公共行政的思想危机》,毛寿龙译,上海三联书店1999年版,第9页。

念化,通过阐明正确的规范探究方式和人类社会秩序构成的一般性质,出现了规范探究—制度建构的理论和实践旨趣,导致进一步探索未在现实中出现的但极有可能出现的人类社会的结合关系,从而帮助人们进行制度创新以解决面临的紧迫问题。历史发展规律、阶级专政、比尔德式的对美国宪法的研究,是一种追求深度解释的理论方式,将人类的价值置于虚无主义和独断论当中,将导致没有实践意义的并且极成问题的对所谓人类社会发展规律的解释。之所以说是极成问题,是因为这种思想模型所连接起来的社会现象作为一个思维的客体,不可能具有超过这些思想模型所体现的那些属性之外的属性,在实践取向下往往导致研究者们设计出没有现实性的且可能毁灭人类基本价值的社会改造方案,或陷入使理论不具实践意义的无所作为当中,有时候还往往导致研究者们进行合乎某些特定集团之利益的策略性研究。

在论述当中,我们要知道赋予概念新含义的限度,一个词不能承载太多的含义,发展的意义同本义要有联系,我们不能创造完全的新词,因为新词要用老词进行解释。在汉语背景下写作,在汉语背景下创造新的概念,要注意在汉语语境中,一个词甚至是外来词其意义由于各种原因,不能有和英文本意完全对应的意义。如联邦主义,在汉语中,联邦总和分立的体制甚至分裂有着语义上的联系,这对于我的概念来说,反而是一件好事,因为突出了我想强调的重点所在,但也使我要加上宪政这个限定的概念,尽管在英语中 Federalism 同 Constitutional Federalism 可能意义相差不大,但显然只有宪政联邦主义这个汉语名词才能更好地同奥斯特罗姆的 Federalism 对应。我们甚至可以说反宪政的联邦主义:这个概念是否能够得到定义涉及到语义的特殊转换,在奥斯特罗姆那里,这个定义是不可能的,因为这相当于定义一把锋利的钝小刀。但是,涉及到现实中联邦主义的一般联想含义,我们可能不得不迁就这个词的普通含义,我们的概念化策略是创造宪政联邦主义的概念,因为幸好,联邦主义和宪政这个词在普通语义中仍然存在我们需要的关键含义。因此以宪政联邦主义为关键性的定义可能区分反宪政的联邦主义,我们可以用这个概念指一些理论和实践。因为不是所有的多中心治理都是宪政主义的,或者都是有效率的;也不是所有的多层级政府都意味着真正的联邦主义。同某些经济学家不同,我们不认为仅仅依赖自发性的政治过程就一定能够实现良好的结果,或者以自发性来定义正义,我们探讨的是政治和经济过程中自发性或自生自发的秩序对人类美好价值实现的意义。

我们可以分析一下关于政治体制的某些特殊设想,如一方面中央政府不能直接成为某地区人民的政府,要置该地区的政府为它的代理人地位;另一方面,该地区社会的实际状况又要求至少地区政府是民选政府,是人民授权的政府。这两个方面就造成了不可化解的冲突,是所谓政治体制危机。尽管中央政府可以赋予地区政府很大的甚至过大的自主权,但后一方面的因素(地区人民的民主要求)可能带来脱离的危机或发生中央政府不得不集权化的后果。

四、为什么要回到基础问题上去

接下来需要说明的是,尽管有奥斯特罗姆的实例、维尔和伯尔曼的话,但有必要从价值论和知识学两个方面进行宪政联邦主义的理论建构吗?特别是在讲究价值中立的时代,有必要探究什么价值问题吗?奥斯特罗姆的方法就一定是有道理的吗?下面我以几个例子说明在制度分析中为何要考虑到价值问题,否则效率的含义就很难得到良好的说明,而我们也不能正确地利用社会科学如经济学发展起来的理论。另外,如果奥斯特罗姆已经做了这方面的工作,那么为什么我还要独立地再作出理论建构的工作?为什么要再一次回到基础问题上去?对联邦主义价值基础的工作,奥斯特罗姆尽管很关注,但他是基于一种特殊的宗教学说,而且论证不是非常系统,也没有同宪政主义联系起来。而在知识学方面,他更多地是在理论的具体应用中进行阐述的,这些应用当然都不具有中国背景,而且似乎在经济学方面,他对奥国学派的贡献注意不够[①]。因此,可能需要一种综合性论述。最重要的是,对中国人来说,我们的任务不是简单地复制美国的模式,而是寻找对思考问题和解决问题有用的理论。我们的任务是把概念和与之相关的理论要素当作思想工

[①] 尽管奥斯特罗姆在一篇文章中提到了哈耶克和拉赫曼,参见"挑战政策分析和民主社会的认识问题",载迈克尔·麦金尼斯主编:《多中心治道与发展》,王文章、毛寿龙等译,上海三联书店2000年版,第525—526页。

具去深入地思考问题并独立地评估解决当代中国问题的适当途径(我把《复合共和制的政治理论》第 9 页上奥斯特罗姆类似的一段话做了改动)。在西方没有问题的基础问题在我们这里恰恰是有问题的,因此回到基础问题上是有必要的。下面通过论述如何才能讨论制度的效率进一步说明在建构联邦主义理论中,对其适当的价值论和知识学基础的探索是必要的。

(一)制度效率的讨论与权利

在制度分析中,对效率的客观讨论只有在某个权利体系或价值体系之内才是有可能的。我们可以以现代社会某个图书馆的出门检查制度为例,假设图书馆不设立出门的检查制度,会大量丢书,而且图书馆预计长期丢书的损失会大于设立一种监测装置的费用,那么图书馆会设立一种监测装置,如磁码报警系统,每个从馆内出来的读者都要从这个装置中走过。但是,我们可以设想,如果图书馆采用搜身的方式的话,发现窃书者的效果同报警装置相同甚至更有效,且可以降低费用。图书馆所可能采用最有效率的办法是在不搜身的前提下作出使装置费用加上仍存在的丢书损失最小化的选择,搜身被排除在有效率的选择之外。但为什么不能因为图书馆损失的极小化而采取搜身的措施呢?我们说读者有不受侮辱的人身权利。但图书馆对书籍拥有所有权而且有权安装某种报警装置,而且读者不能以侮辱为理由拒绝走过报警装置接受检查。这些都说明存在着一个权利体系和普遍的道德共识,这样才能有意义地说明什么是图书馆有效率的举措。而且图书馆要能够客观地判明效率,需要知道书价、安装装置的费用,又取决于一个更广泛地存在的权利体系才使这种客观的计算成为可能的。我不想说读者不被侮辱的权利是绝对的,我们可以考虑遥远的古代的情形,书很贵很稀缺,没有电子装置,那么搜身也可能是被接受的。但是,权利的具体内容是变化的,它不能离开某种权利体系而独立存在。离开某些价值共识,我们可以客观地谈论古代图书馆防范丢书措施的效率。图书馆有权安装报警装置但不能搜身,读者有权不被搜身但需接受装置的监测,这样的安排包含了无论是隐含的还是显明的权利的论证,需要在一个一般的价值体系下进行评判,我们不能仅从客观的可观察到的经验事实如某个图书馆的花费和损失额,或从一时无法客观度量但被公认的读者的精神损伤单方面进行确定,尽管我们需要了解这两个方面的情况。这种安排,不仅需要权利论证,也需要对此权利安排下和可选择的其他权利安排下之社会后果的一般理解,也就是权利安排或规则的工作性质或效率问题。这个问题在简单的情形下可以为人们直观地理解,在复杂的情形中就需要发展专门的学问仔细地研究。实际上对权利的论证也是同样的,它往往需要我们对价值问题进行深入理解而不能停留于直觉的道德层面。因为对社会后果的一般理解,有时会引起权利论证和重新安排的要求,但这是在更根本的价值下对某些具体权利进行评判从而使整个权利体系更加内在一致,而不是从社会后果的某个部分的最优化出发来决定权利的安排。

科斯的《社会成本问题》一文[1],讨论了解决对他人产生了有害影响的工商企业或个人的不同制度安排的后果,科斯的理论对于处理联邦主义所关心的地区间的相互依赖性问题也是基本适用的。下面我将说明,讨论制度时,价值判断的问题是不可避免的,同时仅有价值判断是不足够的,有需要发展一种独立的关于制度效率的理论。对科斯理论的通常叙述是这样的:一些具体的案例如飞驶的火车会对附近的农田造成损失,而火车如果放慢速度,溅出的火星会减少,但铁路公司会因此受到损失,科斯证明在不存在铁路公司和农户之间交易障碍的情况下,初始权利的配置,无论是铁路公司有权溅出火星还是农户有权避免损失,对最后的资源配置的状况是没有影响的,也就是用货币表示的铁路公司和农户的总的财富是不变的。上面的叙述,引出的结论是不明确的,如果我们着重与追索在交易成本为零的情况下,无论产权的初始配置如何,最终的资源配置都是最优的含义。让我们先从上文说的损害的含义开始讨论,说明价值判断的问题以及如何可能客观地讨论制度的效率。

什么叫做损害,这是一个问题,并且不单纯是一个事实问题。我们可以考虑另外一个相互影响的例子,一家饭馆附近新开了另一家饭馆,前者面临着后者的竞争,因为后者的竞争,前者在利润上的损失也是一个明显可计算的数额,但是这种情况并不会引起诉讼,前者并不可能向法院起诉后者,即使起诉了,法院也不会受理这种案件。因此农户所受

---

[1] R.H. Coase, 1988. *The Firm, the Market and the Law*, The University of Chicago.

到的损失之所以被认为是社会成本，是因为存在一个价值体系认为这是不应当受到的损失，而不仅仅因为这对农户来说是损失而已。噪音、污染、洪水被认为损失，是因为人们通过由己及人的推断，不仅认为它们不是舒服的享受，而且也是不应受到的莫大的损害。饭馆的例子中竞争不被认为是损害，是因为权利是双向的，而且这种权利安排产生了为顾客提供价廉物美的饭菜的后果，因此这种安排被认为是有效率的（相比于只有一家饭馆但政府严密监督其饭菜的质量和价格），所以并不被认为抽象的财产权利在具体行使时发生了冲突。科斯的文章其重点在于批评庇古的传统，即通过政府征税、强制企业支付给其行为造成损失的受害者赔偿、管制、采用分区制让造成损害的企业迁出等这些方法，同拥有可交易的权利（先不管损害者有权损害还是受损者有权不受损害）的损害者和受损害者自愿交易这种安排相比的不利之处。例如：局限于向引起损害的生产者征税的税收制度，将倾向于产生过高的避免损害的成本，因为可能受损者迁移或安装防护装置费用更低；强制赔偿使得受损地区居民和受损物的增加（如铁路附近耕地的增加），使损失进一步增大，以致制造损害的企业因赔偿而关门。而且，我们还可以推断，损害额的不断变动，要求赔偿和税收也不断变动，这需要随时跟踪以不断调整，似乎不是政府所能完成的任务。而相反，在界定权利后的市场交易制度下，处在一个先行存在的更广泛的价格体系的对资源最有利的使用总可以达到。这样的经验性假定，铁路公司同农户之间不存在交易成本，对于科斯的理论而言实在是无关紧要的，即使没有这个假定科斯肯定还有许多没有进入陈述的经验假定存在。交易成本无非是当事人双方知道相关的知识和谈判契约的代价，但没有理由认为政府可以无代价地获得相关知识和无代价地活动。科斯告诉我们的是对市场交易制度之工作性质的深入理解，更深入地理解何为制度的效率这一问题。

科斯所说的冲突双方的总产值极大化，是一种说明制度安排有效率的方式，应限制性地理解为在市场制度已经存在的情况下，双方拥有的资源都获得了最优的利用而已，但是并不能直接作为规范的标准。如果无偿没收农民的土地交由铁路公司，那么总产值不变，甚至会更高，因为这样节省了双方拥有权利情况下的交易成本，但我们不会认为这是可行的权利安排。另外，铁路公司和农户的最大化的总产值，是一个在限定条件下的客观事实,不是我们应当实现的绝对客观标准。它说明的是,社会存在着一种对资源的评价体系的情况之下,在一个微观范围内不同人的总收入之和不变。在这里,这个总收入可以看做是客观的,但是这个客观之所以存在,不是无条件的,是因为社会存在着一个资源的评价体系。这个评价体系的存在,告诉我们一些事物的客观价值,是因为一个抽象权利体系的存在,农民和铁路公司各有抽象的财产权利,因此才有农民在铁路边的农田里种庄稼,铁路公司运行火车的事情。原来的抽象权利在具体行使起来时发生了冲突,但是抽象权利在逻辑上是先于评价体系的,而这个评价体系告诉我们在某个具体范围内存在着客观的价值,使人们能够采取舍小取大的行为。在上升到社会总体的层次上时,我们在这里所能做的陈述是,当确实出现分立的财产权利时,分散在不同人群手中的知识会得到更有效的利用,但是下面一条是不可能做到的:企图设想一种在客观意义上的社会总产品作为无论是规范的还是效率的标准。统计意义上的社会总产值是一系列过程的自然结果,只要这一系列过程符合正义且是有效率的,这个结果就是正确的。甚至某个社会由于某种原因导致这个总量在数值上的降低,也是有效率的表现。从具有客观含义的农户和铁路公司收入最大的效率论证到社会总产出最大,这是惊险的跳跃,但这之间可能存在不可逾越的悬崖。科斯本人对科斯定理的叙述为"权利的界定是市场交易的根本前提……最终的结果(市场价值的最大化)是独立于法律决定的"①,对我们来说,重要的是前一句话,分立的权利开启了作为发现过程的市场,出现了对知识的有效利用,科斯使我们重新回到了经济学的基本问题上去。权利的安排,必然要考虑到如何才能进行正确的价值判断,似乎科斯本人也不否认这一点,"在本文中,正如经济学家通常所做的那样来分析限于比较由市场衡量的生产价值。但在解决经济问题的不同社会安排间进行选择,当然应在比此更广泛的范围内进行,并应考虑这些安排在各方面的总效应。正如弗兰克·H.奈特常常强调的,福利经济学的问题最终必然归结

---

① R. H. Coase, 1988. *The Firm, the Market and the Law*, The University of Chicago, p.158.

为美学和伦理学问题"①。

现在我们考虑和联邦主义相关的地区间的相互依赖性问题,如某地人们在当地草场的放牧行为造成了首都的沙尘暴天气,沙尘暴无疑造成了损失,包括可以货币表示的经济损失、一时无法度量的对人们健康的影响和需要被公众进一步认可的公共利益——如首都形象的损害。即使放牧的收益远低于沙尘暴的危害,是否可以因此禁止放牧,这仍需要权利的论证。如果认为牧民没有权利制造损害,那么通过禁止还是收税或是其他方法解决问题?如果考虑了牧民的权利,那么是否由国家直接补偿损失?如果在划分权利的基础上相关地区的自愿协议作为一种制度安排,其优越之处在那里?涉及众多人群和地区的大型水利工程,其产生纳入了人们对相互权利的共识并是在一个有效率的互动过程中的吗?对这些问题的考虑,不能就事论事,回到基础问题上去是有必要的。也许,对西方国家而言,这些基础是不言而喻的,对中国来说却远非如此。实际上科斯在《社会成本问题》中的理论与地区间的相互依赖性问题就已足够写一篇博士论文了,但是这样一来,将具体地研究不是发生在中国的大量案例,而对联邦主义制度一天也没有实行过的中国来说只有阐明基本的问题,哪怕是粗糙的形式,才有帮助。而且,正如我在分析中表明的,没有对基本问题的理解,也不能恰当地应用科斯的理论。出于上面的考虑,在建构联邦主义理论的论文中,对其适当的价值论和知识学基础的探索是必要的。

(二)对基础问题的进一步讨论

我们从分析著名的科斯定理开始,来说明在本文所从事的联邦主义的理论建构中,运用经济学理论所存在的问题。并进而说明为了完成本文的目标而提出一种彻底的理论,即不依赖于任何国家特殊经验的联邦主义的理论,需要对我们习以为常的概念进行反思。这些习以为常的概念已经被我们视为客观性的经验或者是视为既定的价值标准。这里所作的工作,就是将经验还原为理论以获得充分自明性的或先验性的认识,这种认识是极为重要的,即使由于对具体特殊情况的把握不充分准

---

① R.H.科斯:《社会成本问题》,载 R.H.科斯等:《财产权利与制度变迁——产权学派与新制度经济学派译文集》,上海三联书店、上海人民出版社 1994 年版,第 50 页。

确或提出的经验性假设不正确,以至于不能够作出可供经验检验的具体结论或提出具体的权利安排,但是它至少有利于我们拒绝错误的理论,对那些精致的但在基本思维上出现的错误理论具有免疫力。这对于发展中国家的学者来说是尤其重要的,如果说社会科学的理论是对人们的构想进行的构想,那么我们在接受西方的理论时,就要在这种构想之上再进行构想,这实在是因为西方的理论中先验自明性的东西对我们来说还不是先验自明的,只有做到了这一点,我们才能够将理论当作理论,将正义当作正义,只有这样,我们才能构避免基本的逻辑错误。这样的工作在初步的阶段使我们只能提出一些粗糙的理论,甚至看起来像是同义反复,但我希望的是,这些理论尽管粗糙,但能够避免在思维的逻辑结构上犯错误,并因此和我们古人朴素的认识相接轨,从而避免那种中西二元对立的观点。这种理论的出发点贯穿于本文的始终,即使在讨论中国的具体问题时,也都是将任何特殊的经验化为一般,在讨论联邦主义与治水秩序一章中我所作出的非现实的但极有可能存在的关系的推理也仍然是一个理论,而不是对中国可能出现情况的具体预测,仅仅是附加了中国社会比美国具有更强的群体相互依赖性这种极为一般的经验陈述,而推理出在联邦主义和普通法的司法制度之下,中国将会出现哪种现象。这种现象肯定会比美国表现的更为显著,从而在人们的常识认识层次上,人必定会反复观察到并总结这种现象。美国至少在目前这种现象还没有大规模出现,从而还没有显著地出现在人们的视野之内,但是如果我们假设美国社会的群体依赖性变得更强时,这种非现实的关系就会变成现实。因此联邦主义的基本理论根本就不存在是否适用于中国还是美国还是其他国家的问题,它追求的是一种追根溯源的方法论。由于人们对正义的默会含义有所不同,在不同的国家,这种默会含义有多和少的区分,如不同的国家对贫和富有着不同的公认的客观标准,因此不同宪政范围的具体制度在形式上会有差异。例如联邦政府和作为其组成成员的政府的权利的具体划分,例如公民的最低收入标准,例如是否存在联邦成员间的转移支付。但这种差异不能够否认一种经过内在一致性检验所得出的先验自明性理论的普适性含义,也不能否认附加经验性假设后并经经验检验所得出的具体结论最低在限定范围内的适用性。在理论知识当中,我们必须区分先验的知识和经验的知识的区分,只有经验的知识才需要接受经验的检验,经验性的证伪并不能够证明具体结论所依赖的先验性假设也是错误的,对先验知识的检验需经思维自身的反思,反思它同我们现存语言的一致性。在这一点上我并不同意弗里德曼所说的实证经济学的方法论,在理论建构的初步阶段假设并不是任意的,它需要反思我们的整个的意识领域以保证其假设的先验自明性。在对具体结论的检验当中,我们也需反思具体结论所依赖的假设本身的思维结构是否有错误,而且当把经验检验视为真理惟一的标准时,实际上我们对人类的知识处境做了乐观的估计,它假定了我们能够知道客观实在同我们的认识之间的关系,而这种关系是我们的意识本身所认识不到的,尽管我们知道二者之间存在着一种微弱的联系。

在确立宪政联邦主义的知识学基础时,多中心治理的概念尽管已经是非常基础的理论,但在我们的背景之下进一步探究其基础是必要的,即多中心治理是怎么成为有效率的治理方式的,社会的总效率是否可以实体化为国民生产总值这样的事物,而不是仅仅满足于将此理论应用于解决我们所面临的所有问题。因此我提出了发展一种政治科学的初步尝试。多中心治理理论的应用是非常广泛的,这方面奥斯特罗姆等人做了大量具体的研究工作,如大城市地区警察服务、南加州地区地下水盆地的水资源管理、全球森林资源的有效保护、发展中国家灌溉流域的管理和公共池塘资源的有效利用等等。我们甚至可以继续扩大该理论的应用范围,大学的管理体制,公司的治理结构,金融市场的风险防范等等方面。正是这方面的应用研究需要我们把握大量的具体因素,需要了解众多的经验实证材料,甚至需要我们具体参与到实际工作部门的具体决策当中,如此广泛领域的实际应用工作显然是在这篇文章中所无法完成的,对学者们已经完成的工作的哪怕是简单的叙述也是很难做到全面的,因此本文较少地叙述了其他学者在实际领域的研究或者说对基本理论的具体应用。这也是本文的任务,即关心宪政联邦主义的基本理论建构所限定的。我做的仅仅是一个初步的工作,进一步的努力显然需要学者社群的通力合作,并需要种种可能的现实条件配合才能进行。在具体理论的应用方面我选取了一个当今中国人民非常关心,而且是我们所面临的极端紧迫的问题——治水问题进行了最初步的推论,提出了治水的新模式。这是因为,一是我认为这个问题极端重要,二是我们在这个领域的思想还在为种种错误的思考模式所支配。不过有必要说明,我提出的治水的新模式是一个最粗糙的构想,并不能视为已经定型的模式,因为限于种种制约条件,大量具体的研究工作,根本就无从开展。

　　在一个宪政政体中,我们同时面临三个严重的问题:权利体系的修正与发展,权力的制约与平衡,知识的分立与有效利用。人们一般最重视对权力的制约问题,但我看来,这可能是三个问题中最不重要的,而且也是不可能单独解决的。通过设想现实中可能有的最坏的人性来假设统治者的行为,不管现实与否,这无疑是有道理的,这相当于风险的防范措施,等于给政治制度上了一个保险,但我们需要注意的是保险费的代价不能太高昂,在中央集权的体制下,在中央政府层面对统治者的刻意防范带来的可能是行政、立法效率的降低。这样就需要有可能的更复杂的立宪设计理论的考虑。如果有人说一种有用的(合乎实践目的性)宪政科学有时候要比经济学还要抽象,那么我是同意的,因为它不仅要考虑制度的稳定和人们易败德的问题,还要深入到无知的人们行动所产生的社会秩序的性质而考虑效率问题,还要考虑如何将对规范的探究内在于制度中。对宪政联邦主义价值论和知识学基础探究的意义有助于我们考虑一种复杂的立宪设计理论。第一,它从两个方面展开说明宪政联邦主义的优越所在,在说明它的优越性时使读者明了我的依据的基础是什么。第二,对这些基本问题的阐明,使我们理解初步建立宪政联邦主义制度中的可操作性问题,这其中最重要的就是,宪政联邦主义的现实制度不需要一个包罗万象的严密的权利体系,只需要确立各分立结构的抽象权利。对权利的具体默会含义的理解不需要完全一致,只需等到抽象权利出现冲突的时候再进行解决,因此冲突解决机制的设计是伴随性的考虑。第三,在已经建立起来的宪政联邦主义制度中,当出现问题的时候,很可能需要回到基础,关于基础的问题会一再出现。上述三点的含义之一是:宪政联邦主义的建立,需要的是分立结构的建立和各个政府单位抽象权利的确立,在一开始的时候,我们对抽象权利的默会内容并不需要有完全的了解和充分的共识(这是永远不可能的),我们需要的不断溯及既往的价值的超实证批判和考虑什么样的规则和修正体制才是合适的。这样就使宪政联邦主义的制度进一步可操作了。联邦主义必然涉及到不同政府单位的权力划分问题,而为宪法所规定后也可以视为不同的权利和义务的划分。权力或权利划分的规定不是一成不变的,这时我们不能满足于复述美国宪法的条文,也不能通过仅仅说这是历史发展的规律或时代的需要来论证存在即合理而不回到基本的问题上去。我们不能把现实中存在的规则绝对化,也不能把现实中的客观绝对化。正因为现实中有这么多可以被当作客观来认识的事物,我们不得不经常回到主观,以仔细检查它们的基础。不这么做,可能难免犯独断主义或相对主义的错误(道德上的或知识上的)。

似乎还有一点需要说明,对此我还没有很明确的认识,奥斯特罗姆指出从官僚制行政走向民主之行政或多中心治理模式意味着公共行政领域哥白尼式革命,并认为美国在宪政选择方面的实践在人类社会治理方面代表了一种根本的哥白尼式的转折点,奥斯特罗姆谈到了公共行政的范式危机,并认为要选择不同于传统行政理论的信念的范式。它对范式问题的认识采用的是库恩在《科学革命的结构》[①] 中提出的视角,当传统理论其他模式的发展仍然无法解决主要的危机时,完全不同的范式设计就有必要了,但是重新设计越剧烈,在传统范式、传统范式的大量变种以及新的更加革命的范式之间进行选择的共同基础就越少,新的范式意味着完全不同的用于思考主要问题的基本知识,……有必要考虑新的基本知识来取代旧的基本知识。[②] 可我似乎觉得库恩的范式理论带一点历史主义,而我感觉到我的哲学基础是迈克尔·波兰尼[③] 的,是在坚决反对历史主义、相对主义,坚持普遍主义甚至可以说是绝对主义的立场上,为在既定价值体系内进行内在一致性评判的规范探究方法辩护;为传统的习俗、惯例和共同体的共识的合法性进行理性的辩护;是在反历史主义的基础上为历史中存在、现成的事物的相对合理性辩护;最后,作为政治哲学方面,在超越论的立场上,为优良政体或宪法应该是形式的而非实质的规则,程序的而非实体的法律作辩护。在政治科学方面,我主要借助哈耶克和奥地利经济学派的理论,通过探讨现实的或

---

① 〔美〕托马斯·库恩:《科学革命的结构》,金吾伦、胡斯和译,北京大学出版社2003年版。
② 文森特·奥斯特罗姆:《美国公共行政的思想危机》,毛寿龙译,上海三联书店1999年版,第23页。
③ 参见迈克尔·波兰尼:《自由的逻辑》,冯银江、李雪茹译,吉林人民出版社2002年版;迈克尔·波兰尼:《个人知识——迈向后批判哲学》,许泽民译,贵州人民出版社2000年版。

假设的制度下社会秩序的一般性质,来进行制度的比较研究,以有助于政体或宪法的改良、选择和维持。因为有上面的思想背景,我对人们理解哈耶克理论中得出的绝对演进主义的结论①,即对自发性和历史中形成的事物缺乏规范评判或者说自发性本身就意味着规范,采取了如果说不是公开反对至少也是回避的态度。哈耶克对我来说更重要的是其社会科学方法,而非政治哲学。对联邦主义和联邦政治制度进行理性辩护正是在上述思想背景下的一个运用。

对理论的哲学和方法论基础的反思所需要做的工作是重新回到基本问题上去,这是一种返旧而开新的工作。现代社会科学,包括实证主义的研究,不是完全无意义的和无用的知识,但可能需要一种许茨所说的溯及既往的知识治疗,这些知识才能对我们真正有用,而不将我们引入到幻觉当中。古人具有一种朴素的但未被客观主义和实证主义所遮蔽的道德哲学和社会科学探究方法,甚至中国古代也为我们提供了丰富的道德哲学甚至政治科学的思想遗产②,这样一种研究旨趣在返归传统的同时,也尽可能地运用现代社会科学特别是经济学所发展起来的精致的技术手段。

第二章 宪政联邦主义的价值论

在这一章中,本文没有特定指出,哪一些价值,如民主、平等或个人自由等等是宪政联邦主义的价值基础,也没有特别指出,哪一种宗教学说或政治哲学构成了宪政联邦主义的价值论。本文仅是通过最初步的概念辨析工作,指出一些特定的价值探究方式如历史主义、相对主义、

---

① 这种情况,哈耶克本人的论著似乎也要负一定责任,特别是他最后一本著作《致命的自负》,参见 F.A. Hayek, 1988. *The Fatal Conceit—the Errors of Socialism*, Routledge.

② 在学习的过程中,我越来越感到孔子所开创的中国传统道德论述传统的伟大。在中国古代的政治科学方面,就我极其有限的阅读而言,顾炎武的思想遗产不仅要被历史学家关注,也要被研究当代问题的社会科学家所学习。顾炎武的社会科学方法论、对社会因果关系性质认识的深刻性,不仅在当时无与伦比,就是现在,也具有现实的意义,没有几个当代中国的社会科学家能与之相比。在这方面,我认为将顾炎武同托克维尔类比并非不恰当的。对托克维尔社会科学方法论的评价,参见乔恩·埃尔斯特:《宪法选择的后果:对托克维尔的反思》,载〔美〕埃尔斯特、〔挪〕斯莱格斯塔德编:《宪政与民主——理性与社会变迁研究》,潘勤、谢鹏程译,三联书店1997年版,第95—118页。

唯科学主义是需要拒绝的。宪政联邦主义建立在对客观正义的坚定信奉之上,并且认为存在探究这种正义原则的标准方法(如本文所说的对规则的内部探究,即承认道德的实在性、不可化约性,必须把正义当作正义),本文认为仅仅是对这种不具有具体内容的伦理探究形式法则的承认就具有重要的实践意义,就形成了对制度建构的某些实质评判标准。本文认为宪政联邦主义的价值论述需借助于广泛的道德哲学和政治哲学论述传统,如西方的宪政论和重新焕发生机的中国主流道德言说传统。但有一个重要结论在此需要强调,如果承认价值的超实证批判和规则的内在探究,那么层级性的规则系统——从社区或群体内部的不成文规范、一般性法律、宪法到自然法的内在一致性问题,就不是从高层级的规则进行几何学式的逻辑推理得出低层级的规则。这个认识同联邦主义的制度建构是密切相关的,说明了联邦主义制度可能很少为人认识的优越性所在。实践者进行的规则内在探究和制度建构活动,同哈耶克所说的规则的自发出现并不矛盾,哈耶克的《法律、立法与自由》同罗尔斯的《正义论》可能不过是同一枚硬币的两面。但个人认为哈耶克的政治哲学带有一种社会理论(本文在其较低的层次上主要以公共选择理论和奥国学派经济学为宪政联邦主义的知识学基础),因此他总是能够相当具体地做出宪政设计或宪政制度创新的工作,因此哈耶克的理论对我们的问题情境更重要。

不讨论具体的价值的一个理由是如赫费所说的,道德不是一门专门知识的对象,"对于道德的知识,几乎不需要特别的专家,而通常只需要一种合道德的共同感觉。"[①] 讨论集中于道德原则表达之前,说明什么是正确的规范探究方式;在道德原则表达之后,说明什么是合理的制度建构知识学。

一、实证的与超实证的价值批判

价值批判的根基是什么,或者说要确立什么样的正义理念,对这个问题,大致来说有两种基本的路向:从历史和经验中找到最终的合理根

---

① 〔德〕奥特弗利德·赫费:《政治的正义性——法和国家的批判哲学之基础》,庞学铨、李张林译,上海译文出版社1998年版,第69页。

据以及从一般概念出发进行超实证批判。无需讳言,我赞成第二种观点,我的世界观是二元论的,我相信道德的实在性和不可化约性,我信奉客观正义的存在。我的这种相信深深影响了我在政治科学研究中的取向。然而,这个问题是可说的吗?如果超实证的批判是信仰,理性的论证对此有多少发言权呢?哈耶克提出了这样的看法,"问人接受他的道德的有意识的理由,和问人为什么接受理性的有意识理由一样,都是荒谬的"[①]。问为什么要进行价值批判和为什么要进行理性推理一样,是荒谬的。那么,这是否是不可说的,必须保持沉默?也许这个问题本身是不可说的,或者说已经超出了政治哲学的言说范围,是属于神学的领域。政治哲学探究正义,已经假定了正义的存在。但是,政治哲学可以试图做概念辨析的工作并批驳相反的观点。正是相反的观点将价值的根据归于历史和经验,归于理性可以探明的原因。那么也就可以运用理性将对方置于反讽的境地。通过论证,我们可以破灭虚假的信仰,尽管不能通过论证建立真的信仰。用论证的方法可以来驳斥历史决定论和价值相对主义,但不能告诉我们为什么要有正义,后者也许只是一句斩钉截铁的话:正义就是正义,因为上帝就是上帝。论证我不想也不能谈的太多,我的专业毕竟只是政治学,我这篇文章的主旨也不在此,另外,在我看来,人类在终极价值上的冲突,远比我们想像的要少。许多看来是价值观的冲突,实际上并非是真的,至少不是终极价值观的冲突。哈耶克就认为他同社会主义者的分歧不是终极价值观的分歧,而是可以通过科学阐明的问题。问题不是信仰与不信仰,而是错信了。另外,就政治领域而言,还有可能告诉人们,哪些价值的冲突可以搁置,不必进入政治的领域,它们在政治上是不可解决的,勉强解决将出现更不利的后果。这是以不解决代替解决,为政治划定了界限。所以,我们需要概念的辨析和政治科学提供的真知识。

对否定客观正义的反驳,可以诉诸于经验、诉诸于语义分析、诉诸于理性的反思、诉诸于相反理论的内在矛盾。

在可观察的各种具体规范当中,确实存在着许多差异,例如中国人

[①] F.A. Hayek, 1988. *The Fatal Conceit—The Errors of Socialism*, London: Routledge. p. 64.

坚持孝道伦理,爱斯基摩人将失去行动能力的老人抛弃在雪地中等死;例如秋菊们、山杠爷们的说法同北京的法律观念不一样。但是,"在可观察到的各种具体约束力背后,往往隐藏着普遍的原则,这些原则之所以表现为具有差异的法规定,只是由于应用的情况,即(地理的、经验的等等)边缘条件和关于可能出现的法的后果之经验知识,是各不相同的"①。我们还可以诉诸于纳粹屠犹这种极端的经验来证明普遍的正义标准的存在。但是普遍的原则仍可能被认为是可化约的,它的背后有某种原因存在。所以,凡是现实的都是合理的,当现实变得不合理时,是因为背后的原因发生了变化,超实证的价值批判仍是可以消除的,并没有它存在的余地,所以我们还是不能摆脱决定论。法学界的朱苏力先生似乎长期坚持这一立场,他在他的一篇文章《语境论——一种法律制度研究的进路和方法》②说,通过设身处地的理解,古人通行的一些现代人看来极不人道的规则,并不是因为古人比我们更邪恶。这无疑是富有洞见的。但他却做出了这样的结论:"如果依据这一进路分析理解程序正义,我们就可以发现强调程序是一种为了有效且基本公正地回应现代社会纠纷解决的制度装置,而不是因为程序正义本身比实质正义更为正义(在英语中,正义是一个无法用比较级修饰的概念)。在这个意义上,我们甚至可以看出,程序正义只是在现代社会条件下的一种'无奈',它成为现代司法制度之首选仅仅因为现代的司法制度已经无法基于'实质正义'运作。这种分析,不仅对实质正义提出了批判,而且对'程序正义'保持了一种警醒;从而,保持了一个学者永远警醒的批判的同时也是求实的精神。"③那么学者这种永远警醒的批评、这种求实的精神是否是真正的谦虚,而不是表现了理性的自负?把废奴主义者的活动说成是生产关系不能适应生产力发展的要求这一社会情势不自觉的工具,所以可以说道德意义上的进步并无意义,是不是忽略了理性无法把握到至关重要的实在呢?

对否定超实证批判的反驳需进入更进一步的层次。在语义分析中

---

① 〔德〕奥特弗利德·赫费:《政治的正义性——法和国家的批判哲学之基础》,庞学铨、李张林译,上海译文出版社1998年版,第78页。
② 朱苏力:《语境论——一种法律制度研究的进路和方法》,载《中外法学》,2000年第1期。
③ 同上。

可以找到对超实证的正义性观点的辩护吗?这是一个令人感兴趣的问题,可惜我没有多少涉足。简单说,这种分析不是探讨哪些行为或哪些规则是正义的或不正义的,不是确定某项具体的正义,而是概念的澄清,是考虑怎样以及用何种理由来谈论正义。反对超实证批判的人们是否自洽地使用了他们的日常语言,或者他们是否肯承担他们结论的逻辑后果。正义不仅有描述性含义,还有规范性含义,一个人说某事是不正义之事,表达的绝不是纯粹的个人好恶的主观感受,也不是某事合不合乎某种用途的客观判断,而是另一种客观判断,它导致了一种社会约束力,这种约束力必须区别与实际起作用的或实证的约束力,它是我们借以探究实际上起作用的东西,并且对其正确或不正确作出评价的约束力。正义的评价不是技术或实用范围内的评价。正义不是一个实证的、而是一个批判的合法性的概念。① 这样,否认正义的概念的观点,从语义学上看就没有自洽性。这种观点是同人类的基本日常语言实践相矛盾的。有一段话可以支持这个观点:在一本关于艺术、语言、音乐和文学批评的重要著作中,乔治·斯坦纳(1989,3)一开始就声称"任何就人类用语言交流思想和感情的能力所进行的有条理的叙述,归根结底是在假定上帝存在的情况下作出"②。在这段话中,上帝仅仅是一个词,因为并不具有经验的含义,所以也可以用其他没有经验含义的词来替代。它反映了二元世界观可能根本就是我们语言的语法和逻辑形式。因此,人们的日常语言实践,对政治具有审议功能。在极权主义政治的实践中,我们的传统和普通群众的常识,使极权主义的语言含混化了,实际上抵制和减轻了其危害。在它最狂热之时——即最能够全盘抵制传统价值的语义逻辑之时,也在某些人士看来最富理想主义之时,其危害也最大。因此,批评传统只能在现有的语境里进行内在一致性批评,一种推倒一切价值的努力只能通过引进一种封闭性的话语体系才能取得成功。这种封闭性的话语体系,往往通过具有实质意义的历史理性或预言社会发展的方向,通过把天国引向人间并告诉人们实现的方法,使人类语言

---

① 〔德〕奥特弗利德·赫费:《政治的正义性——法和国家的批判哲学之基础》,庞学铨、李张林译,上海译文出版社1998年版,第二章。
② 斯蒂芬·L.埃尔金和卡罗尔·爱德华·索乌坦编:《新宪政论——为美好的社会设计政治制度》,周叶谦译,三联书店1997年版,第261页。

中的超验意义的词和现实的经验对象彻底结合。这只能导向暴政甚至带来价值的彻底毁灭。

对超实证批判否定的反驳可以诉诸于对理性限度的反思。休谟说："宇宙中秩序的因或诸因与人类理智可能有些微的相似。"① 人的理性，不是照耀在原野上的正午的太阳，使一切洞明；人的理性，好像是黑暗旷野上一萤火之光，只能模糊地映现周围的景象，距离越远，则越模糊以致完全陷入黑暗当中。理性的局限现在已为人们所公认，那么，即使可以说，一般而言我们的价值是相对的，是由某些条件决定的，但我们无从确定哪些具体条件决定了我们现有的价值，也无从确定在另一些条件下我们的价值是什么样的，价值相对主义的主张得不出什么有意义的结论。② 所以价值仍然是价值，价值不可化约为理性。即使从纯粹实用的意义上，缺少对超验领域的信仰，也会带来同其提倡者初衷相悖的结果。③

我认为，一种绝对的相对主义必定会走向荒谬，因为这首先会涉及到这种观点本身以何种理由存在，为何不消解掉的问题。我们说话如果不想陷入无意义的状态，总要遵循语言规则。彻底的无立场的思考是不可能的。就人们的正义感而言，对其追问也必定要在某个地方停下来，而不能采取完全消解的态度。如果彻底地拒绝普适，这种态度在一个实行地方性规则的社区内部进一步推演，也会出现普遍规则的瓦解，以至人们唯暴力是从。为了不走向荒谬，陷入彻底的无是无非的境地，我们不可能绝对坚持一种相对的观点。绝对坚持价值的相对性，这本身会走向荒谬。

宪政联邦主义的价值论是否必须是一种特殊的宗教学说？从非全涉的历史解释的角度来说，现实中的宪政主义确实和特殊的宗教学说——基督教有着历史的因果联系，这是无需否认的。但是，正是因为是非全涉的历史解释，所以并不导致历史决定论的观点。在理论上，我们可以从另一种特殊的哲学出发，在不同的文化和语言当中，基于另外一

---

① 〔英〕休谟：《自然宗教对话录》，陈修斋、曹棉之译，商务印书馆1996年版，第96页。
② 参见弗里德里希·冯·哈耶克："复杂现象论"，特别是7、8两节，载《经济、科学与政治——哈耶克思想精粹》，冯克利译，江苏人民出版社2000年版，第494—520页。
③ 亦可参见张志杨：《偶在论》，上海三联书店2000年版。

种表达方式,从仁或天道出发来进行内在的探究,其结果仍然是一样的,所以宪政主义的价值构成并不需要基于某一种宗教或道德学说,它要求的是道德哲学的内在探究方式,而这在任何语言当中都能进行。因此对这一问题进行概念辨析与引进先进的价值体系至少同样重要,我们接受某一种新的价值是因为至少它同我们最深层的价值不冲突。在这里,不同的文化体系之下的学说是有着重合的部分的,更可以说成是一种相互参照的东西,都可以为宪政主义的价值论提供辩护,甚至可以设想在中国传统政治哲学中也可以发展出一种学说,经过内在一致性批判的工作之后,也可以做宪政主义价值论基础。价值论学说是一种共同的相互理解,在相互理解的过程当中,表达人们的价值用语,当然应该尽可能地为人们所熟悉,而且应该激起人们心灵的力量。如果从上述的非全涉的历史解释出发直接得出结论而提倡基督教的引进,这反而是价值论上的功利主义的或结果主义观点,而不是超实证批评的实践者话语,没有完成同描述者话语的转换。

上文所论,没有确立任何具体的规范。最多只是提出了从正义观点进行的超实证批判的一般概念。这种一般概念不一定归于某种宗教学说,所以文中也没有包含基督教所特有的内容。希望它能为不具有特殊宗教背景的人如我们中国人所接受。将正义归于超验的领域,这样我相信正义,即便是理性无从论证的,但也使理性失去了反对的能力。同时理性的反驳使虚无主义变成了虚无的虚无。我只是简单地提出而不是论证超实证批判(论证是极为复杂艰难的工作,大概需要思想史、现象学、语义学或知识论、社会演化史的长期探索。可从下例著作见其一斑:马克斯·舍勒《价值的颠覆》,哈耶克《科学的反革命》、《感觉秩序》和《法律、立法与自由》,以及我国学人刘小枫先生的著作)。"道德的规则,因此并不是我们的理性所能得出的结论"[①],由于我学术能力的严重不足,不能作出。因此这种结论几乎直截了当地提出并不证明我有任何高明的地方,仅是为了对全文的论辩提供便利,因为超实证批判的确立是本文要建构的宪政联邦主义理论的基石之一,不得不先行提出。这种提出也是出于本文的实践旨趣,要探究它对我们的政治思考、对政治

---

① 休谟一句著名的话。

学,特别是对制度选择的意义。

二、超实证批判的实践意涵

从超实证批判的概念中我们可能推论出下面的一些结论:

对政治领域经验事物的去神圣化。如果人民主权原则只是自在之物,在现象界(现实政治领域)不可能完全实现,那么就不能去神化现实中的民主。民主的一般含义是指现实的政治制度或决策规则。人民代表大会也是一个恺撒,但却是一个最容易被误认为是耶稣的恺撒,当然要经受在价值上和知识上(制度运作的实际后果上)的严格批判。

对何为正义而言,判断是困难的,所以判断需要谨慎。不是一切判断都同等正确,所以这意味着我们不能拒绝倾听和对话。倾听伟大心灵之间的对话,对我们形成正确的判断是有裨益的,和他人的对话和交流也有这样的裨益。所以,政治哲学的学习是非常重要的。

如何在理性的限度之内最大可能地运用理性?如果理性不给信仰留有地盘,理性自身都将不可能。对客观正义的信奉,承认超实证的批判是必要和可能的,它局限了政治科学的范围,也使之成为可能的。有限的事物才能在经验中存在,这样我们才说政治科学是一门经验科学,我不是指它是一门仅仅研究经验的科学,而是说它是在经验中的科学,是可以为真,也可能为伪的陈述。政治科学必须承认政治哲学的独立地位,甚至使自身成为后者的婢女,但这也解除了它许多判断的苦恼,经济学家们(我认为经济学也是政治科学或是其中较为技术化的一部分)就不用为确定效率的最终标准苦恼了,政治科学家们也不用为了说明何为最好的社会秩序犯愁了,因为只有最终的正义为人们所知的情况下,这些回答才是可能的。效率和社会的善也是一般性的概念,不可能实体化为社会总产值之类。对效率的讨论,是在既定的价值体系中进行的,离开了既定的价值体系,是不可能讨论效率问题的。正义和效率是两个一般性的概念,正义是合法性概念,效率是合目的性概念,借助这种一般性的概念,人们表达了他们想表达的一些意见。人们对某项规则或某种社会的状态进行评价,但是人们说出的远较他们没有说出的少。我们不能指望我们可以穷尽这两个概念一切可能的含义,因此即使列举两个代表性的定义也不会给我们的理解有多大帮助。如果说我们知道正义和效率的全部含义,这等于我们已经彻底终结了政治哲学和政治科学的任务。由于人们理性的局限说效率和正义等同也是不可能的。至少在现实的世界中,既有荒谬的正义,也有不公正的效率。以形式正义的抽签分配所有的社会产品是荒谬的正义,对于总产出的增加而言,奴隶劳动则是不公正的效率。

甚至,正义停留在最一般的概念层次上(因此任何人都会信奉),政治科学的问题变成,未充分阐明的规则之治或原则之治是如何可能的,这又变成了一个理性可能谈论和部分解决的问题,引起了政治科学制度评价与设计的意义。既然从经验上看,人类已经达成了一些价值上的共识,那么在这些价值共识不发生问题的时候,政治科学就完全可以在规则功利主义的框架内工作,为公民和立法者提供实现最大功利的制度建议。

然而,超实证批判的概念使熟悉哈耶克文化演进理论的学者可能非常困惑,因为哈耶克说一切规则都是某种适应性的产物,是长期的进化过程的产物,这些规则之所以得到发展,是因为实施他们的群体更为成功和繁荣发展并成功地吸纳其他群体的人。[①] 我们可以承认哈耶克对规则演进的解释是正确,但问题是从这种解释中我们能够获得什么样的实践结论。这是否意味着一些规则从历史上看,已经生存很长时间了,因此我们必须盲目地遵循这些规则呢?需注意这仍是一个规范判断,而这个规范判断仍是从理性的解释和经验的归纳中来的。当一个外部的观察者观察到并解释了一个实践者以有利的方式行事时,他因此解决了实践者所有的实践问题吗?同样从哈耶克的理路中,即"凡是实证的东西虽在实证主义的理路中是客观的,然而未经实证的东西则未必不是'客观'的或真实的"[②],实证性的正义标准并不存在,即不存在人们可以用合乎逻辑的方式从中推导出整个正当行为规则系统的前提,但这绝不意味着任何一种客观的正义标准也不可能存在。因此,作为一个实践问题,就是我们如何探究这种在经验中并不存在的客观或实在。也就是如

---

① 参见邓正来:《社会秩序规则二元观——哈耶克法律理论的研究》,载《北大法律评论》总第四辑,第395—445页。
② 同上书,第442页。

何实现规范的规范化,或者说伦理的理性化或德性的德性化。一项规则在经验中存在的时间较长,说明它可能会产生一些良好的后果,但这是一个事实性的判断,是政治科学在反思理性有限的基础上的一个判断,科学的发展可以证明有些存在历史悠久的规则并不产生良好的后果或者其产生良好后果的条件已变化了。在此,需区分外部的观察者和主体的实践者不同的立场,当作为主体的实践者进行超实证批判或下文说的内在视角的规范探究,一个观察者对他的活动描述就会是哈耶克所说的在既定价值体系中(从经验上,实践者必定是处于既定的一个或几个文化传统中的)进行内在一致性批判;一些如此实践的主体的互动导致不是出于任何人意志的规则的出现,这种规则就具有客观正义的标准并且从观察角度看是自生自发出现的。但是,我们决不能反过来把这种描述当作规范探究的标准,如特意从离自己血缘较近的传统中开始。观察者看到的超实证批判者必定是从自己熟悉的传统开始的,但如果因此而形成东方西方古代现代等因时间、地理而形成的规范标准,这样就无端在规范探究中增加了一个从经验描述中来的前提,使得超实证批判的实践含义丧失掉了(实践后果不一样,一个是做了一次逻辑运算或事实的收集整理工作,并获得确定的结论,一个是内心进行了激烈的斗争或一场艰苦的苏格拉底式的对话,似有所得而并不确定)。所谓不可通约的文化传统说明的只是在经验中,存在着非常不同的价值体系,但是当把一些不同的经验现象称为文化传统,这已经进行了通约。始终不可通约的是价值世界和经验世界,而价值判断中有是和非之分,经验判断中有真和伪之分。超实证批判同哈耶克的理论并没有不同的实践含义。它认为经验中不存在终极的客观正义标准,不能从某个前提通过逻辑演绎推论出整个正义的规则体系来。它同价值相对主义有着微妙却至关重要的区别,并有着非常不同的实践后果。价值相对主义否认有超历史的伦理的公理法则存在,超实证批判承认实证的法和道德常常是相矛盾的,但不认为超历史的自然法也和道德相矛盾。刘小枫在阐述舍勒的观点时说,历史意识的关照并不必然地引出历史相对主义的结论:承认文化理念之群体形式的历史多元性和思想意识的历史相对性,不等于历史相对主义①,因为,毕竟存在一个与种种具有历史相对性的文化理念不同的,且超逾它们而存在的理念范畴。价值相对主义不能提供一种超验秩序与现实秩序的紧张关系,一种个人内心的动力机制,以追求规范的规范化。最后,价值相对主义不能提供对规则的正确探究方式,不是走向彻底的虚无,就是把未必真实的经验历史法则当作绝对的伦理法则,从而成为历史绝对主义。

既然正义的规范是一种实在和客观,那么就必然有探究这种客观和实在的问题,而这种客观和实在并不存在于经验现象当中,所以仅从前提中演绎和经验归纳不是对规范的正确的探究方式。那么什么样的一种探究方式才是合适的呢？它是从规则的内在视角进行的探究。

H.L.哈特区分了对规则的内在陈述和外在陈述:"对第一种表达形式,我们将称之为内在陈述(internal statement),因为它表明了内在观点,并自然地由这样的人使用,他接受承认规则而没有说该规则被接受的事实,在承认该制度的某一特定规则为有效规则时适用这一规则。对第二种表达形式,我们将称之为外在陈述(external statement),因为它是该制度的旁观者的自然语言,他本人没有接受这一制度的承认规则,只是说出了他人接受该规则的事实。"② "认定社会成员接受某一确定规则之事实的外在陈述,应区别于其本人接受这个规则的人所作出的关于规则的内在陈述。"③ 哈特认为:"外在观点,即将自己限于可观察的行为的规律性,所不能复制的是:规则在通常是社会多数的人们的生活中作为规则而发生作用的方式。这些人是官员、律师或私人,他们反复使用这些规则,把它们作为社会生活行为的指南,作为提出主张、要求、允许、批评或惩罚的基础,即在所有依照规则的日常生活交往中使用规则。对他们来说,违反一个规则不仅是预测敌视反映将随之而来的基础,而且是采取这种敌视态度的理由。"④ 内在观点,是进行价值的超实证批判的实践者的立场。

也许可以从秋菊山杠爷们的困惑谈谈对规范的内在视角探究。秋

---

① 刘小枫:《现代性社会理论绪论》,上海三联书店1998年版,第266页。
② 哈特:《法律的概念》,张文显等译,中国大百科出版社1996年版,第103页。
③ 同上书,第254页。
④ 同上书,第92页。

菊山杠爷们面对国家的法律有困惑，实际上我们这些都市里的学者们也充满了困惑。面对国际标准的知识产权规则，我们可能在使用盗版软件；面对偏远地区的人们，我们又有另一种困惑（我们和山杠爷彼此困惑）。困惑不是因为我们不了解某些事实，可能是因为我们忘了如何去把握另一些实在。这种对实在的把握不可能是人类学的方法，人类学的方法告诉了我们一些重要的实在，但对规则的探究而言，其基本的缺陷性就在于它是一种非内在的探究方法，采用的是外在观察者的角度，因而极容易得出价值相对主义的结论，忽略了可能更重要的实在。需要的是加入到谈论着的人群的对话中，并仔细锤炼自己的修辞术，进行苏格拉第式的论辩。在这种探究方法的视角下，秋菊们、山杠爷们不是物，他们并不仅是我们外在观察的对象，他们和我们一样是具有主体资格的人，和我们一起对话和交流以展开对正确的规范的探求。在这样的视角之下，在知识产权保护这样的问题上，相对于国际标准我们中国的知识分子正处在山杠爷的位置上，我们追求的是一个理，盗窃当然是无理的，但是复制一种软件在我们的理解当中又显然是无伤大雅的，因此中国对知识产权采取不那么严格的法律加以保护就是在讲理中能够论辩的，这样聚讼不已的盗版有理问题也就有了适当的对话基础，但也没有封住同国际规范接轨的可能性。既要承认正义的绝对的存在性以免滑入相对主义，又不可将在具体时空中存在的法律条文视为绝对的，它们是在对正义的探究和在经验世界的具体实践这两个纬度下演进的。尽管上帝在人类造巴比伦之塔时使人类说着不同的语言，但并没有使人类失去相互理解的能力，人类的语言是可以相互翻译的，原来在英语中所表达的观念也可以翻译到汉语中来，也可以在汉语中找到对应物，从这个意义上来说汉语也是一种国际语言。探明一项规则的正当与否总是要在一个规则的体系当中通过一致性的检验来完成的，总是要诉诸于更高层次的规则，因此对于具体的规则，不能视为既定的，应视为在一个探究的程序当中产生的。在对话中，困惑可能是可以彼此消除的。哈耶克曾这样描述了内在的规范探究："正如在所有其他领域里那样，我们在法律这个领域中所取得的进步，也是通过我们在既有的思想系统内活动并努力施以一点一滴的修正或'内在的批评'（immanent criticism）以使整个行为规则系统在内部更趋一致而且也与这些规则所适用的那些事实更相符合而完成的。这种"内在的批评"实是思想进化的主要手段,而对这个思想进化过程进行理解,则是那种区别于建构论(或幼稚)唯理主义的进化论(或批判)理性主义的特有目标。"① 这里仍需指出,哈耶克这里采取的仍是描述者的立场,而非主体所进行的超实证批判的实践立场,哈耶克在这里所说的是政治科学,而没有进行规则的内在的批判本身的活动,尽管我怀疑如果哈耶克不是先行具备了一种二元世界观的话,上述的描述是否有可能作出。② 如果要举出一个价值的超实证批判或者规范的内在探究的实践例子,也许可以以罗尔斯的伟大著作《正义论》为例,在此我们着重的不是罗尔斯告诉了我们两个正义的原则,使我们可以以此为前提推理出具体的正义规则。我们着重的是罗尔斯以何种方式进行了探究并获得了他的结论的。因此对于哈耶克下面的话我们就不应该感到奇怪:"我与罗尔斯之间的差异至多是一种措辞上的差异,而不是一种实质上的差异。……恰恰表明了我们俩人就我所认为的基本要点的看法是一致的。"③ 因为超实证批判固有的实践含义,罗尔斯的两个正义原则,在大部分情况下都不可能直接应用于现实的政治领域。必须反对规范在政治领域的直接应用。如果哈耶克的全部著作给我们有所启发的话,就是为我们提供了解决这个难题的实际指导原则。

第三章 宪政联邦主义的知识学

超实证批判固有的性质使得规范在政治领域的直接应用要倍加小心。超实证批判提供给我们的是一个符号系统或意义象征系统,凭借它人们能够赋予一种人际关系形式以特别的意义,区别开人们在日常生活中追求自我利益形成的另一种关系。因此要防止具体性的错置,把具体

---

① 〔英〕弗里德里希·冯·哈耶克:《法律、立法与自由》第一卷,邓正来等译,中国大百科全书出版社2000年版,第184页。

② 参见〔德〕马克斯·舍勒:《论哲学的本质及哲学认识的道德条件》,载马克斯·舍勒:《价值的颠覆》,刘小枫编、罗悌伦等译,上海三联书店1997年版。

③ 〔英〕弗里德里希·冯·哈耶克:《法律、立法与自由》第二、三卷序言,邓正来等译,中国大百科全书出版社2000年版。

的规则或现实的个人、群体看作是正义或上帝或人权的概念本身。制度的建构要在对人的二元性的理解当中进行,仅凭规范推理不能得出在现实中可行的、合目的的制度来。政治改革不是规范的直接应用,而是政体形式的选择。因此,需要对规则与秩序的关系,或者规则的工作性质,作出切实的研究。这也就是在立宪选择的两层无知之幕中,加厚一层以求得作为公平的正义,而努力使另一层透明以使得规则合理,合乎我们实践的目的。这也就是要发展一种政治科学,一种独立的对规则之工作性质研究的知识学的目的。这种政治科学要考虑规则的可实施性和规则的效率。政治科学的探究和伴随始终的问题是反思人类理性的限度,反思人类发现政治领域事物之间的真实关系或真知识是如何可能的。

一、反对规范在政治领域的直接应用

我们说政治科学不是号称价值中立的社会学,但也不是一种先确定一整套权利体系,然后在政治领域直接实现它的人权论思考方式,这样制度至多成为实现具体权利的工具。这样的思考方式,在基本政治制度的选择或者说政体选择中是不适当的,它没有建立在正确的对规范推理的性质和制度的工作性质的认识基础之上。

规范判断的性质在于它包含且总是大于几何式演绎推理和经验归纳。规范的抽象原则,并没有封闭在经验的领域,因此不能通过逻辑推理从中获得具体的标准,规范的推理是非欧基里德推理。如果规范判断仅仅逻辑推理的话,那么岂非数学家就可取代法律人,而比数学家做得更好的是我们的电脑。"那种认为我们行动的有效性完全或主要依赖于那种我们能够以文字的方式加以陈述并因此而能够构成三段论推理之明确前提的知识的看法,显然与事实不相符合。"① 举例来说,这样的推理:1.美国的利益高于一切;2.在科索沃发生了损害美国利益的事;3.美国当采取行动,包括出兵科索沃,是成立的。利益可以是财富或美国人认为的任何经验中的事物。但是,1.人权高于一切包括主权;2.在

---

① 〔英〕弗里德里希·冯·哈耶克:《法律、立法与自由》第一卷,邓正来等译,中国大百科全书出版社 2000 年版,第 7 页。

科索沃发生了损害人权的事；3. 美国当采取行动，包括出兵科索沃，这个推理是不成立的。"人权高于主权"，正如"上帝高于国王"，其正确性在于"人权"和"上帝"都不具有实质的经验性的含义，都代表了人们的理想、超越、难以明言的对普遍正义的追求。"人权高于主权"是我们论辩中正确的逻辑形式、是道德判断语言正确的语法，却不能为现实中国家的行动作直接的辩护，因为我们现实能观察到永远是几个主权间的斗争，而不是人权和主权间的斗争。有许许多多的判断的负担（除了纳粹制造的奥斯维辛这样极少的例外）并不能在道德直觉的层面就可解决，唯有在充分考虑长远后果的情况下仔细建构国家暴力行动的界限才能得到可靠的标准。规范批判提供的是一种内在的驱动力，它不能使我们走出经验，但能使我们走出既有的经验。它形成的是使既有的具体规则不能自足的紧张关系。

　　但是，政治与法律是实践之事，追求的是经验世界中的现实形态。它不同于宗教，在宗教的实现之处，可能正是政治开始的地方。正义的原则必然进入经验领域，获得经验的内容，而经验中的诸原则如果按逻辑推向极端，则往往会出现荒谬的结果或出现诸原则间的冲突。例如，凶徒持刀追赶一名受害者时，如凶徒向一人打听受害者的去向，此人是否要坚持不得撒谎的戒律；一个遗嘱财产继承人谋杀了立遗嘱人，他是否可以因为立遗嘱人具有通过遗嘱处置其财产的权利而继承其遗产呢。正如朱苏力教授在批评哈耶克在《自由秩序原理》中阐发的法理学时所正确指出的那样："在哈耶克看来，一般性规则似乎永远是明确的，所有的案件也总是齐整地落入这个或那个众口称是的规则之内，因此必定可以用一般性命题来裁定具体案件。但是，事实并不如此，每个案件都可能涉及到诸多规则，……甚至有许多案件是两可的。"① 不过我们需注意，上述批评不适用于《法律、立法与自由》的法理学，哈耶克在后一本书中对霍姆斯的观点进行了截然不同的引用，这对于我们研究哈耶克的法理学是非常值得注意的。在这一本书第一卷中有这样明确的话："有关法官能够或应当毫无例外地以一种逻辑的方式从明确的前提中推导出他的判决的观点，一直都是也必定是一种虚构，因为事实上法官从来

---

① 朱苏力：《制度是如何形成的》，中山大学出版社1999年版，第219页。

就不是以这种方式审判的。"① 显然,我们应该重视哈耶克后期的法理学。怎么理解霍姆斯的话,"法律的生命向来不是逻辑,而是经验",及"一般命题解决不了具体案件"②。法律的生命是经验可能恰恰是因为法律的灵魂是正义所导致的,正是因为作为前提的正义,是超实证的概念,所以三段论的推理是不足够的。如果法官判案的前提是君主的利益或意志,他倒是可以以逻辑的方式从明确的前提中推导的。所以,程序正义的发展,就不能仅从历史和经验的角度看作是某种复杂的社会形势的产物,这样看问题可能忽略了极为重要的实在。正如李猛所指出的那样,在现代社会,程序技术与抽象价值、伦理实践有着复杂的关联。③ 李猛的着眼于后发展中国家所模仿的程序技术缺乏抽象价值的支撑与制约,处于伦理实践的真空中,并在此指出了学者们最艰巨的任务。另一方面,这些所模仿的程序技术本身就没有问题吗?上文哈耶克和霍姆斯所说的司法过程,并不是任一司法过程,而是普通法下的司法过程。经过超实证概念下的对话与批判,通过建立普通法的司法制度,秋菊山杠爷们仍然同以前一样是永远困惑的吗?西方的历史已是一页已翻过去的历史,对我们则是当下的实践。抽象价值与程序技术的真实关系,不正需要一种理论的阐述吗,甚至是非历史的抽象理论。后发展国家的人们在"世界潮流,浩浩荡荡,不可阻挡"的豪情下,一次次试图把握历史的前进方向,试图站到历史潮流的最先进处,或者期待所谓的历史命运下一次光顾自己,却总为历史所嘲弄。他们不问究竟什么才是主体实践的价值探究和制度建构,可能在道德上和知识上犯了双重的错误,从而形成了真正的后发劣势。彻底抛弃这种历史主义的理论,甚至不相信所谓的历史命运,立足于真正的伦理实践和规范探究,而西方的经验与教训正是我们当下理论建构的经验材料,这样我们可能会有真正的后发优势。真正实践的态度是理论的,而不是历史的。当在极端经验的情况下,就更是如此了,一些具体的正义原则更不能在极端经验中直接应

---

① 〔英〕弗里德里希·冯·哈耶克:《法律、立法与自由》第一卷,邓正来等译,中国大百科全书出版社2000年版,第181页。
② 这是霍姆斯的名言,本文认为这两句话不能在价值相对主义中理解,只有在不丧失对客观正义的信奉下才能真正理解其意义。
③ 李猛:《论抽象社会》,《思想与社会》1999年第1期。

用,例如在泰坦尼克号上的情况。当今的中国本身,比之西方国家,正是一个极端的经验,这当然不能使我们放弃正义的批判立场,但是,对中国学者关于制度与程序技术的思考提出了较西方同行更高的要求。

就本文所关注的领域,即基本政治制度的选择而言,正义、自由、民主、平等价值与之有着更为复杂的关系,需要更细致的思考。此时不必匆忙地拥抱《世界人权宣言》。

就拿公民的福利和社会保障权利来说,仅在伦理的层面上我们不可能得出这一原则的具体的形式是什么,简单地将其在国家层面和宪法层面进行运用只能得出适得其反的结果,在实践层面上这至少为一部分西方国家的失败经验所证实。我们并不在伦理层面拒绝上述权利,但它在国家及宪法层次上只能通过设定人人享有的普遍权利的形式,如人人皆享有某一限度的最低收入保障,但收入保障的具体数额显然主要取决于该宪政范围所面临的具体情势,如经济发展水平等等,而人类所达成的伦理共识只是次要的因素。这种普遍权利,不可能完全照顾到每个个体的具体需要,公民 A 的天赋和兴趣在研究政治哲学,公民 B 则在成为音乐家,各自发展所需要的资源显然是不一样的,也许只有家庭和民间的基金会才能照顾到这么具体的需要。一个人所获福利和生活保障的应当(不一定是法定权利)可分为宪法层次、地方政府、社区、亲友、邻里和家庭等不同的层面,很可能是层面越低,就越强调某个人具体的需要,但在较低的层次上并不一定强调严格的可实施机制,而是仅仅是诉诸于社会舆论这样的制约方式。

可以举例说明一致同意原则在政治领域运用的限度。如果一致同意原则是可以在经验中的某个范围实施,那么需要有另外一个更高级的准则来决定:一个进行了一致同意规则的群体所作出的决定与其他群体是无涉的,或者说是应该被允许的,这样一致同意原则的范围就必须无限扩大,直至所有的人。但是,这在经验中是不可能的,因为每一代人做出的决定都会影响到未成年的下一代人甚至未出生的人,而未成年或未出生的人也无法参加这一决定,也无法征得他们的同意。而且,经验中应用的一致同意原则范围的扩大会使任何政府的治理都变得不可能,潜藏着走向暴政的可能性。这就是历史上卡尔·霍恩提出的州权原则的困境。① 如果一致同意原则并非应用于经验当中,而是虚构一种非经验环境,指一项规则应该得到未来出生的所有的人的同意,那么他也就等同于超经验的正义原则了,而理论的阐述却非常的曲折,是一个易引起误解的概念,因此作为一般概念的正义是一个表达我们意思的更恰当的词语。

我们对事物的了解是不完全的,我们也可以说人类的德性与永恒的正义法则可能只有些微弱的相似之处,具体的正义规则是不完美的,依赖于我们永恒的探究以及自然科学和一种关于社会秩序运行的知识。经济学只能在既定的价值体系之下谈论效率,尽管这种谈论有时会引起价值体系的部分修正,那么从效率标准出发来推导出全部的价值体系就是荒谬的;同样道理,既然价值体系的修正依赖于对社会整体秩序的理解,依赖于一个作为一般性概念的效率标准,那么直接从规范的观点出发就可以实现好的结果或效率也是不可能的。美国宪法第二条修正案规定:"管理良好的民兵是保证自由州的安全所必需的,因此人民持有和携带武器的自由不得侵犯。"如何解释这条法律所包含的具体内容呢?自这个规定做出起,武器的含义已经出现了极大的变化,这条规定是否意味着人民可以拥有坦克、导弹甚至原子弹呢?在武器仅限于长矛、大刀和长枪的时代,尽管有其他的一些不利,人民拥有武器不失为一项对抗政府专制的措施,在当今每个政府都拥有坦克和导弹的情况下,人民能够拥有枪支和大刀能否对政府形成有意义的制约是成问题的。某些先进的权利的保护如知识产权、名誉权与当时司法体制的承载力有关,确立权利保护的样本总是样本,不会变成普遍的实践。由于超实证批判固有的特性,由于社会生活不断的变化,具体权利的确立不可能是一成不变的。"正如一位著名的瑞士法学家所确当指出的那样,技术进步所开放出来的种种新的可能性,有可能在未来的生活中使一些其他的自由权项变成比传统的基本人权法案所保护的那些权利更为重要的自由权项。"②

---

① 参见尼尔·里默:《宪法与1787年政治领域的一种创造性突破》,载〔美〕肯尼斯·W.汤普森编:《宪法的政治理论》,张志铭译,三联书店1997年版,第3—21页。
② 弗里德里希·冯·哈耶克:《法律、立法与自由》第二、三卷,邓正来译,中国大百科全书出版社2000年版,第433页。

上述结论同我所说的人类理性与德性的微弱性是一致的,但这种微弱性并不能否认理性与德性的存在,不能否认科学进步与道德进步的无限可能性。这样就需要考虑各种制度的作用了,例如集中的立法当然可以考虑各种各样的情况以制定公平且合理的法律,但立法不可能没有空白,普通法下的法官造法,通过在日常的司法过程当中体现出来的司法理性的发展,有助于解决人类对永恒正义的渴望与具体规范之间的紧张困境。

正义规则的可实施机制问题,道德规则本身的可实施机制是不完美的,无论从经验和理论上都是如此。不是所有的规则仅凭信仰就可以存活,尽管有一些规则如学术共同体的学术规范、乡村社区的习俗,仅凭信仰就可以发挥作用和生存。有些制度必须经特殊的设计才能保证它的可实施性,这就是承诺的可信机制,政治体制更是如此。"是什么维持了任何现实的政体这一问题不能通过询问是什么最大限度地运用了理想的正义原则来充分理解,而需要什么来维持任何现实的政体不会在每一种情况下都与理想的正义原则有联系。"① 关于规则的可实施性问题有这样一个例子:一群纤夫在河边拉一条船,一个纤夫可以做出用力拉的选择,也可以做出装着用力拉从而让负担落到别人肩上的选择。如果所有的人都在装着用力,那么船就不会移动,因此所有的人就都不会有工资;如果在一定比例下的少数人不出力的话,船仍然会移动,那么不出力的人既拿到了工资又享受了轻松。如果纤夫都是经济学定义的理性人的话,那么这个情况下就会出现典型的囚徒困境,即每个人都不出力而每个人也都拿不到工资。纤夫们中通过语言交流,会出现一种纤夫伦理,谴责不出力的行为赞扬出力的行为。当纤夫伦理的力量足够大,出现的均衡就不是囚徒困境。但囚徒伦理不是一个可自动实施的规则(至少在严格的意义上不是),如果有少数人违反它,对多数人是不公平的且会使这一规则朝衰败的方向发展。但纤夫们可以选择使纤夫伦理可以得以实施的机制,如雇请一位持鞭人以监督不出力者,用鞭打进行惩罚,这样就使纤夫伦理成为可实施的规则。这样一个规则是公正而

---

① 詹姆斯·W.凯塞:《重建政治科学》,载〔美〕斯蒂芬·L.埃尔金、卡罗尔·爱德华·索乌坦编:《新宪政论》,周叶谦译,三联书店1997年版,第73页。

有效率的。我们还要注意持鞭者是被雇佣的,如果他的惩罚不适当,他将要被纤夫们撤换。对于政治学家来说,经济学的理性对他们思考制度设计问题时要比经济学家更重要,因为宪政规则应是严格可实施的。超实证批判的立宪选择成为可能,但规则一旦选定则应尽量无需道德的帮助也可实施。这也正是人们说政治不具神圣性,而且不得不有些恶的原因吧。对经济学家来说,在诸如股份公司代理——委托机制中出现某些漏洞,则可能不是那么特别重要;对于管理学家来说,则大可不必严格坚持经济学的理性,这在许多时候并不妨碍他们成为优秀的管理学家。

制度还必须有效率,有助于人们实现他们的目的,麦迪逊说得好,在组织人统治人的政府时,"最大的困难在于必须首先使政府能管理被统治者,然后再使政府管理自己"①。在麦迪逊看来,1787年费城制宪会议所面临的宪法设计问题是"把政府需要的稳定和能力与对自由和共和政体应有的神圣关注结合起来"②。政府如何既能统治又受制约,这是那些相关的构成因素做到的。这既是规范问题,又是实践推理问题。既有一般性的考虑,又有特殊性的考虑。这就需要对在规则下的秩序有透彻的了解,政治学家可能限于他们的能力而无法对所形成的秩序进行细致的描述,那么经济学家的任务就是对秩序的细部进行更完善的推理和说明。规则的效率是通过它所产生的秩序的一般情况来表现的,而人类面临的情况是不断变化的,人类的知识是有限的,因此规则的效率也就表现为一种适应性,能随情况的变化和人类知识的进展而调适。

尽管我十分同情直接从权利的确立来立论的人们,这种努力已经被推进至神学自由主义的境界,在中国他们可以说是最彻底的正义的探究者。然而无论超越信仰塑造现实的力量有多么强大,在现实世界中确立具体的法律规则仍然是一件十分困难的事情,不可能从信仰当中直接导出何种具体权利可以确立。当然这种努力在某些地区曾经成功过,这其中至少有三条原因:一是他们当时所面临的社会情况相对简单;二是偶然的因素,即已经存在非经建构而成的多元分立的政治结构;三是人们

---

① 〔美〕汉密尔顿、杰伊、麦迪逊:《联邦党人文集》,程逢如等译,商务印书馆1980年版,第264页。引文出自《联邦党人文集》第51篇,系麦迪逊所撰写。
② 同上书,第180页,引文出自第37篇,系麦迪逊所撰写。

也必定利用了理性推理和经验当中所获得的知识。在当今中国,人们似乎更乐意从确立权利的角度谈论改革,甚至民主制度也被首先当成是公民的政治权利来被人津津乐道,至于在中国这样一个大国,民主价值的实现形式是否就是普选倒很少有人涉及。直接由国家确立权利的后果之一就是过度的立法,推行了大量社会成员不理解,在大多数社会成员那里缺乏正当支持的规则,看一下满街的盗版,我们就知道我国的保护知识产权是怎么一回事了。法律必须被信仰,但是民众信仰什么样的法律呢?法律应该是公正的,而且是和人们具体的正义感相一致的公正。法律还必须有效地解决人们的问题,而不是形式上公正,而实行起来却是荒谬的公正的法律,唯有在长期能够解决人们问题的法律才会为人们所信仰。因此法律的产生当从中央政府持续不断地立法努力这样一个外生的过程变为社会内部的自发演进这样一个内生的过程,并且有意识的立法也是为了回应社会的要求。从这个方面来说,一个国家政治体制改革的关键是在基本规则的建构过程中同时考虑权利的确立和权力的安排,或者说是确立从权利的首要性,到基本制度的合理性的思路。政治改革不是正义规范的直接应用,而是对于政体形式的选择,"基本的政治选择不是在各种价值标准之间进行选择,而是在各种政府形式之间进行选择,因为是政府形式(连同其中所含的标准)而不是标准本身实际上规定了社会的生活"[①]。政治改革是道德哲学的事业,但更是立法科学的事业。要为权利而斗争,更要为权利而思考!

  附带插几句对政治哲学大师们僭越性的评论。罗尔斯的《正义论》用的是内在探究的方法,我们所能说的只是他得出的正义原则不能直接应用于经验的政治领域。他的《政治自由主义》看起来则像是一种倒退,正义的原则怎么能从社会学的、经验辨识性的方法得出呢?正义的根基不在超验的领域,何来具体的正义?对客观正义的信奉是古典自由主义的根基之一。[②] 以赛亚·伯林,在《两种自由概念》中怎么能够通过摧毁古典自由主义根基的方法得出古典自由主义的消极自由的结论呢?

---

  ① 詹姆斯·W.凯塞:《重建政治科学》,载〔美〕斯蒂芬·L.埃尔金、卡罗尔·爱德华·索乌坦编:《新宪政论》,三联书店1997年版,第70页。
  ② 弗里德里希·冯·哈耶克:《法律、立法与自由》第二、三卷,邓正来译,中国大百科全书出版社2000年版,第67页。

在保留对客观正义的信奉的情况下,难道得不出消极自由的结论来吗?从对客观正义的坚定信奉中是否可以得出消极自由、正义规则的否定性标准、宪政主义权利观的弱势逻辑、分权与程序正义等结论呢?从超验正义的不可企及性来说是可以的:真正的正义只存在于彼岸,所以在现实世界,在政治法律领域的建设中,只能通过否定最有必要加以否定者,才有可能实现对正义的肯定,从而为未来留下无限的可能性。然而这仅仅是一个一般性的结论,对任何一种现实中存在的政治制度的建设或某一项权利的确立主要依赖于政治科学的事业。

四、发展一种政治科学

当我谈完超实证批判所具有的意涵,紧接着又坚决地说规范不能直接应用于政治领域时,这实际上留下了一个巨大的空白,这个空白是最难填补的。也许有可能发展一种政治科学来填补这一空白。只有这样,宪政联邦主义的理论建构才能有哪怕最初步的完整。本章第一部分前面所说的可以说是这种发展的一个准备,当然我所说的这种发展也仅仅是最初步的说明。

人类能够作出自由选择,能够提出超越性的价值理念,通过一套符号系统,主体间在正义或以其他词语表达的价值符号的概念上并且至少是一部分默会含义上可以达成一致。我们也相信,人类的理性能够在价值理念和它的现实实现中发现一些确切的关系,即一个自由的社会、正义的社会或体现某些超越性价值理念的社会是可能的。但后一个问题却总是困扰人们,人类的历史更多的是理想失败的历史。一个自由的社会是如何可能的,这个问题人们不断探索,在我看来,18世纪立宪科学的两次重要发现(亚当·斯密的国富论和美国宪法的制定)为这个问题的回答找到了具有突破性意义的线索。发展一种政治科学当然立足于前人发现的基础上。

这种政治科学立足于实践者的问题性情境,即是如何帮助人们作出在立宪层次上的制度选择。它的着眼点不是对制度的解释,而是对制度的选择,尤其不认为站在全知全能者的立场上对制度的解释有什么实践上甚至纯知识上的意义。它研究基本政治制度同社会秩序之间我们可能知道的关系,并明确认识到自身在认识这一问题上的限度。同传统立宪科学稍有不同的是,它更多地考虑了无论在先验上还是在经验上都明白无误的这样的认识,个体与个体之间现有的知识储备各不相同,知识在明晰性、独特性、精确性以及熟悉性方面有多种多样的程度①。立足于此,这种政治科学反思社会整体秩序的性质以及制度如何帮助人们实践的合目的性,如对分立结构和正义法则可实施性的同时强调,对权力的制约和分立结构解决问题优越性的同时强调。由这种政治科学出发进行的制度建构比传统的分权与制衡理论的制度设计思路多了一个维度,并因此使联邦主义成为传统分权学说的一个补充。宪政联邦主义想成为传统宪政与分权理论的补充,对立宪选择的制度设计进行了更复杂的考虑,因此对它的知识学部分要有更严格的要求,它的制度建构思路似乎更反直觉,离素朴的常识更远。

(一) 理解社会整体秩序的性质

发展这样一种政治科学的要求是:要合乎超实证批判的要求,要合乎实践的目的性。也就是合乎伦理理性化或者说我们德性德性化的要求和实现工具理性化。实践的目的性在根本上意味着,在现实领域的每一个具体结果,每一件事,都要具有合理性,都合乎工具理性的要求。

这种合理性的要求是如此之高,以至于人类根本达不到。那么在追求这个目的的过程中,仅仅通过超实证批判获致的具体规范和具体科学的直接结合是否足够呢?例如,"通过以经验知识为依托,道德—政治讨论避免了一次规范主义的错误结论,不去相信没有详细的客观分析就能确定正义的具体形态,而是让经验在政治正义性的对策中发挥决定性的作用;同样也避免了相反的错误,即是应当的错误结论,据此结论,具体学科的科学家,具体地说就是社会科学领域的科学家,认为仅在他们的专业知识基础上就能解决具体的正义问题。道德—政治讨论只能在双方进行合作时才能获得成功,这在科学层次上意味着跨学科的伦理学讨论,即哲学伦理学与具体科学的合作。"② 问题是尽管二者的结合确实可以获得很好的结果,例如停止对巫术的惩罚(原来人们相信巫术可

---

① 〔德〕阿尔弗雷德·许茨:《社会实在问题》,霍桂恒、索昕译,华夏出版社2001年版,第43页。
② 〔德〕奥特弗利德·赫费:《政治的正义性——法和国家的批判哲学之基础》,庞学铨、李张林译,上海译文出版社1998年版,第417页。

以致人死亡），但是杀人者必须处死刑仍然可能是不完满的规范，否则就不能解释为什么可以废除死刑。所以仍然要问如何才可能知道具体的正义。在我们对具体的规范达到普遍共识，并拥有各种获取机会均等的一些知识时，哪一种竞争秩序（机会均等就意味着竞争，这是人类不可能摆脱的生存状况）有利于每一个人和我们所有人的目的，仍然是未解决的问题，仍然要问，社会秩序的理性化是如何可能的。

所以，这里所要发展的政治科学是一种特殊的科学，它的实践目的性在于总是着眼于社会整体秩序的改善，总是着眼于社会的理性化。它关心一个社会整体的秩序和基本的制度构造。它认为对基本制度的有意识评判和选择（当然是在一定的限度之内）是可能的并有助于人们伦理实践的展开和社会秩序的理性化。"政治学代表了一种复杂的、将理性主义和传统主义中某些认识论因素综合到一个更真实的现实图景中去的方法。一些影响现代发展的因素（尽管对所有国家来说日益变得平常）不管在一个国家还是在整个发达世界，并不都是人类不能控制的。自由与专制之间的决定性选择主要是由一些指导人们思考的学说和思想决定的。"[①] 我们把这种基本的制度构造又称为政体，"政体是我们能够通过审慎的人类活动提供的最深层的人类结构，通过从政体出发来研究其他的社会单位，我们坚持政治的重要性并且不让政治科学这门学科被社会学、人类学或经济学吞并"[②]。无论在对社会整体秩序的解释和预测中，政体的重要性究竟如何，也不论我们是否相信下面的说法，"行政安排、党派制度甚至经济制度不是孤立存在的，而是存在于政体之中的。政体任何其他这类制度更重要"[③]，对这种政治科学来说，政体是我们不可回避的关系到社会整体秩序一般性质的选择，因此从实践上来说具有最重要的政治意义。把政体作为它最最重要的研究对象，是政治科学所应具备的重要的自我意识。政体选择的成功，必须基于对社会整体秩序的理解以及政体与社会秩序理性化的关系，或者说政体基本的制度构成同其中社会秩序一般模式的关系，"对宪政决策者期望从不同的决

---

① 詹姆斯·西瑟：《自由民主与政治学》，竺乾威译，上海人民出版社1998年版，第167页。
② 詹姆斯·W.凯塞：《重建政治科学》，载〔美〕斯蒂芬·L.埃尔金、卡罗尔·爱德华·索乌坦编：《新宪政论》，周叶谦译，三联书店1997年版，第78页。
③ 同上书，第79页。

策规则导出什么可能的后果的估计,是选择决策规则、使之纳入宪法的基础。因此,宪政决策的成功依靠的是对不同决策规则可能导致之结果的认识"①。"对于一般性原则的表述和阐释来说,如果要在可供选择的原则之间作出明智的选择,那么对这种行动秩序的理解就会变得至关重要。"②

　　理解整体社会秩序的意义是重大的。单个的行动,出于某种特殊目的的行动,无论是企业、个人为了货币收入极大化的行动,还是政府的一项特殊政策,都不能依据其策略合理化来评价社会秩序是否理性化。策略合理化是一种技术的评价,但技术的评价仅限于技术的范围之内才是有效的。政治科学立足于对基本制度的评价,评价基本制度必须理解制度下的整体秩序。在基本制度层次上所解决的激励与信息的问题是非常不同于在特殊行动当中的合理化问题的。对基本制度下的社会秩序是可以在理性的范围之内进行谈论的,但它不是一种纯技术的评价,相对于为了获致特殊目的的技术而言,它的科学性是比较低的。但是人类又必须发展这种并非很精确的科学,离了这种科学所能提供的对于整体秩序的理解,我们就不能够对单独的行动或政策的意义具有完整的理解。例如,只有在导致非零和博弈结果的规则之下,我们才能完整地理解导致个人和企业利益最大化的行为。同样,在对基本政治制度不理解的情况之下,我们甚至不知道某一项单独政策是否是合理的。某项单独政策对所要达到的目的而言,可能在技术上是最优的,但这却不能说它是合理的。任何政府都是在某些规则下行动的政府,理解政府某项政策的合理性的前提是基本规则的合理性,前一种合理性只有在后一种合理性确定的情况下才是可能的,例如缺乏一种分立的利益群体得以表达其利益的结构,和调整利益冲突的规则,某个政府所举办的大型工程是否合理是我们无从知晓的,就好像没有市场经济体制,某个人投资一项大型的企业是否合理是我们所不知晓的一样。对单个行为和政策的评价简单地直接依赖于我们所具有的正义感也是获得什么结果的。另外,制

---

　　① 〔美〕文森特·奥斯特罗姆:《美国公共行政的思想危机》,毛寿龙译,上海三联书店1999年版,第109页。

　　② 弗里德里希·冯·哈耶克:《法律、立法与自由》第一卷,邓正来译,中国大百科全书出版社2000年版,第104页。

度可以说是一种抽象的价值,越是在基本的层次,其抽象性就越明显,因而不能指望它获得直观的正义感的支持,对它的支持只能来自于理解了整体秩序之后的正义感的支持。在所罗门王或包公的断案中,尽管他们本人是智慧和公正的,断案的结果也是实质公正的,但是,我们不可能因为他们的断案而判定其所依据的司法制度也是合理的;在一个遵循程序正义的司法制度下,尽管他们的断案结果是公正的,但他们的行为仍然因为违背了基本的制度而要受到否定的评价。

在现有的社会科学中,我们借助何种工具才能实现我们的任务?描述性的社会学、人类学、历史学的研究方法,告诉我们了一些很有益的确切知识,但不能够告诉我们整体秩序的性质,因为对整体的穷尽的描述是不可能的。这些方法不能就解决这一任务提供多少帮助。"这个题域中,惟一能够宣称自己具有科学地位的理论,乃是那种有关整体秩序的理论(the theory of the order as a whole);再者,这样一种理论(尽管它亦须接受事实的检验)也绝不可能经由观察而以归纳的方式建构起来,而只能够通过构造一些心智模式的方式加以建构;当然,这些心智模式是以那些可观察到的要素作为其内容的。"① 同人们一般理解的不同,在制度下的秩序模式中,可以分离出一些很难通过经验观察发现,但却实际存在的模式,而对这些模式的理解,对制度选择来说是至关重要的。下文我们谈到宪政联邦制,就要谈到联邦主义政治秩序的这个特点,例如多中心治理结构和普通法司法制度下的治水秩序。"人们一般认为,社会科学乃是从观察有限的群体中得出的一种归纳习惯概括体系,一如大多数经验社会学所采取的做法;然而需要强调指出的是,这样一种社会科学对于理解法律的功能来说却是无甚助益的。"② 这里需要说明社会的整体秩序是如此的复杂,对人类有用的理解只能是高度抽象的理性重构,而主要不是经验性的历史描述。

即使是重构一种整体秩序的最简单的两人交易模型也具有高度抽象的特征,并只能在这种抽象特征的基础上据以评判某些规则。当然这

---

① 〔英〕弗里德里希·冯·哈耶克:《法律、立法与自由》第一卷,邓正来译,中国大百科全书出版社2000年版,第99页。

② 同上书,第178页。

种评判是极其粗略的,只能停留在最基础的层次上,例如证明只要两个人在某个时刻自愿地交换物品就应当保护这种交易,这样一条规则是正当的。这似乎像摩西的十戒中的后五戒一样是粗略的但确是基本的。对这条规则未阐明的部分,或这条规则中的原则进行进一步地阐发仍然是在两个方面进行:借助于作为一般性概念的正义,在一个规则体系中进行批判性的思考;在经验事实的基础上重构另外一些次级的抽象模型,例如我们发现这样一些事实可能会感到交易是不公正的,用玻璃和镜子换取原始部落的钻石,用铁锅换取牧民们装满这个铁锅的貂皮。如果这些交易明显地违背我们的正义感,我们也不是通过一个个个别事例的合适处理来解决基本规则的粗略性问题,仍然是通过建立次级的抽象模型,在正义的原则下阐明那些原来没有阐明的规则,仍然是通过一般规则的确立来解决这些问题,而且整个规则体系要保持一致性。在个别事例中让每个个别事例都符合我们的正义感是不可能的,因此规则仍需要发展,但这是在一个规则体系中的发展,而不可能依据每一个个别事例中某一具体情况来具体判断从而实现完美的正义。

迄今为止,在社会科学当中,经济学发展出了一套系统的工具使我们能够在整体上重构出一种社会秩序,为我们认识整体秩序而非个别事实提供了一定的可能。经济学的具体结论尽管也需受到经验的检验,但其基本理论不同于经验知识,具有高度的抽象性,也正是因为如此,它只能告诉我们有限的知识。因为有限,所以知识的确定性有了一定的保证,经济学以牺牲知识的某些实质性内容,保证知识的确定性。"科学能够为政策指导所提供的有助益的洞见,乃是对自生自发秩序之一般性质的理解,而不是有关一具体情势之特定细节的任何知识,因为科学没有也不可能拥有这样的知识。"[1] "需要指出的是,我们还在方法论上获致了这样一个洞见,即在复杂的自生自发秩序的情形中,我们所能够确定的永远只是这些自生自发秩序之运行所依赖以为基础的一般性原则,或者说,我们绝不可能预见此一环境中的任何事件所会引发的特定变

---

[1] 〔英〕弗里德里希·冯·哈耶克:《法律、立法与自由》第一卷,邓正来译,中国大百科全书出版社2000年版,第98页。

化。"① 但是，满足我们实践全部需要的知识是人类知道不了的，在人类社会也是不存在的。政治科学需反思它对社会的整体秩序能够获得多少真知识？"知之为知之，不知为不知，是知也。"炼金术是一种知识，淘金术也是一种知识，如果二者皆真，后一种知识当然应被淘汰。社会理论也罢，经济学也罢，我们要问它是否真实，而不问它是否美丽壮观或精巧。海市蜃楼是美丽的，可能超过世界上一切实际的景观，但不真实。

这种政治科学之所以依赖经济学，在我看来，是因为它并非仅仅提倡一些价值，也不仅是对制度进行历史描述和经验比较研究，其最具实践意义的是提出了制度的工作性质的理论。它关注的焦点是政体或基本的政治制度的工作性质，而这只能通过认识整体的政治秩序和司法过程的性质来理解，正是政治科学的这种视角决定了它对经济学理论工具的依赖。对于政治秩序和司法过程，政治科学家的视角不同于政治家和公共组织管理者的视角，甚至也不同于法官（即使是法官造法的普通法法官），他关心的是制度下整体秩序的一般性质，如联邦主义与中央集权制下的对统治者的制约和社会问题的解决，以及不同司法制度下司法理性是怎样得到发展的。就卡多佐的著作《司法过程的性质》② 而言，政治科学家认为，这是普通法司法制度下一个法官的视角，而不是普通法司法制度本身的制度视角。卡多佐的教诲，不是任何司法过程下的法官都可从中学习的，司法理性的发展本身也需要制度条件。对政治科学家来说，重要的是理解不同司法制度下司法过程的一般性质，而非通过学习卡多佐的著作使自己具备一种司法理性。政治科学家关注的问题是，卡多佐确实伟大，但我们这个国家怎么能够出现一个甚至许多卡多佐呢？对宪法规范下的整体秩序的研究也需要在"规则与秩序"的框架下进行，同市场秩序一样，也仍然需要自发秩序的方法论。就此意义而言，市场秩序仅是"规则与秩序"研究中的一个个案，但其成功与失败却为我们提供了研究政治秩序的一个视角。政治科学同经济学的不同之

---

① 〔英〕弗里德里希·冯·哈耶克：《法律、立法与自由》第一卷，邓正来译，中国大百科全书出版社 2000 年版，第 97 页。
② 参见〔美〕本杰明·卡多佐：《司法过程的性质》，苏力译，商务印书馆 1998 年版。

处在于,同经济学家关心的问题有所不同,它更关心整体的社会秩序,最基本的政治制度和政治领域更为基础的上层构架。另外,它可能具有更高度的自我意识。问题是在政治的实践领域如何正确地运用理性。它了解到因为理性的限度,不能在一个谬误的方向上追求知识,同时出于实践目的而不必在某些方向上追求。

经济学工具对我们实践目的的意义在于它是建立在方法论个人主义的基础之上。因此部分地满足了我们实践的需要。创建社会组织不仅需要有关系统活动的知识,而且需要了解系统组成部分的活动是怎样结合在一起的,因此,此种社会理论需求方法论上的个体论。……创建社会组织是经验某种目的的活动,因此,其理论基础必然是理性行动理论或具有目的性的行动理论[①]。

政治科学比起管理学来是更为抽象的理论,管理学更主要的是实践性的知识,研究经济学不可能使我们获得一个企业的发展策略究竟是集中于高科技呢?还是集中于大众化产品?是开展多元化经营呢?还是集中于高度专业化的结论。一个人发展如此抽象的关于政体形式的理论,无助于他在具体政治行动中取得策略上的优势,政治学家们甚至不足以领导一个小范围的社区,司法理性的发展亦需长期的司法实践。理论就是要抽象,抽象才可能理解整体秩序。实践知识的默会性质说明了理论很难服务于具体的目的,但反过来说明了抽象的制度架构的意义。政治科学发展的理论知识有助于公民和决策者们在面临最一般的制度选择上采取审慎的态度。

因此,在理解整体的社会秩序时要问,科学在何种程度上能够做到这一点,既然理性是如此薄弱,那么我们在最大限度地利用理性时就要防止理性的滥用。前面说了超实证批判对这种政治科学的限制,但面临它的任务,它还可能自我设限。它反对一种全涉性的社会理论,而支持一种有限的社会理论。发展一种政治科学的问题也就是如何发展有限的社会理论。我们必须深深地知道我们的理性是有限的,工具理性化的实践不可能有终结的时候。同时,我们的伦理理性或德性也是不完满

[①] 〔美〕詹姆斯·科尔曼:《社会理论的基础》中文版序言,邓方译,社会科学文献出版社1999年版。科尔曼的社会理论正是以经济学工具为基础的社会理论。

的。这样我们就可能需要考虑这样一个问题:如何实现理性有限和伦理理性不完满的理性化。在对具体的正义是什么有疑问的情况下,不知道具体的合目的性实践的技术手段是什么的情况下,问正义是如何可能的,理性的实践是如何可能的?这样一来问题可能逐渐变得简单了,为我们微弱的理性所可能回答。知道正义是什么,知道如何进行正义的计算,知道如何确定正义的计算得以可能的条件,在我看来,是不同的且越来越简单的问题。知道最终的合目的的结果和知道合目的性实践的一般条件也是同样。例如,在一个社会中,多少钢要用来制造妇女的发卡要有一个合适的比例,但我们怎么去知道呢? 在计划经济体制下,这个问题会难倒最聪明的计划制定者,在市场制度下,这根本不是什么问题,它自然而然地得到了解决,根本就不需要立法者、法官、钢铁制造商、发卡商、爱美的女同胞拥有超过人类所可能有的聪明。解决这个问题的途径主要为经济学家阐明了,但却并不表明他们会是有能力的计划制定者。因此这种政治科学既不从具体的规范出发建立制度,也不从具体的科学出发塑造一个社会的秩序。它首先问的是,我们对社会整体秩序的理解怎样和在多大程度上可能,我们对具体规范的确立怎样能够合乎正义(而不是直接知道正义)。

在理解社会整体秩序时,我们需要考虑人的败德或机会主义问题,如上文所举的纤夫伦理的可实施机制问题,因此在制度选择中考虑对统治者的制约,也就是说休谟所说的无赖原理。但是,"谈到设计出能够明智地解决问题的政治制度时,宪政政体必须不止是限制权力的政体,它还必须是能有效地利用这些权力,制定政策,提高公民的福利(见Holmes 1991)"[①]。在具备形式正义且可实施的诸种游戏规则中进行选择,是件非同小可的事业。并非解决了人们的机会主义我们就知道了规则的工作性质的全部。在政治分权中,始终存在控制与协调的问题[②],分权的一般原理并不能告诉我们分权的具体形式,特别是在分权下如何实现政府运作的效率。社会问题的解决,总需要集体的行动,尤其是在

---

① 斯蒂芬·L.埃尔金:《宪政主义的继承者》,载〔美〕斯蒂芬·L.埃尔金、卡罗尔·爱德华·索乌坦编:《新宪政论》,周叶谦译,三联书店1997年版,第156页。
② 〔英〕M.J.C.维尔:《宪政与分权》,苏力译,三联书店1997年版。

中国这样的国家,人们的活动具有高度的相互依赖性,例如治水和灌溉农业的存在。政府提供的公共物品和公共服务是广泛和重要的,因此仅仅说小政府是无济于事的。但是政府究竟有多大,公共产品的规模和范围有多大,是不可能事先决定的问题。在何时、何地、以多大规模、提供什么样的公共产品给什么人,这个问题,不是已经有了答案,而是永远也没有固定的答案,对这个问题的回答,是在一个过程中完成的。那么何种理论能够解决这一问题的回答?在研究整体秩序时,更重要的是人必然面临的无知问题,我们是在每个人都所知甚少的情况下实现社会秩序的理性化的。"人们对于深嵌于大社会秩序之中的大多数特定事实所处于的上述那种必然无知的状态,乃是我们认识社会秩序这个核心问题的根源。"① 在制度设计中,无赖原理必须同时伴随无知原理,后者往往更重要,因为往往是因为情况不明朗,所以是非不分明。政治科学的首要问题是制度如何应对人的无知,然后才是制度的可实施机制和防止政治领域中人的败德问题。圣徒组成的社会也需要制度,圣徒不是上帝,他们德行完满,但不是全知,只有上帝组成的社会才不需要制度。

在研究联邦主义和普通法司法制度的过程中,我逐渐感到要完整地阐明一项制度的效率问题,需要引入奥地利经济学的范式。关于知识在社会中的有效利用问题,在经济领域存在,在政治领域也普遍存在。因此,相对于主要将新古典经济学的研究范式引入政治领域而形成的公共选择理论,将奥地利经济学引入政治领域以研究不同宪法规则下社会整体秩序的一般性质,似乎也能够出现重要的成果。如解释联邦主义下的多中心治理模式的效率,普通法司法理性的发展,以及司法审查制度如何既保持宪法的稳定又在忠实宪法精神同时使之具有一定的灵活性。联邦主义和普通法的司法制度不仅是制约统治者,防止他们机会主义地捞取个人私利的安排,而且也有助于解决社会面临的复杂问题,即麦迪逊式的传统难题:政府既能够被制约,又能够统治。也就是说,这两项制度不仅能够防止统治者败德,也是有效率的。这里提出的仅仅是一个尝试性的想法,进一步的研究是我今后的工作,下文联邦主义、普通法

---

① 弗里德里希·冯·哈耶克:《法律、立法与自由》(第一卷),邓正来译,中国大百科全书出版社2000年版,第9页。

和治水效率的讨论是这个尝试的具体运用。中国当今所面临的以群体严重相互依赖为一般特征的社会情势，对我们认识社会情势所能达到的确切程度施加了更严格的限制，那么我们怎么能够依赖于一种更简单的方法来处理这些问题呢？这一方法预设了我们可能知道的相关的细节。这种复杂的情势对我们所可能获得的确切的知识、合适的制度建构都提出了挑战。因为复杂，在制度建构中我们只能在更加抽象的层面进行，从而使这种制度建构建立在一种更具有一般性特征，因此也就更少实质性内容的对社会整体秩序的理性重构上，而这种重构使我们把握了多少有些确切的知识。因此甚至我们对"依法治国"这一口号也需加以反思，通过大规模直接引进他国的法律和立法是否能够达到我们所欲求的结果是成疑问的，因为我们没有建立在更抽象层次社会秩序认识之上的最基本的制度建构。中国的国情要求我们在这种政治科学的智识原则上推进得更彻底而不是相反。

通过重构出一个又一个的整体秩序，政治科学家所处理的绝大多数问题，实际上在规则功利主义的框架下就可以解决，尽管这并不意味着我们就可以忘记或忽视正义，削减掉从道德观点对国家和法进行批判的任何意义，实际上普遍利益、长远利益如果不是在一个既定的价值体系之内讨论是无法有意义地进行说明的。宪政政体的制度设计问题，大部分都可以在规则功利主义的范围内解决，但是道德的观点或一般性的正义概念仍然需要，前者并不是宪政构成的全部。一方面要充分认识到规则功利主义在解决政治和社会问题的广泛应用潜力，并加以尽可能地利用。另一方面，正义的概念并不消失于规则功利主义的"长远利益"当中。可以说正义的概念对宪政来说是最重要的，但它的主要论题都在规则功利主义的范围内。

（二）政治科学的实践取向

对社会现象的解释和预测与这种政治科学的关系既与政治科学的目的有关，也与它的理论局限性有关。它关注的是整体的社会秩序，但不是我们成功地做到了对社会现象的解释和预测，就与实现自身的目的有重大关系；对大规模社会现象的准确预测（所能做到的只是哈耶克所说模式化预测），它认为是自身做不到的，并认为没有哪种社会科学可以做到。（这是一个复杂的问题，另外讨论。但只有做到了这一点的理论才有权指责)。出于具体目的进行的预测,如预测某种股票的价格,某次商机,或敌方的一次军事行动,人们在这个方面的成功却同这门理论学科没有什么关系,甚至可以说毫无关系,它对此帮不上忙。一般的策略分析或对策研究,其行动主体可能是个人或组织,也是从一定的价值观的制约下出发的,但并不见得包含有一个自觉的社会秩序理论的视角,并且运用了大量具体的实践知识。这种策略可能成功也可能失败,经常的情形是在个体和小范围内运用这种策略更容易成功,而在国家或大范围内运用则往往导致失败:管理学是成功的,但经济学是失败的;工厂的生产任务是完成的,但整个经济计划是失败的。对此提出的解释是作用于一种大范围的简单策略,无法集中广泛分散人群中的实践性知识,而对其在规范的层面分析的是将具体的、个别的价值上升为最高的价值,封闭了人类的价值体系中固有的二元对立所产生的活力和开放性。它认为对这些具体行动的评价,只有在一个已有的制度框架下对整体秩序之特征的考虑中才可进行。

因此,从一开始起,政治科学就不仅关注于解释和评价,它还集中于建立良好的扩大政治体制和改善现有体制的实践活动。——这样一种实践的政治科学的核心必然是对于组成一种理想政治体制的各种正式和非正式制度的设计。——宪政论这个术语还凸显出这种制度思想的主要特征:它倾向于设计或建立整体政治秩序和对这种秩序的改革。[1]

政治学不是一种通过解释多少现状、而是一种通过在多大程度上有助于我们将其运用于实践——如果我们想运用的话——来确立其价值的知识。[2]

哈耶克认为:"这种规则之所以趋于发展下去,乃是因为那些出于偶然的原因而采纳有助于形成一较为有效的行动秩序的规则的群体,会比其他并不具有如此有效之秩序的群体更成功。"[3] 即使他的这种说法是

---

[1] 斯蒂芬·L.埃尔金:《新旧宪政论》,载〔美〕斯蒂芬·L.埃尔金、卡罗尔·爱德华·索乌坦编:《新宪政论》,周叶谦译,三联书店1997年版,第26页。

[2] 〔美〕詹姆斯·W.西瑟:《自由民主与政治学》,竺乾威译,上海人民出版社1998年版,第63页。

[3] 〔英〕弗里德里希·冯·哈耶克:《法律、立法与自由》第一卷,邓正来译,中国大百科全书出版社2000年版,第158页。

完全正确的,也不具有实践的意义:如果我们将来灭亡了,这段话可以对我们为什么灭亡做出解释(采纳了错误的规则),但对我们当下最紧迫的实践要求即如何避免将来的灭亡并无帮助。

一些理论的论式是"因为……,所以……",而我在这里提倡的政治科学的论式是"如果……,就……"。也就是说政治科学要对公民和决策者提供帮助而不是仅仅满足于解释已经出现的社会现象,政治科学最重要的也不是做出预测,实际上大规模的准确预测往往是不可能的。在卡尔·魏特夫的《东方专制主义》那里因为某些特殊的地理和气候因素所以一些国家出现了专制制度,并且这甚至是不可避免的;而我们则是在某些特殊的气候地理社会等因素之下设想一种如联邦主义和普通法的司法制度,以解决这些社会的特殊问题。后一种政治学和前一种政治学方法论的预设前提是完全不一样的,前者似乎假设自己能够对历史作出全知全能的解释,后者不过是人们思考和解决问题的理论工具,其正确性取决于先验假设的内在一致和对经验因素把握的可靠性(永远不可能完全可靠,因此是可证伪的)。后者是更理论化的且因此知道自己不是真理本身,也是更具实践性的从而对人类的实践具有实际指导意义的。

对政治科学来说,它经常需要不满足于一种对既有复杂社会现象的描述和解释理论,它经常需要描述非现实的关系,即假设性的但极有可能的存在的关系,这样才能发展出应对复杂社会现实的制度建构。它要探讨真正可能的关系,即使这些关系并不实际。这就需要进行思想试验,将某种现实中并不存在的制度,在可靠的复杂现象理论中分析出它造成的结果是什么。选择或发明哪种制度进行思想试验,将受到思想者价值观的影响,对制度所形成的结果的评价,也要在一个价值体系中进行,并由此决定对制度选择与否。思想试验的进行,可能是价值观的变化,也可能是现有价值观不变的情况下,既定的制度不能有效地解决问题了。由这两个方面造成的制度变化,我都称为建构。下文联邦主义与治水秩序是相当抽象的理性重构,它可能无法在直观的层面进行。它描述的不是现实中存在的关系,而是现实中不存在,但相当可能的关系,但不是建立在一种人类可能比自身能做的更好或更公正这一理想或愿望之上的。①

立宪科学在18世纪有两个伟大的发现,即亚当·斯密看不见的手的理论和美国宪法设计的诸原则,这可能是迄今为止立宪科学最伟大的发现。前一个发现着重阐明社会秩序的效率是如何可能的,后一个发现着重如何制约权力。那么这两个发现是否可以结合,是否可能用自发秩序的思想来研究美国立宪者所创立的联邦主义。在亚当·斯密那里分立的财产权利安排制约了专横的权力,或使某个权力的专横程度不至于暴虐,同时社会后果却是国民财富的增长与人类福利的提高。这样我们就发现了权力制约与效率能够相容的一种可能性:制度作为一种人工制品可能达到这样一种境况,即在某个范围之下,在某个限度之内,制约权力与效率是相容的。政治科学家的任务就在于探索这样的人工制品存在的可能性,这也是制度设计者的任务。美国宪法和《联邦党人文集》是人类政治领域一项创造性突破,这个突破之一就是复合共和制的政治理论。在此之前的人类历史上,人们普遍认为民主只能在小范围的共和国内实行,对面积广阔的地区的治理模式则只能采取自上而下的帝国式统治,也就是说自由和大国是不能相容的。体现在《联邦党人文集》中复合共和国(compound republic)或联邦共和国的理论则可以解决这一矛盾:同一个地域范围,可以同时属于重叠存在的两个或两个以上的共和国。所有这些共和国的政府都是直接面对公民个人的,每一个公民,同时都是两个乃至数个共和国的公民。每个共和国都拥有独立的但有限的权力,同时也存在某些交叉的管辖权。这种思想和由此形成的制度,就解决了自由与大的空间范围的矛盾问题。② 这个任务可以同汽车的制造设计者相类比,由于人类的需要,要求速度,也因为人类的境况是石油资源是稀缺的,汽车的设计者们这样规定自己的任务,设计一辆既省油又快速的汽车。至少他们部分地达到了自己的目的:相比于现实当

---

① 〔美〕詹姆斯·W.西瑟:《自由民主与政治学》,竺乾威译,上海人民出版社1998年版,第64页。

② 参见 Vincent Ostrom, 1991. *The Meaning of American Fedralism—Constituting A Self-Governing Society*, Institute for Contemporary Studies, San Francisco, California. 尼尔·里默:《宪法与1787年政治领域的一种创造性突破》,载〔美〕肯尼斯·W.汤普森:《宪法的政治理论》,张志铭译,三联书店1997年版。

中的一辆汽车而言,他们造出了另一辆车,后一辆比起前一辆来是即省油又快速的。尽管有某些条件的限制,他们还是发现一种引擎的存在,在这种装置之下,省油和快速不是矛盾的,而是相容的,甚至在某种情况下,速度快反而省油。类似的制度设计也就是发现这种可能性,以最好地服务于人类的目的。这就是某些制度作为一种人工制品的含义和"如果……就……"政治科学的意义。如果制度设计提出的是彻底的无政府状态,在其中政治权力完全不存在,但是也没有效率。换一种思路提出"如果……就……",如果可以证明在权力完全集中的情况之下,不仅权力极为专横暴虐,效率也是极低的,那么就出现了完全正当的制度变革的要求。对制度变革的要求不能以国情特殊而加以拒绝,一辆在平原上快速而省油的汽车在高原上行驶可能熄火,但并不能说明高原上只能使用牛车,通过对汽车内部机制的研究,那么在高原上行驶快速且省油的汽车就是可能的,在现实生活中这也是可以看到的例子。尽管自然科学和社会科学不同,社会科学面临的是远为复杂的问题,这样的类比仍然有一定的合理性。

政治科学的上述努力有助于化解政治领域的价值冲突。詹姆斯·布坎南提出了立宪选择当中的宪法利益和宪法理论的问题。宪法理论指的是规则的工作机制,是可以通过理性的讨论加以阐明而得出一个确切结论的问题。宪法利益指的是不同人们的偏好,不能理性地决定何种偏好为优,利益间的冲突只能通过利益间的妥协来解决,本文的着重点是在宪法的理论方面,且认为人们在制度选择方面的冲突相当大程度上是对宪法理论的不理解所致,宪法利益的妥协是内在探究的道德哲学的任务,毕竟我们对于何为正义何为不正义的规则有相当程度的共识。[1]许多看来是价值观的冲突,实际上并非是真的,至少不是终极价值观的冲突,哈耶克就认为他同社会主义者的分歧不是终极价值观的分歧,而是可以通过科学阐明的问题。

政治科学的知识,至少就其基本制度之评价和建立的一部分而言,

---

[1] James Buchanan, 1991. "Interests and Theories in Constitutional Choice", in James Buchanan, *The Economics and the Ethics of Constitutional Order*, Ann Arbor (MI), University of Michigan Press, p. 51.

是高度理论化的知识,而且正是高度的现实主义决定了它的高度理论性。反理论的观点恰恰是最不现实的,比起其他生物,如果说人类在实践上取得了较大成就的话,那也正是他们运用理性和抽象能力进行建构的结果,反理论的观点不是拒绝对人类的实践进行指导(这正是描述性的社会学经常发生的情况)就是进行错误的指导,所谓过犹不及。立足于特定目的的策略手段,通常被人们认为是注重实际的选择,因而被认为是可取的,这种视角是极为褊狭的,在很多时候实际上是并不现实的,因为常常带来实施者也并不希望出现的后果。所以需要有一种对社会秩序抽象性的整体把握,人是理性的动物这一事实使我们在进行抽象的把握时不能够拒绝方法论个人主义,所以经济学对于政治制度的讨论具有至关重要的意义。在正义与规则的探究中,人们运用内在一致性批判摒弃旧的原则发现新的原则是一种建构,在价值体系给定的前提下,人们运用理论模型设想"如果则如何"的理论形式也是一种建构。政治科学需要高度地运用抽象,是由它的任务决定的。政治科学,牢牢地把关注焦点放在整体秩序和基本制度上,这是由它的任务和局限性所决定的。它不能进入策略学和技术科学的领地,不能解决后者的问题。

宪法的设立或基本政治制度的选择可以在如下的情形下进行:政治科学在规范探究的基础之上,尽管可能只是承认正义的原则存在,具体正义原则的内容有待于填补明朗,但其关注焦点在基本政治制度的选择与评价上,是建立在关于整体的社会秩序之形成的抽象理论之上,吸取了人类社会积累的大量经验知识,这样宪法层次上的分析就得以展开了。这种分析既是规范的也是理论的,并且是置现实于可能性的经验分析,它为公民和决策者在基本制度层面的选择提供帮助和建议,从而同一般的策略分析是不同的。宪法的建构是理性的事业,但是在把客观正义视为既定,而非全面构建具体正义的情况下,这并非理性单独可以完成的任务。

这样一种政治科学,肯定不能满足社会学家的好奇心,甚至也不能满足一般公众对社会科学提出的提供解释的要求。但就改善我们的现实处境所能利用的知识而言,这种政治科学却是极重要的。诚然,马克斯·韦伯比詹姆斯·布坎南更睿智,甚至更伟大,但经常是我们只能利用后者的理论改善我们的政治制度设计。我这么说,并不是否认其他理论的意义或劝告他人放弃在这些方面的探索。这种政治科学不得不设定边界,决不意味着任何从我这里受到一点启发的学者不能越过边界。我这样一种对政治领域的思考方式,不想成为通常意义上的社会理论或社会学,如果这种思考和它指导的实践能够成为某种社会学研究的对象,我也就满足了。诚然,社会学也给我们提供了一些确切的知识,甚至更能满足我们的好奇心,但就我们的目的,尤其是我们当下所面临的实际问题以及出于对它的特定关注而言,这种政治科学对通常意义上的社会学采取了一种回避的态度。这种政治科学尽管吸收了现代最新发展的理论,但其取向却相当传统。在这种理论之下,孔子和柏拉图不被看作是纯粹的历史人物,而是被看作超时空的对话者,它探究这样一些问题:什么是正义?如何实现正义?政府如何实现有效的管理?所以可以把它看作是古典政治学的继承者。

附录:第二、三章的简单回顾与小结

下面这些内容不知道放在什么地方更合适,这些话是对前面第二、三章的简单小结,也直截了当地表达我的研究取向。

我相信,读者和我的关注焦点始终在中国将如何确立其基本政治制度方面,而且这种说法似乎也是众所认可的:中国本是一个极端的经验(极端经验究竟是什么意思,下文我还要说)。我也承认,我所面临的情况是那些启发了我理论灵感的学者们从来没有面临过的。那么为什么要提出一种看来极为抽象或极为一般性的概念,而不是去研究中国的实际状况?看来似非而是的是,正因为最现实,所以才最理论。我想上文对宪政联邦主义概念本身的叙说已很大程度上回答了这个问题,但还有必要继续说一说。

我已说过经验就是理论,所谓中国是一个极端的、特殊的经验,也只是一个直观的说法,只是在和西方接触之后西方人视角下的一个理论。在 1840 年之前,这个问题在中国根本就不存在。现在,我们竟学会把西方人看待我们时必会产生的一个极不完善的理论,看成是我们的经验,以为其中有多少实在并可以作为我们实践的基础,其实那根本就不是什么经验,反而是极差的理论。我们绝无可能直接把握这种经验,所依赖的只能是基本理论的深化,并仔细挑选相关的具体因素。我感到最奇怪的是，西方似乎从来没有以和我们相比的特殊性来作为政治实践的依据。我们怎么会把他人对我们的情报当作我们行动的指导呢，并且学会以他人的眼光看我们自己，物化我们自身，从而丢失无论是道德上的还是知识上的实在呢。这可能是后发展国家后发劣势问题的一个根源。价值相对主义、历史主义、唯科学主义，发源于西方，但其后果却作用于东方。哈耶克的《通向奴役的道路》是写给英国社会主义派的人士看的，却一度成了前苏联、东欧异议认识的圣经呢。计划经济将发展中国家的人民推入深渊之中，在西方出现的不过是宏观经济政策和社会福利制度的争论。对福利社会出现了罗尔斯的宏伟道德辩护，而哈耶克也同意作为普遍权利存在的社会保障。某些社会福利制度在经济学和政治科学的检视下应当取消或改变形式，因为它们至少犯了规范直接应用的错误，实际上也正在这么做，如英国工党的转向。中国的古人并不比现代某些时期的中国人做得更坏，在我们主流的道德言说传统中，无论有现在看来多不人道的具体规范(如对妇女的片面道德要求)，却没有出现为大规模人口屠杀辩护的历史合理性理论。如果我们有社会科学的话，也就是司马光《资治通鉴》的水平了，但没有奴隶制与封建制历史分期的所谓问题。确实古代中国从来没有发展出适应大规模交易的法律框架，但乡土社区却发展出了某些复杂的财产权利体系(如田底权与田面权)，更没有产生全面计划经济的思想。问题是，对内生发展过程中的人们来说，他们是把正义当作正义，把理论当作理论，而后来者却把经验历史当作正义和理论，前者在粗糙但正确的理论指导下实践，后者在精致但错误的理论指导下实践。现在，从中国国情特殊论出发而拒绝变革，这并非是现实主义的，而是在知识论上犯了显而易见的谬误。

　　为了彻底摆脱价值相对主义和历史主义的幽灵，对后发展国家的政治学学者而言，至少在元理论的层次上，他们必须提出更抽象的理论，对方法论的反思要超过西方同行，否则难以避免后发劣势，导致实践主体地位的丧失。既然真正的实践是理论的而非历史的，发展中国家的学者只有在元理论的层次上更深挖掘，达到更抽象的程度，才能指导本国的实践。这样就是内生的现代化或社会秩序的理性化以及伦理理性化。现代化必须是内生的现代化，否则不可能实现真正的现代化。政治科学的本土化就是政治科学的彻底理论化，西方汉学家和中国问题专家辛勤工作的方向恰恰是关心本国实践的中国学者们所应该避免的,我对所谓"调查研究"也认为应提出反思。

本文所说的超实证批判和一种政治科学对政治的综合性思考,同我对古典自由主义核心的理解是一致的。这里的一个主题是近代政治哲学论证的悖谬性,即不承认价值独立于任何个人且具有理性的指导的地位,相反却认为有可以完全脱离规范判断的独立工具理性的可能。不再把正义当作正义,以正义之名要求正义,反而试图以理性的或科学的名义来论证价值。其极端者即是发展出不同形式的意识形态深度解释学,追求解释的愿望超过了其合理的限度,已陷入麦克尔·波兰尼所说的"道德倒位"的形式,而价值本身的意义却被遗忘,从而这一寻求解释的运动忽略和曲解了最重要的实在和真理。探究何为正确的规范,本来是人类最有意义的活动之一,并不能因为探究方式不同于通常意义下的科学活动而受到贬斥。上述看法可见于哈耶克建构理性主义和演进理性主义的区分,"唯科学主义导致价值的毁灭最终也导致理性自身的毁灭"的阐述中,以及波兰尼所指出的"我们对科学知识的发现和接受乃是对我们所持的某种信念的寄托"。我不同意价值判断仅仅是一种个人的喜好,无所谓对或错。这些立场包括坚持对虚无主义的拒绝,而极权主义是最极端形式的虚无主义,这同当代的自由主义者以赛亚·伯林是所同不胜其所异。与通常的理解不同,我不认为诺奇克式的政治哲学是古典自由主义的,而认为诺奇克和罗尔斯有更多的共同点。上述所涉及的问题当然复杂和艰深,这里所提出的仅是对这一至关重要问题的线索。我所理解的古典自由主义其"古典"性就是面向古典的政治哲学,既包括中国的也包括西方的古典政治哲学。就中国而言,则要求恢复我们传统的主流道德哲学的言说方式,即恢复我们固有的道德哲学的论证方式,并在经验历史中通过对我们所继承的传统进行内在一致性的批判来发现何为正确。古典自由主义不承认价值中立的社会科学的可能,但是如上所言的古典政治哲学反而为一种相对独立的政治科学的发展留下了可能。这种政治科学及其发展所建立起来的制度学知识和政治实践实为古典自由主义最重要的历史成就。古典的政治科学或"立法的科学"是同孟德斯鸠、斯密、休谟、联邦党人文集作者、托克维尔的名字联系在一起的。在现代,哈耶克无疑是这一传统最伟大的政治科学家。古典自由主义制度建设方案包括普通法司法、联邦主义、权力分立与制衡、司法审查等,以及实际上可以包含于上述政体方案的私人财产权利体系。这就是我初步理解的古典自由主义的"古典"性,它是面向古典政治哲学,并继承和发展古典的(特别是 18 世纪的)政治科学。在中国的传统上,我们可以是孔孟儒学和顾炎武式的经世致用之学的结合。古典自由主义的古典一词主要是指思想观念的性质和品质差异,只是在次要的意义上同其思想产生的时代有关,因为在现代当中我们分明也可以坚持古典。

古典自由主义是建立在对道德原则毫不妥协的信奉之上的,这并不意味着在现实当中对某项具体权利毫不妥协的坚持,而是就抽象意义而言,坚持道德原则的绝对不可化约性。更重要的是,古典自由主义建立在十八世纪立宪科学的两个最重大发现上,并将这两个发现的理论逻辑坚持用在制度评判和制度改变上。因此,神学自由主义的引入丰富了我们的道德言说传统,使我们对正义规则的内在探究有更坚实的基础,却不足以取代我们对政体形式选择的理性探究,后者明显需有另外一套理论工具,需要一种对社会整体秩序作出解答的理论工具。宪政联邦主义的创立和维系,最重要的是需要一种具有高度自我意识的政治科学,其挑战主要是来自智力上的。它依赖于我们一般的道德言说传统,但并不需要一种特殊的宗教学说,神学自由主义可以丰富我们的道德哲学,但宪政联邦主义不完全建立在它之上,各种宗教的传播丰富了我们的道德探究的语言,但不是宪政制度创立和维持的先决条件。这两章的论述也同于哈耶克《法律、立法与自由》一书的副标题——"关于正义的自由原则和政治经济学之新论述"——所表现出来的旨趣,这一副标题在汉译本中被忽略了。哈耶克的自发秩序思想是古典自由主义智识原则一个最新的推进,无论如何都不可能损害古典自由主义的另外一个方面:对客观正义的信奉。

超实证批判和政治科学这两种既相互规定又相互支持的思考可以作为我们评判和建构宪政联邦主义制度的适当基础。

第四章　宪政联邦主义制度的初步论述

本章开始论述宪政联邦主义的制度，它不是根据常识或根据法条分类的联邦制，而是本文第一章提出的概念中的宪政联邦主义制度，因为我们不可能直接看见已成为"联邦制"的事物。前面几章提出的理论可以作为论述宪政联邦主义制度的基础。这些理论是基于人类的可理解行为提出的理论，人的有目的行为和"应"、"是"判断的区分可以被视为两个假设，但这是不可能被证伪的假设，是我们工作的基础，对此求助于心理学没有多大帮助反而只是犯了化约主义的错误。这里关键性的概念是超实证批判和作为政治科学全部问题核心的自生自发的社会秩序和自生自发的规则，通过正确的描述者和超实证批判的实践者视角的转换，将自生自发的规则同客观的正义规则联系起来，二者是内在一致的。我从此出发提出的具体结论，在内在一致性方面或在相关具体因素的选择方面可能是错误的，但这不可能是因为时空因素（历史的变化和地域的不同）而有效或无效。基于时空观点的相对主义本身也是不可证伪的假设，但同我们全部的语言本身是矛盾的，而且从中不能导出任何有实践意义的观点。

在这一章中，我没有直接论述宪政联邦主义的制度，先论述的是宪政政体。本文继承的是传统的宪政论和当代广义的宪法政治经济学，并试图梳理出这些论述的脉络（价值论和知识学），宪政联邦主义的论述是不能脱离这些脉络而单独进行的，它的价值基础是人类广泛而源远流长的道德论述传统，仅是其知识学某些部分的发展导致制度建构出现了传统宪政论不曾完善论证的形式。宪政政体是更一般性的概念，宪政联邦主义可以是宪政政体的一种特殊形式，从价值论和知识学两个方面分析，一般意义的宪政政体也适用于它。在本章的后半部分和下一章才论述宪政联邦主义制度的特殊内容，即宪政政体的制度构成中的联邦主义，在这一章中，我将首先在地域性多层级政府的意义上探讨它，接着在更抽象的层次认为经过发展的联邦主义概念可能是宪政政体制度构成的一般原理。

宪政政体制度构成的一些方面，比如中央层级政府的三权分立与制衡、司法审查制度等,在发展了的宪政联邦主义的知识学视野下可能会得到更好的分析,并且可能在制度形式上有某些新变化。另外,普通法的司法制度也可能会因此得到更好的理解,本文对这些都没有作出论述。

一、宪政政体的论述

（一）宪政政体的概念

上述对超实证批判和政治科学的讨论有可能使我们建立一种政体分析的视角,即从价值论和知识学构成两个方面进行分析,并有可能形成一种理想政体形式的初步设想。这种理想的政体建立在非历史、非经验的价值基础之上,无论对具体规范的理解是什么样的,价值标准总带有超验的性质,对规范的内在探究体现于构成政体的系列制度当中,并且这些制度得到了正确的理论知识的指导,是在正确的实践推理之上建立起来的。"我们能够说的是新宪政论必须是实践合理性的运用,也就是适合对于制度能够并且应当加以结合的政治与社会实践进行判断的推理,而且也许它的整个任务就是界定这种合理性的实质。"[①] 这些知识重要的是对社会整体秩序或多或少的正确认识,如建立在人的有目的性行动上的理论,人行为动机的机会主义问题,以及人的无知和知识在社会的有效利用问题。我所提倡的政治科学正是为了帮助基本政治制度建设这样一个努力。上面的简单分析似乎在确立一种新的政体分类标准,以政体的价值论和知识学构成来作为划分政体的标准,本文确实在尝试这么做。不同的价值论和知识学的组合,在理论上可以形成四种不同的政体分类,如本文所说的理想政体,而价值相对主义(一切价值都历史、经验地相对化,结果就将历史、经验中事物变成了绝对)和历史主义或唯科学主义的结合,并由此构建的系列制度则形成另一种政体。价值的不同可以还原为超实证性与否;知识学的对立则比较难以说明,似乎可以从哈耶克坚持的两种理性主义——演进理性主义和建构理性主义的区分获得启发。但这有些太偏于哲学认识论色彩了,需要在具

[①] 斯蒂芬·L.埃尔金:《新旧宪政论》,载〔美〕斯蒂芬·L.埃尔金、卡罗尔·爱德华·索乌坦编:《新宪政论》,周叶谦译,三联书店1997年版,第40页。

体的研究中指出后一种知识进路的错误所在,不过我不必先急于做具体的辨析。我们在此也不必先急于确立这些制度的细节。开始的阶段先确立这样一个基本的草图,下面需要为理想的政体找一个合适的名称。另外,已有一些政体划分的标准,而本文似乎又提出了一种过于抽象的标准,为什么要这么做呢?

我准备把这种理想的政体称为宪政政体(constitutional regime or polity)。尽管在政治思想中存在着语词的滥用或语言的混乱,但不像民主、自由、共和这些词,宪政主义或宪政(constitutionalism)的基本含义迄今为止仍是比较明确的,所以我感到宪政政体一词能够表达我想表达的意思。宪政一词尽管由于宪法一词(constitution)在词源上只是指系列法规汇编这一松散的、形式的含义①,但宪政主义一词具有不可排除的应然性含义② 和系列制度设置的含义③。《布莱克维尔政治学百科全书》的宪政主义词条④ 也说宪政主义(该词典翻译为立宪主义)至少有比较注重形式和比较注重实质两种含义,一种只是指制定宪法(而不管这些宪法的内容如何)的实践,是指一些精选的纯粹法律规范;另一种视宪政主义为建立和推动某类政治制度的实践,这类制度包含有体现有限政府原理的规则。它们通常包含有保障政治或经济权利和自由的法案或宪章,以及旨在保护个人不受国家侵犯的其他结构特征。宪政的含义亦见于"从定义上看,一切立宪政府都是有限政府……宪政具有一个根本的性质:宪政乃是对政府施加的一种法律限制;宪政乃是专横统治的反命题;宪政的对立面是专制政府,即恣意妄为的政府"⑤。我国学者刘军宁在《共和·民主·宪政》一文中指出,宪政强调限政和对基本权利

---

① 萨托利甚至认为这一含义先于其保障性的含义,这一说法是缺乏历史根据的,是对亚里士多德的术语 politeia 的误译。参见萨托利:《宪政疏议》,载刘军宁等编:《公共论丛》第1辑,三联书店1995年版,第100—120页。

② 同上。

③ 参见〔美〕斯蒂芬·L.埃尔金、卡罗尔·爱德华·索乌坦编:《新宪政论》,周叶谦译,三联书店1997年版。

④ 〔英〕戴维·米勒、韦农·波格丹诺编:《布莱克维尔政治学百科全书》,邓正来等译,中国政法大学出版社1992年版,第172页。

⑤ C.H. Mcllwain, 1958. *Constitutioanlism: Ancient and Modern*, revised edition, Ithaca, N.Y., p.21. 转引自〔英〕弗里德里希·冯·哈耶克《法律、立法与自由》第一卷,邓正来译,中国大百科全书出版社2000年版,导论第11页。

的保障,宪政精神是用法律的手段使政治家对公民采取服责任的行动。在制度结构意义上而言,宪政导致审慎的决策和有活力的政府。① 宪政主义同某种宗教传统(虽然是某种宗教传统,但其包含着普遍正确的价值探究的形式法则)有着历史的和现实阐述的渊源,这就是宪政的宗教之维。必须指明,"它(宪政)植根于西方基督教的信仰体系及其表述世俗秩序意义的政治思想中"②。考文研究了"高级法"的理念对美国宪法史和宪政理论史的意义及它对美国政治体制的塑造。③ 伯尔曼揭示出神法(教会自然法)与世俗自然法之间的紧张,是西方法律形态演化的决定性动力因素④。《新宪政论》尤其强调宪政制度设计者的视角,"鉴于这些论点,宪政理论也是一个实践推理的问题:这种理论的重点是设计政治制度和把它们结合成可行的整体的适当方式"⑤。宪政主义的这些含义在我们的语言中具有相当的确定性,我感到不能找到比宪政政体更好的词来称呼我的政体分类标准中的理想政体了。宪政这一术语在价值基础和制度设计两个方面都能更好地表达一种含义或至少是可用于发展这些含义的。

其他学者也使用了宪政政体一词,但同本文所建立的概念并不完全相同。斯蒂芬·埃尔金在《宪政主义的继承者》一文中⑥,用一章的篇幅谈了宪政政体,但他似乎没有提出明确的分类标准,他的目的不是在更一般视角上的分析,而是一个针对当代西方政治实践而对传统宪政论的改进,也许,我所说的已是他未明言的预设。这种预设明确提出,对中国的政治实践可能仍有极大的必要。另一些学者,将宪政政体与民主政体、共和政体并列,认为现代西方自由民主政体或宪政民主政体是宪政

---

① 刘军宁:《共和·民主·宪政——自由主义思想研究》,上海三联书店1998年版,第94—135页。
② 〔美〕卡尔·J.弗里德里希:《超验正义——宪政的宗教之维》,三联书店1997年版,周勇、王丽芝译,第1页。
③ 〔美〕爱德华·S.考文:《美国宪法的"高级法"背景》,强世功译,三联书店1996年版。
④ 〔美〕哈罗德·J.伯尔曼:《法律与革命——西方法律传统的形成》,贺卫方等译,中国大百科全书出版社1993年版,第634页。
⑤ 斯蒂芬·L.埃尔金:《宪政主义的继承者》,载〔美〕斯蒂芬·L.埃尔金、卡罗尔·爱德华·索乌坦编:《新宪政论》,周叶谦译,三联书店1997年版,第155页。
⑥ 同上。

政体和共和政体或民主政体的结合。① 这些作者将宪政政体与权利保护及特定的一些制度如权力的分立与制衡、司法审查联系起来。我同这些作者的不同是用词上的而非实质上的。我认为,他们是在较狭窄的意义上使用宪政一词的,我指的宪政政体具有更一般和抽象的含义。在我的分类概念里,自由民主政体是宪政政体,某个非民主的政体(如光荣革命后英国的政体)也是宪政政体,当然我也同意前一个是更好的宪政政体。宪政民主是一种宪政政体,而不是民主政体,是将民主因素纳入宪政的政体,而不是宪政政体和民主政体的结合。当然我这么说是定义的逻辑使然。我提出这么抽象的划分标准,是因为我感到仅仅依靠自由民主或宪政民主政体的概念,对中国人民的政治实践来说可能不很足够。同常识分类中联邦制一样,这些概念的经验含义太强,并对我们制度建构的方向可能有不利的影响,比如仅对制度进行简单模仿或复制,而不知其所以然。

"政体类型——如自由民主政体或君主政体——不是一种实际的、具体的政体,而是一个概念或一种抽象。"② 因此,我大概不用对我的抽象感到不安。但关键是,"这提出了这样一个问题——为什么我们制造出一些指出一般思想的概念。其原因不仅是为了寻找和描述实际的事例,而且也是为了在行动中帮助我们自己"③,我的这种抽象能够在我们的实践中帮助我们吗?

宪政政体的概念在理论上对宪政政体和反宪政政体(特别是在价值论和知识学上双重谬误的极权主义政体)做了清晰的划分,对我们的直观经验和常识却无法作出这样清晰的分类,而其他的分类方式却有这样的特点。君主政体、贵族政体、君主政体对我们经验的某一个部分建立了一个清晰的分类图景。自由民主政体、极权政体、威权政体的概念,尽管也是抽象的理论,但较符合我们的直观和常识。不过这种问题,在自然科学中也同样存在,在日常生活中,我们把钻石和黄金归为珠宝一

---

① 参见刘军宁:《共和·民主·宪政——自由主义思想研究》,上海三联书店1998年版;〔美〕詹姆斯·西瑟:《自由民主与政治学》,竺乾威译,上海人民出版社1998年版;毛寿龙《民主、共和、宪政的均衡》,见网站 www.wiapp.com。
② 〔美〕詹姆斯·西瑟:《自由民主与政治学》,竺乾威译,上海人民出版社1998年版,第60页。
③ 同上书,第256页。

类,但在化学上,将钻石和石墨(比如铅笔芯)归为一类,因为它们的成分都是碳。这种不同的分类,可以说出于不同的实践旨趣,后一种分类,对珠宝商来说,可谓荒谬绝伦,但没有后一种归类,我们不可能有人造钻石技术实践的发展。我的分类标准并不排斥其他分类标准的发展,毕竟在日常生活中,我们需要一些不那么抽象的分类标准来保证共同的理解和实践的合目的性。而且我的抽象也大大依赖于那些不那么抽象的分类,例如我经常谈到经验一词,但实际上我认为,任何经验都是理论,经验是我们达到了共识,共同理解不再有问题的理论。对这篇文章的读者和我来说,对我写这篇文章用的电脑,不发生理解的歧异,它是一个直接的经验(因为我们有对理论的共同理解),但对原始人来说,它不过是个奇形怪状的东西(我们和他没有对电脑的共同理解,但有对什么是东西的共同理解)。我基本同意哈耶克的看法,"看似矛盾而实际正确的说法是,我们称之为历史事实的东西是真正的理论,在一种方法论的意义上,它们恰恰与具有理论性的社会科学所建构的更抽象或更一般的模型相同的特征"[1]。组成我们社会科学事实的,正是这些或复杂或简单的理论。因此,我的分类,是对较复杂理论的分类,而不是对较简单的理论(即直观经验和常识)的分类,因此它更具有理论分析的方法论意义,而不是合乎我们日常经验的较直观的分类,后者因为不同的实践目的需要一些其他的理论。而且,这种分类可能把直观分类中不同的事物归为一类,如把1750年的英国政体与快变成经验事实的概念如自由民主政体归为一类。这也就是建构一个特别的模式,而与通常的模式不同,当然后者也不是直接的经验。理论就是抽象,没有抽象至少也不会有合目的的实践。如哈耶克所说,"拥有这种有关重要关系的恰当的模式,使我们对事件之概貌产生了一种感觉,它引导我们对环境进行观察"[2]。因此在具体的研究进行之前,理论手段的准备就是至关重要的。打比方说,这是用一幅最近精心打磨过的眼镜,观察曾经被精心打磨过但现在成了我们眼睛的一部分的眼镜所看到的事实。宪政政体的

---

[1] Friedrich August Hayek, 1948. *Individualism and Economic Order*, Chicago: University of Chicago Press p.71.

[2] Friedrich August Hayek, 1967. *Studies in Philosophy, Politics and Economics*. London: Routledge & Kegan Paul, p.18.

概念，既涉及到对常识和直观经验的归类，更是一个着重分析性的概念，它指导政治实践，审视现有政体的不完善。如同自发秩序的概念，在方法论上，自发秩序的概念严格区分了自发秩序和组织秩序，并说明了前者的优越性。在直观的层面，除了一些极端的情形，自发秩序和组织秩序并无法严格区分，因为人行为的目的性，实际上任何组织秩序也都是自发的秩序，任何社会主义也都是资本主义，实际上只存在好的自发秩序和坏的自发秩序而已。但这么说，并没有消除这个理论对组织秩序的批判力度，而是任何经验中的秩序无论我们愿意称之为自发秩序还是组织秩序，都可以用自发秩序的方法论进行分析。

宪政政体的概念有利于揭露最极端的反宪政政体，突出其与人类最基本的道德共识和生活常识相背离的性质。不过经验中最极端的反宪政政体毕竟少见，我们面对的可能是一个建立在等级制上的贵族政府，等级的存在本身又限制政府运用专断的权力；古希腊城邦式的民主政治，但对民众大会本身有很薄弱的程序制约；甚至中国古代的王朝，也承认皇帝要遵从天理和圣人之言。依据极端反宪政的理论建立起来的现实中的政体，随着时间的推移，会因为群众的日常语言实践使其价值推理含混化，不那么教条的领导人的常识则使制度混杂化了。面对上述情况，宪政政体的概念提供的意义是提供政治思考和实践的方法论，而不是在经验当中突出善恶之间的对立。因此，其理论上的严厉却导致实践上的温和，对现实中的政体往往抱着批判——改良的态度，但却不是无原则的妥协和犬儒主义。而且，即使我们不知道是否把某个现存的政体称为宪政政体，这种方法论的含义仍然起作用，如果我的目的是让我的台灯变得更红并且大致知道如何做的方法时，我可以暂时不理会我现在的台灯是否红的争论。

我们需要提出一种足够抽象的宪政政体概念，是因为自由民主政体的概念，仍有一个在我们需要阐明，在西方可能无需阐明的前论断性层次。这是一个需要还原到更抽象层次理论的理论，对我们仍具有太多历史的意味，是在我们眼中的他者的历史和经验，并可能因此继续开启西化派和本土派的无益争论，对我们的实践而言并没有足够的帮助。当我们提出一种足够抽象的理论，使自由民主政体能够成为它所处理的经验材料时，我们可能拥有真正的后发优势。面对中国的政治体制改革，问题不是现实中欧美的自由民主政体是否应当且可能,而是一般意义上的宪政政体对中国是否应当而且可能。宪政政体在中国是否有可能?是否最初步的道德共识都没有可能,最低限度的权利保护也不可能?如果我们对此哪怕只有超过语义水平的多少共识,怎样通过权力的安排,即政治机构的制度性设置,来最大限度地化解可能的利益冲突,并实现良好的治理。后者毕竟取决于我们理性的努力,是政治科学可以发挥最大效用的地方。如果使宪政政体在中国成为可能,要解决哪些困难,要消除哪些障碍?即使我们花了这么多的心思和努力,我们对权利的保护水平和人民的人均福利,和有些国家相比仍不能令人满意,那我们已经做了我们所能做到的了。经验中宪政政体的权力安排是否能够解决中国面临的特殊问题?如果不能,一种发展了的宪政政体的构成制度,如下文提出的联邦主义和普通法司法制度,看来有点奇怪,却是合乎逻辑的结论。理论上真正可能的,在实践上也必定可能。

宪政政体的概念代表了道德哲学和政治科学双重的探究精神,无论是具体的权利内容还是制度设计都是开放的,并不拘泥于已经出现的现实中的具体形式。

(二) 宪政政体的优越性

宪政政体的生命力在于其价值基础内在的紧张性,要求规则内在探究的制度化或审议的立法(而非讨价还价或利益集团的博弈)制度化,制度设计要体现一致同意原则(布坎南)、在不确定状况下的选择(布坎南)、在无知之幕之后的选择(罗尔斯)以及在一种宪法模式中立法议会和政府议会的严格区分(哈耶克)。而另一方面政治科学的引入使制度设计不是从规范出发的简单推理。在此视角之下,甚至对哈耶克设计的宪法模式[①],即立法议会只负责制定正当行为的规则,我们也可以在一定程度上提出批判。事实上,在理论上正当行为的规则和政府出于特殊目的的法令可以严格区分开,在实践上未必如此。而且尽管制度设计最大限度地保证了立法议会的成员成为公平的审议者,但他们仍然要克服不可避免的无知问题,如果他们制定的规范过于原则,那么就需要合适

[①] 〔英〕弗里德里希·冯·哈耶克:《法律、立法与自由》第二、三卷,邓正来等译,中国大百科全书出版社2000年版,第17章。

的而非简单的司法推理,需要借助法官在长期实践中发展起来的司法理性。因此,即使是设立了专门制定正当行为规则的立法议会,良好的司法制度,如普通法的司法制度的引入也是必需的。宪政政体使得人们明白具体的公民权利的规定不是一蹴而就的,在某个宪政范围之内,如中国,一项在北欧的小的宪政范围内为其公民所普遍享有、且行之有效(没有引起社会效率的很大降低)的福利制度没有推行,甚至对知识产权和名誉权的较弱保护,并非不正义。在政体的层次上,不存在直接大规模引进立法的问题,但立法议会、行政当局、司法人士却可以仔细地研究他国的具体法律,从中获取灵感,甚至直接引进。这样在政体层次上,从一个外在的观察者眼中看,具体规则的出现就具有自生自发的性质。这种政治科学的视角也使我们避免简单地看待传统的权力分立与制衡问题,它并非纯粹的分权,维尔的《宪政与分权》对此批评甚详①。《联邦主义者文集》作者认为,孟德斯鸠的著名政治格言并不要求立法、行政和司法完全互不相关,不同权力的相互混合是必然的和必要的。"如果我们查看某些州的宪法,我们会发现,尽管这个原理使用的是强调的、有时甚至是绝对的字句,但是这几个权力部门却没有一个绝对分立的实例。"② 但是,我绝不认为增进政府行动的效率或保证协调可以通过自上而下的等级命令体系或理性官僚制解决,至少大部分情况不是这样,这种观点应用了错误的政治科学,否则彻底的无政府倒是更好的解决方案。仔细地分散权力,不仅是对政府专制的制约,也是为了提高政府运作的效率③,"把分权看作是能使政府职能更有效地分配和组织劳动分工的一种形式是有益的。专业化改善了每个人的绩效。……跟其他宪法条款一样,分权仍然是增强治能的:它能够使交叉管辖的问题得到解决,能够解开不明确的命令链并有助于克服致命的功能混乱"④。

政治科学会随着人们对理论的不断反思和实践的变化而深化,因此

---

① 〔英〕M.J.C.维尔:《宪政与分权》,苏力译,三联书店1997年版。
② 〔美〕汉密尔顿、杰伊、麦迪逊:《联邦党人文集》,程逢如等译,商务印书馆1980年版,第248页。
③ 〔美〕詹姆斯·西瑟:《自由民主与政治学》,竺乾威译,上海人民出版社1998年版,第213页。
④ 〔美〕史蒂芬·霍姆斯:《先定约束与民主的悖论》,载《宪政与民主——理性与社会变迁研究》,潘勤、谢鹏程译,三联书店1997年版,第254页。

宪政的具体制度形式并不是完全确定的。宪政政体这个术语是一个概括的术语,有时不能表达出人们在分析政体形式当中一些更加细微的含义和表达。宪政联邦主义就是反映了宪政政体形式某个方面的更加细微的表达,同样我们还可以说宪政分权体制,宪政独立司法体制,它们都更好地表达了构成宪政的制度在价值上的承诺和在结构方面的知识含义。宪政政体的制度形式包括可实施的刚性宪法、权力的制约与平衡、联邦主义、司法审查制度等等,但并不局限于已经出现的形式,在它的思考逻辑之下,可供选择的政体形式是不断发展的。例如联邦主义的概念,联邦主义是指在一个宪政范围内多政府单位的存在或纵向分权的含义,它不仅限制了权力而且使权力得到有效的使用。联邦主义可以发展为不仅指其传统的形式,还指多中心治理的概念或多重独立的政府的同时存在。这样,不仅中央政府和次一级政府之间的关系是联邦主义性质的,并且依此类推,次一级政府和联邦成员政府之间的关系也是这一性质的。联邦主义还在其中阐明这种多中心治理的模式对解决人类所面临的复杂问题的效果。当然我们还可以使用一些用语,比如说宪政民主,宪政共和国等来描述某些宪政政体形式的更加特殊的特征,宪政民主是指在这个政体当中,普遍的公民政治参与占有重要地位以及最重要公职经公民普遍选举产生。宪政联邦主义,并不一定要和普遍的民主选举相联系,如果选民的人口只占成年人当中一个较低的比例,那么拥有此种形式的政体虽然可以称作是宪政联邦主义的却不能称作是宪政民主的。自由民主政体或宪政民主政体是宪政政体的一种,不能和宪政政体并列,宪政政体甚至可以超越自由民主政体。对一个具体的政体而言,并不需要把每一种可能出现的制度构成都纳入其中,因此并不是每一个国家都要采用美国的三权分立制度,也不是每一个小国都要采用联邦主义。但是对中国这样一个大范围的政体而言,尤其需要进行审慎的设计以避免一种直觉的制度建设。这种制度建设很可能是从规范当中直接推导出来的,是规范的简单应用,或者是对他国制度不知其所以然的简单模仿,因此同样的制度在他国可行的在中国就不可行了。

　　宪政政体的概念有利于我们辨析民主主义和共和主义。如果民主主义是指人民主权只是自在之物,那么宪政政体同民主政体在价值论的含义上是相同的,但民主政体没有独立可靠的知识学基础。纯粹的民主主义者将合法性惟一地归属于某个范围的多数人,这和宪政主义是对立的,宪政政体的的价值论含义在于没有将正义的来源单一地归结于任何现存的经验的事物,不把正义归结于任何一个人、一群人,也不归结于根据经济或者血源定义的阶级。即使宪政主义者同意人民主权论,他们也拒绝认为是人民议会至上,或者某个人群中的多数至上这样的在经验中有效的陈述。宪政主义同意法律至上,但这里说的法律并不是现实中的具体的法律条文,也不是法官或法院至上这样的说法,而毋宁说是带有超越意义的自然法至上。因此民主不是能与宪政并列的概念:民主政府(公民直接或间接普选产生行政或立法机构领导人)是宪政的制度设置之一,而不能和宪政政体本身等同,更不是在其上。经验中民主的价值在民主之外,对民主的追求是有条件的,对宪政的追求是无条件的。一种纯粹的民主主义,无论在价值上,还是在知识上,都经不起检验。多数人决定并不因为多数本身而获得合法性,其合法性在另外的地方,多数人决定还要受到知识上的严格检查。简单的民主至上思路在价值上要把某个现实的人民视为神圣不可侵犯的(但现实的人民是由各种各样的自私且庸常的人们组成的),进一步就会要求将现实中的某个机构如民选议会视为至高无上的,因为它们代表着人民。纯粹的民主政体形式源于一种思路极为粗陋的政治学,可以说自古及今这种粗陋的民主政体形式从没有实现良好的治理也没有实现真正的公正。因此,对宪政主义者来说,在规模巨大的宪政范围内对基层直接民主的强力提倡和对在中央政府层面实施民主的审慎(尤其在初期发展阶段),内含的逻辑是一致的。宪政政体的结构形式使它在较少的民众参与之下就可以较好地实现正义,促进深思熟虑的决策和有活力的管理,它的制度设计也较少地依赖于共和政体所需要的美德。这样,政治体制改革选择宪政政体为基本的取向之后,民主主义的内容可以逐步加入并受到宪政政体形式的制约,并逐步发展为一种成熟的立宪民主政体。但无论如何,制度设计的重点是通过深思熟虑建立宪政政体,其中的某些设计还要依其基本逻辑进行深化和发展以解决特殊国家如中国所面临的问题。

  对于共和主义来说,健全政府的先决条件是公民愿意将他们的私利服从于公共利益,共和主义认为人们可以通过讨论最终公民的身份避开私利并从事于谋求公益。但是共和主义的美德观念需要对何为公益做出实质性的判断,需要对什么是公共利益达成一致的共识。但是,要判断什么是公共利益,美德可能不是足够的,更重要的是知识上的限制使得这不可能。除了少量的事物之外,要公民们在全国范围内判断何种行政举措符合公共利益是不可能的。共和主义的传统方法是培育美德以保证私人利益不占上风,宪政主义考虑问题的方式是其价值基础并不定位于一种特殊的共和主义美德,它建立在任何一种传统的道德论述的超实证含义之上,而且认为美德是稀缺的,问题是怎样在稀薄的美德中建立一个良好的政体,而不是政体的运作发生问题时求助于美德来解决。相对于共和主义的均衡政体的简单概念,宪政主义思考的着重点在对于政体形式的复杂考虑上。当然在小范围内,共和主义的原则仍然具有生命力,小范围内的人们充分地自治,人们间的相互交流和直接参与公共事物可能形成一种共同体的美德,关键的是,在其间公共利益的辨识是可能的。但范围扩大之后,不同的共同体的利益可能是相互冲突的,这就需要建立更为抽象的治理方式,例如建立代议制的民主,甚至是哈耶克所说的立法议会,建立独立的司法体系等等。

应当区分这两个方面,一是公民们确实存在着美德,制度设计应当有助于公民们培育这种美德,在宪政政体中对公民美德的培养,当然是一个非常值得考虑的因素。二是在制度的设计中,制度的缺口不应期望由决策者或公民的美德来加以填补。即使在实际上我们不可能设计出完全不需要美德的制度,在制度设计中对美德的节约应推向极致以不能再前进为止。对问题的第一个方面的考虑,不能否定第二个方面的考虑,原则一不是反对原则二的理由。

在宪法制定和立宪选择中,宪政政体的概念为理性定下了它所可能胜任的任务,并澄清了宪法的含义。

在政治改革或政体选择当中,我们必须确定哪些是理性当下就可以解决的问题,哪些是开放的必须留在一个渐进的过程中才能解决的问题。政体的基本构架是当下适于理性谈论的问题,是单纯依靠理性就可以部分解决的问题。而具体的权利内容或具体的正当行为的规则,因为这其中隐含着人类社会的价值,单凭理性的讨论是不能确定的,它需要在一个内在的探究过程中逐渐地被发现,并取决于我们面临的具体的情势。对合适的政体构架的讨论,理性可以使人们达成一致的意见,尽管这需要有一个基本的共识存在,即对规则的探究是从内在观点出发的,或保持一种二元世界观。不过,在我看来这在每个民族和每个文化当中都是没有问题的。基本政体形式的确立并不能决定该政体中所出现的具体的权利内容是什么样的,正如在市场经济体制的确立下,我们可以说这个体制实现了有效的资源配置,但该体制将多少资源用于生产电脑又将多少资源用于生产女士的发卡我们是无从知道的;也正如一个良好的学术生产体制的确立,它包括独立的相互竞争的学术机构的存在,或基本的行为规范的确立,如不得剽窃等,但并不会决定学者们要用何种方式进行努力,每个学科的具体的学术规范是什么,何种内容的学术研究是好的。

这样产生的对宪法的理解就有些不同于常识了。宪法并非完备的可以从中用逻辑推理的方式推导出整个权利体系的事物,有时宪法条文本身的规定也证明了这一点。如美国宪法第九条修正案:本宪法对某些权利的列举,不得解释为否定或轻视由人民保留的其他权利。宪政政体的着重点在宪法对于制度框架的设置和对诸政府间关系的规定。我们希望得到的终究是一种权利保护的状态,而不是纸面上的权利。美国虽然有一部成文宪法,但美国制宪者制定宪法时,着重于政制架构的安排以形成诸政府、诸机构间相互依赖、相互制衡的关系。当然制宪者们不唯着重于诸机构、诸政府间相互竞争制衡所形成的自发性的政治过程的良好后果,他们也着重于政治过程应当是审议的过程,以及在这一过程中分立结构的安排如何有助于正义规则的发现。可以说,在宪法中公民政治自由所依赖的保证,是政府的设计——关于其权力行使、结构安排使政府明智且负责任地行动,而不是它的序言和后记(权利法案)。用哈耶克的话来说,"即一部宪法,从根本上来说,乃是建立在一先行存在的法律系统之上的一种上层架构,其目的在于用组织的手段实施那个法律系统"[1]。不过我们也并不轻视宪法中权利法案的意义,只是要对之有一种适当的理解。宪法中的权利法案是具体权利和规则的形式原则而非实质规定,它体现了人们对一种普遍的价值观的追求。最好是将其

---

[1] 〔英〕弗里德里希·冯·哈耶克:《法律、立法与自由》第二、三卷,邓正来等译,中国大百科全书出版社2000年版,第212页。

看作是确立了对权利进行进一步探究的语法形式或前文所说的一个符号系统。这种权利宣言书,作为道德的陈述,隐含着一种二元世界观并陈述着一些命令。把道德陈述写入宪法增加了宪法的神圣性,表明人类要追求正当性,所以这部分内容可能少有争议。它为权利的不断解释和达成新的共识提供了可能,而且,即使不是实在的陈述,也至少提供了正确的语法。实际上人们又对它有一个在现实意义上的最低限度的共同理解,所以它在一个最低的限度上又具有实在法的含义或成为其来源。宪法可能写上保护私人财产神圣不可侵犯,这些话并不能告诉我们一个人在多大程度上可以自由地使用他的土地,例如他能不能在土地上建起高墙。但这句话往往有其最低限度的共识性理解,例如无故侵入一个人的私宅是不合法的。宪法所保证的人权必定远少于人类应当享有的权利,例如人在公共和私人生活中理应受到礼貌对待的权利,从内在探究的观点来看这是应当的,但却不为宪法或一般法律加以保护。

将宪法制度视为一种人造物,一种偶然的存在避免了对理性的滥用。本文从头到尾谈的都是试图建构一种政治制度,是从多种可能的制度集合中选出一种制度,这是否犯了哈耶克所批判的建构理性主义的错误呢?并不是这样,正是将政治制度视为一种人造物视为一种偶然,才消去了国家具有的神圣性使之服务于人类的价值,成为实现人类价值的工具,这样才真正做到了恺撒的东西归于恺撒,耶稣的东西归于耶稣,不将任何耶稣的性质归于恺撒。政治制度成为理性批判的对象,这样国家和社会的分离才在坚实的基础上确立起来。一如本文一再论述的那样,价值的批判是从超实证观点出发的内在批判,价值最终归元于一个超验的领域,最终的价值并不服从于因果率,最终的价值是没有原因的价值。即使从描述者角度看,价值也不在于国家,而是存在于一个社会广泛流传的道德论述传统当中。将政治制度视为一种人造物已经含有了人类理性之限度的意义,理性在此并不试图重构整个价值体系而是试图做到如何才能成为实现价值的工具,并且反思在这样做时其限度在哪里。这种观点肯定了政府和政治领域的有限性,政治并不比人类活动的其他领域具有更高的特权,当说到建构基本的政治制度时,我的观点仍然是从工具性观点出发来看待这个问题的,是从人类所能发现和建构的基本规则,对人类活动后果的影响和在其中产生的其他一些复杂规则的适应性来谈论的,并不是试图在根基上重建一些价值。

二、宪政联邦主义制度的优越性

这一部分论证宪政联邦主义制度的优势。这是通过理性重构联邦主义下的秩序模式来进行的,这些模式具有抽象的甚至很难被经验所观察到的特征,模式本身不能等同于真实世界本身。重构的目的是为了进一步澄清这些模式的制度条件,或者至少可以比较哪些制度是不利于这些模式的,因此使得对联邦主义的制度构件的认识进一步完善。例如竞争联邦主义模型对于现实世界中阻碍其发挥作用的条件的注意是有用的,如果我们把这些模型既看作分析的也看作规范的,我们就得到了行动的指导——宪法和政策方面的建议,以塑造现实世界的条件使之更好地符合模型并因此获得收益[1]。通过这样的详细讨论,我们将逐渐明白宪政联邦制在现实中的形态和若干维系条件,这样我们就接近于实际的宪法设计工作了,但本文并没有过多地在此涉足。下面从对政治权力的制约与平衡以保证政府守法,对公民需求的回应性和公共品提供的效率,以及同国家统一的关系等方面阐述宪政联邦主义制度的优越性。

(一) 对权力的制约与正义规则的维护

立宪设计中重要的一点是,并无外在的手段可有效地维持宪法规则,实施和维持规则的工具本身也必须被建构出来。人不会天生就遵守规则,相反若有利可图,他们就会违反规则。因此,我们必须找出这样的规则:在大多数时间遵守和维持它们对大多数人来说是有利的,而违反规则不能带来太大的利益。

宪政联邦主义的要点是权力来源独立的多政府单位的存在,公民基本权利的规定,不仅制约中央政府也制约地方政府。宪政联邦主义解决了法治的难题,法治如果是指在立宪选择之后政府和人民都受到宪法的制约的话,那么下面这些问题就必然发生:政府和政府领导人也许会承诺遵守法律,但是他们的承诺如何会变得真实可信呢?在宪政联邦主义的体制之下,多个政府单位的存在,造成了互相制约的局面。如果一个

---

[1] Thomas R. Dye, 1990. *American Federalism—Competition Among Governments*, Lexington Books, D.C. Heath and Company, p.190.

政府单位违法,这时违法对于它来说是收益大于损失的行为,对于其他政府单位来说,因为彼此的独立性使其他政府单位处于这样一种状况当中,他们不可能成为违法者的同谋,因此能够成为制约性的力量和公平的审议者。联邦政体的这项优点,在古典作家如孟德斯鸠、麦迪逊和现代竞争联邦主义理论中都得到了论述。

孟德斯鸠说,联邦共和国不仅能够对外保持威势,国内也不致腐化,防止弊害,"如果有人想在联邦共和国内篡夺权力的话,他几乎不可能在所有各邦中得到同样的拥护。如果他在某一成员国中获得过大的权力的话,其余诸成员国便将发生惊慌。如果他把一个地方征服了的话,则其余还保有自由的地方就要用尚未被篡夺的那部分力量来和他对抗,并且在他的地位确立以前把他粉碎"①。麦迪逊的表述则是:用相反和竞争的利益来补足较好动机的缺陷,这个政策可以从人类公私事务的整个制度中探究。② 特别地,对美国的联邦制度来说,"在一个单一的共和国里,人民交出的一切权力是交给一个政府执行的,而且把政府划分为不同的部门以防篡夺。在美国的复合共和国里,人民交出的权力首先分给两种不同的政府,然后把各政府分得的那部分权力再分给几个分立的部门。因此,人民的权利就有了双重保障。两种政府将相互控制,同时各政府又被它自身所控制"③。

现代作者们,特别是公共选择理论家们,发展出了精致的竞争联邦主义模型④,认为联邦主义多政府单位相互竞争为公民—纳税者提供公共服务,类似于竞争性的市场秩序。联邦主义不仅是全国和州政府之间的竞争,它也是州政府之间的竞争,进一步地,它是包括地方政府的所有政府单位间的竞争。

---

① 〔法〕孟德斯鸠:《论法的精神》上册,张雁深译,商务印书馆1987年版,第131页。
② 〔美〕汉密尔顿、杰伊、麦迪逊:《联邦党人文集》,程逢如等译,商务印书馆1980年版,第264页。
③ 〔美〕同上书,第265—266页。
④ 参见 Thomas R. Dye, 1990. *American Federalism—Competition Among Government*, Lexington Books, D.C. Heath and Company;迈克尔·迈金尼斯主编:《多中心体制与地方公共经济》,毛寿龙、李梅译,上海三联书店2000年版。

竞争联邦主义的类市场模型,起源于图伯特的研究。①图伯特认为,消费者—选民能选择最好地满足了他的公共物品偏好模式的社区,这是地方性公共物品同全国性公共物品提供上的一个主要区别,消费者—选民能够移居到当地地方政府最好地满足了他的偏好的社区。社区的数目越多,其间的差异越大,消费者就越接近于完全实现他的偏好。移居是保证公共服务结果接近适应个体偏好的机制。图伯特模型的基本假设是:每个不同地区向他们的居民征不同的税和提供不同的一揽子支出;假设移居是没有成本的,并且完全的信息是可得的,则个人和公司将迁移至他们的偏好被最好地服务的地点;同样地,消费者将完全凭意愿和能力将他们的收入花费在不同的物品和服务方面。居民在各个社区间的移动,迫使政府间展开竞争以变得更有效率地提供公共产品。

托马斯·戴总结联邦主义——多个有独立地位的政府对其辖区内人民的福利承担着重要而且自主的责任,所形成的政府间的竞争有一些这样的价值:(1)公民们偏好得到更大程度满足;(2)政府们变得更有效率并以最低价格提供优质服务;(3)限制公共部门的规模和政府过度供应公共物品和服务的倾向;(4)地方政府们对消费者—纳税人的公共政策偏好有着更高的责任心;(5)限制过重的税收负担和非比例税的征收;(6)鼓励经济增长和个人经济状况的改善;(7)鼓励公共政策中的创新和实验。②

竞争联邦主义的分析模型有着重要的制度含义,这是竞争联邦主义维系的制度条件,例如:地方政府被宪法保障的自主地位和责任;公民能够获得关于地方政府所提供的服务和成本的信息;公民的移居不能受到阻碍;政府开支的成本与其辖区内获取的税收要匹配;社区间的外部的或外溢的有害和有益影响不能太大,政府间不能形成垄断同盟。

总之,竞争联邦主义的提倡者希望依靠自发性的政治过程来实现公民的自由保护与福利提高的良好后果。无论如何,竞争联邦主义的秩序模式构成了宪政联邦主义论证的一个重要方面。

---

① Charles M Tiebout, 1956. "*A Pure Theory of Local Expenditures*", Journal of Political Economy 64 (October), pp.416—424.

② Thomas R. Dye, 1990. *American Federalism—Competition Among Government*, Lexington Books, D.C. Heath and Company, p.175.

在古典作家的笔下,联邦制结构除了在不依赖于掌握权力的人的动机而有良好的社会后果和对人民权利的保护外,还有促进政治审议性的作用,也就是联邦制结构有利于在政治过程中发现正义,使正确的判断得以出现。孟德斯鸠说:"如果联邦的一个成员国发生叛乱,其他成员国可以一起平乱。如果某个地方有某些弊端产生,其他健全的地方则予以纠正。"① 麦迪逊认为联邦制结构本身的特点使得政治中是非更容易根据正义来判断,"在难以决定正义在哪一方的情况下,两个短兵相接并且要把一个州加以分裂的狂热派别,除了未受地区狂热影响的联邦各州代表以外,还能希望有什么更好的仲裁人吗?他们会把友情同法官的公正结合起来。如果所有政府都能享有这种矫正缺点的办法,如果能为全人类的普遍和平作出同样有效的计划,那将是多么可喜的事啊!"②

这样,"无知之幕"不仅是正义原则的探究程序,也是在制度设计当中的一个设计原则,正如一个与嫌疑犯没有关系的陪审团在理性的自利的考虑之下能够恰当地决定嫌疑犯是否有罪一样。

对于宪政联邦主义来说,权力的多中心使得司法审查制度成为其内在的组成部分,这使得宪法得以维持而且法律在其中也进一步得到诠释、深化和调适。当然不能认为法律的条文可以一劳永逸的起作用,规定了权利就必然会引起权利的争执,而需要在诉讼当中使权利得以澄清。

对于联邦主义结构促进审议性政治的优势还需要进一步研究。

(二) 宪政联邦主义制度的效率

一项公正(当然是在程序意义上的)而且可以得到良好实施的规则,可能是荒谬的,中国古代的科举制度经常就是这样。宪政联邦主义最重要的意义之一就是它在公共管理和公共经济中的效率。社会问题的解决,我们当然要首先依靠在法律下、在市场上私人间的互动来解决。但是我们总需要集体的行动,尤其是在中国这样的国家,人们的活动具有高度的相互依赖性,例如治水、例如灌溉农业的存在。政府提供的公共

---

① 〔法〕孟德斯鸠:《论法的精神》上册,张雁深译,商务印书馆1987年版,第131页。
② 〔美〕汉密尔顿、杰伊、麦迪逊:《联邦党人文集》,程逢如等译,商务印书馆1980年版,第225页。

物品和公共服务是广泛和重要的，因此仅仅说小政府是无济于事的。但是政府仅仅究竟有多大，公共物品的规模和范围有多大，是不可能事先决定的问题。在何时、何地、以多大规模、提供什么样的公共物品给什么人，这个问题，不是已经有了答案，而是永远也没有固定的答案对这个问题的回答，是在一个过程中完成的。那么是由中央政府集中决策好还是由许多政府各自分散决策好？

在联邦主义的秩序模式中，可以分离出一种特征：联邦主义政府间关系的内在复杂性产生多中心互动的情形。较之中央集权制，联邦主义政府单位间信息传递的维数随政府单位的增多成幂次增长，因为每个单位有被宪法性法律所保障的自主行动范围，呈现出不断相互调整，以适应因为其他单位行动而变化了的情势。在联邦主义制度中，所传递的信息的性质也具有非常不同于中央集权制的特点：是一个政府单位在规则下自主行动对其他单位所面临环境的影响，而不是层层报告（哪怕是真实的详尽统计和其他材料），成为最重要的信息，因此导致了各个单位间不间断的相互调整。这对公共政策和公共物品的提供、公共服务的性质有什么影响？特别需要注意的是，这一部分关心的主要不是制约权力腐败问题；政府可以负责地做事，重要的问题不是怎么做，而是做什么？政府如何形成提供什么样的公共物品的决策。联邦主义不仅是作为制约的机制也是作为发现的程序，这两者是相互联系的，但有些微妙的不同。前者关心的是怎么做，后者关心的做什么。前者的阐述可以运用标准的微观经济学，后者可能必须借助奥地利派的经济学。联邦主义的政治过程是一个发现的过程。公共物品的提供具有一个无限的可选择集，其中的比例和方式的选择也是无限的。那么在任何时点，什么是合理的公共物品提供呢？它是各政府单位相互竞争的产物，更一般地说，它是诸权利主体包括各政府单位，相互调整他们行为的产物。这种相互调整，在标准的市场上，形成了一个非常容易观察的变量——某种财货的价格。在联邦主义的政治过程中，也形成了行动者据以行动的标准，它较价格要抽象，但是较公共物品本身要具体，它是各政府单位行动的可靠指导，离开了这个过程，我们更没有办法寻找什么是合理的公共物品提供的标准。这种认识具有极端的重要性，传统的中央集权制政府下秩序的衰败，不仅是因为权力不受制约，更是因为其政治过程不具有发现的功能(经常这种功能还受到对官员严格制约的损害,是所谓荒谬的正义)。如果关注于顾炎武关于明朝政制的研究,对此就不会惊讶。①

大致说来。大部分的公共物品实际上都有一个特定的受益范围,不同的公共物品具有不同层次的地方性,因此应该由不同层级的政府来提供,联邦主义下的中央政府只负责最广大范围的公共物品的供给。重要的是,提供公共物品的决策是充分分散的。一种公共物品的供给如果经法律认定没有外部性(事实上的外部性是无所不在的,因此没有讨论的必要),只是特定地域的人群自己的事,并没有一个可事先规定的标准加以限制。在上述情况下,公共物品的供给是有效率的。在这样一种充分的自治的情况下,个人的自尊和生活的意义感将得到更大的满足。

为什么说宪政联邦主义的公共治理是有效率的呢?首先它没有直接建构政府行动的方案,也没有规划一套政府行动的秩序,相反,在它看来要规划这样一套行动秩序所需的知识是人类所不可能得到的,而且认为在宪政联邦主义规则下的行动秩序我们也无力作出全面的实质性描述,例如使用新闻记者或历史学家的语言所进行的描述。只要我们的大脑还以个体的方式存在,那么任何人也无力去阅读这种全面的描述,对于这种行动秩序我们所能给出的只是非常抽象的形式化的模式的描述。宪政联邦主义关心的是规则的建构,如某个政府的行动范围、(在和其他社区的关系上)它的某种行动法律规定是否有外部性等。建构规则也是一件困难的事情,但要比直接追求某种社会后果容易得多。二是在宪政联邦主义的制度设计中,由于独立的多政府单位的存在和互动以及独立的司法系统的存在,权利体系的调整是一项日常的工作,是内生的。也可以说在其中存在一种自生自发的演进的规则体系,对这整个规则体系的具体内容我们也无力作出全面的描述,但显然描述这套规则体系要比描述那套具体的行动秩序要容易得多。三是宪政联邦主义真正有意识的建构是在第三个层次上(这也是本文所讨论的),即构建一个

---

① 参见顾炎武:《郡县论·一》。"封建之失,其专在下;郡县之失,其专在上……今之君人者,尽四海之内为我郡县犹不足也。人人而疑之,事事而制之,科条文簿日多于一日,而又设之监司,设之督抚,以为如此,守令不得以残害其民矣。不知有司之官,凛凛焉救过之不给,译徭代为幸,而无肯为其民兴一日之利者,民乌得而不穷?国乌得而不弱?率此不变,虽千百年,而吾知其与乱同事,日甚一日矣"。又参见《日知录》卷8、卷9《乡亭之职》等条。

服务于自发的行动秩序和自发演进的规则体系的构架。此一构架的知识论基础来源于人类知识的本质是认识无知的哲学。正是在这些意义上，我们说和此构架相联系的那个展开了公共治理的行动秩序是有效率的。为什么它是有效率的，因为它充分利用了地方的、个人的知识。中央集权制的政府下的专业官僚来为地方人民制定规则，规则不仅失去了它需要民主审议必须是公正的这一特性，而且无论官僚们如何专业，往往是同地方性的经验知识相隔绝的，因此规则还可能是荒谬的。土地肥沃、人烟稠密的长江三角洲地区和青海荒芜的戈壁滩上，土地法律的具体内容也显然不同。它是有效率的，因为它能够为产生政治企业家（不同于行政等级中的官僚，在公共事物和公共规则上有所创新的人）提供了空间。

当然有人会提出，对于公共经济、公共服务的提供而言，是否在一个中央集权的中央政府层次进行分权和民主监督就可解决效率问题。这个问题是重要的，但同联邦主义的设计是不同的，上面这种设计部分解决了中央政府官员不滥用权力的激励问题，但激励问题的解决不意味着信息问题的解决。就经济学当中的激励与信息问题而言，在我看来实际上大部分的激励问题和信息问题是紧密相关的，在许多情况之下，我们唯有在一个更为基本的层次上进行制度的仔细建构，这一问题才得以澄清。在联邦主义的环境下，分立的公共企业和公共组织内部如有败德行为者，就可能被淘汰掉或显出明显的劣势，因此可以指望在分立自主的结构内部自发地形成（站在宪政联邦主义的最高层次上看）解决激励或败德行为的机制。

我们人类是在无数的规则下行动的，这是一个基本的事实。但是，这绝不意味着，我们可以把所有的规则都做出明确的阐述，并使之形式化。大量的规则是不可能也不必要明确阐述的。每一个家庭、每一个企业、每一个小团体都有大量的非正式的复杂规则，这些规则往往是不可明确表述的，也不见得有严格的可实施机制。每个人都拥有唯有他个人才能应用的不可形式化的规则或者说默会知识，这种情形随着人类专业化和分工的发展而更加显著。人们的决策，无论是个人的还是集体的，至少其中最重要的一些在中性的意义上都具有冒险和投机的性质，即是一个试错的过程。股市投资者买进一支股票，企业家上马一个项目具有这个性质,科学家开展某项课题的研究,教授选择一个研究生,社区领导人建立一所学校也具有这种性质。他们做出正确决策的概率不仅依赖于一般的形式化规则,更主要的是依赖于他们所拥有的因为长期工作于某个领域积累的经验。人类理性的应用不等同于一种随机性的事件,我们也不把人类的成就解释为某个历史理性发展的结果,人类获得的成就是在一般规则下人们大量主观决策的结果。从这个意义上说社会是复杂的,面对这种复杂情形一个单一的权力中心是无力处理的,把所有这些规则予以明确化也是做不到的。人类理性的发展也依赖于可以形式化的、可严格实施的因此也是简单的规则。例如在上述情形中个人的退出权就应该有更高程度的形式化和可实施性,很可能越是基本的层次,越要求更形式化和可实施的规则。使人们的试错性质的主观决策的后果得以显现和及时对决策进行调整,需要使个人有一个自由行动的范围和使决策造成的损益局限在一个相对狭小的范围内,如果不是局限在决策者个人身上的话。这就需要建立个人财产权利体系和分立自主的结构。使分立自主的结构得以可能的规则是更高层次的规则,应该有更高程度的形式化和更严格的可实施性。如果政府的行动也被视为非常复杂的,政府官员的决策也具有同样的冒险和投机的性质的话,那么就不得不在更为基本的层次上建立更明确的严格可实施的规则。这些规则必定是通过设立分立自主的结构来解决信息问题和复杂的政府行动所带来的协调问题。如果没有这些规则将不得不在每一个细部都发展大量的繁复条文来限制政府官员的行动。但"法令滋繁而奸宄多有",中国古代的中央集权制也是依法治国的,有大量繁杂细致的条文限制官员们的行动。我们是在解决信息问题当中解决激励问题,而不是在解决激励问题当中解决信息问题,后者经常产生荒谬的正义。宪政联邦主义不仅意味着对政府的制约,也是对政府的解放以发挥政府成员的创造性和利用他们的专有知识。这样的规则对中国来说在建立对政府行动制约的同时实际上也焕发了几万个政府单位的活力。通常我们语言所说的不同的职能是我们建立的概念,用于对于事物分类而不是实在的事物本身,规则更有可能区分不同的机构,每个机构权力的界限(否定性的)及每个机构拥有的制约其他机构的权力,而不是将不同的职能进行的分配,因为前一种规则更具一般性和可操作性。也许着重的应是分立的结构在规则下的互动和互动的结果,每个机构拥有否定性的权力以达到制约和平衡,而不是列举详尽的职能,因为这是不可能的。建立在现有制度的运行已经取得的经验上,我们只能对一些职能进行明确的划分而不是全部,如行政机关不可能审判犯罪,人大也不可能讨论一个工程的可行性。需要说明的是,宪政联邦主义并不会因此带来效率的降低,各级政府是在法律之下竞争和互动,它们可以作为普通法人参加法律诉讼。就如同说在一个市场上其他企业组织的存在不会妨碍某个企业的管理效率一样,我们也不能够说宪政联邦主义制度的框架之下会妨碍某个政府的运作。需要强调的是尽管分权和竞争的优越是先验性的,但具体的规则内容必须在实践当中进行检验,所以,基本规则的稳定也是相对的,它只是在一个较长的时段稳定,制度的稳定或者说制度均衡,是因其本身就稳定的,理性的经济人的行动就足以使制度稳定。但本文还是强调日常语言实践的审议功能,以做出新的制度选择,打破制度均衡。

我们面临的问题是高度专业化和社会治理的复杂性所带来的协调问题,此种协调问题绝不是通过建立集中控制的等级结构所能解决的。无论这一结构的最上层是一个人还是一个民选议会还是法官,无论如何他们都不是全知全能的,由于知识的限制,依靠这样的决策程序出现正确结果的概率是成幂次降低的随机性事件。设想一下人大代表审议三峡工程,如果要求代表们都有能力审议的话,这就要求他们成为相关领域的专家,但是这同一批人如果有能力审议关于治水方面的议案的话,那么他们就可能没有能力审议关于金融方面的法律,这样一个议会也必然不可能是一个民主选举所产生的了。因此问题就是规则的层次性问题,通过追求更高层次的规则的合理性来实现复杂的协调问题,规则的层次越高不意味着更复杂反而是应该简单。正是靠更高层次规则的一般性、普遍性和易知易晓的性质,在规则行动之下的各分立自主的机构才可能发展他们内部更为复杂和专业的规则的合理性。因此需要发展的是怎样才能有一套规则体系,人民或人民的代表可能监督各个高度专业化的机构的行动,而不是去做出高度专业性的判断。在普通的市场上普通的消费者也不可能对各种商品的功能有专业的知识,如某种药品、某种软件、某种电脑的 CPU 处理器等等,消费者能够放心地消费这些商品是因为有一般性规则和竞争的存在。在以前的年代里中央政府还必须解决这样的问题，比如说要拿出多少比例的钢来生产妇女用的发卡，这实际上是无人可以解决的问题，而相对简单的规则制约下的市场过程，在持续的调整当中解决了这一问题。同样，实际上中央政府也不可能合理地决定三峡工程是否可以上马，因为这首先实在不是一个工程技术问题。在联邦主义的结构之下，多个政府单位代表着不同的利益群体（上游、中游、下游的人民、从砍伐森林中获益的人、从围湖造田中获益的人、从修建堤坝中获益的人、从航运中获益的人、从发电中获益的人等等），在一个更一般性的因而也是更简单的规则下互动，那么三峡工程是否上马或以一个什么样的规模上马，受损者如何得到补偿，受益者如何付出，这一问题才有可能得到解决。

（三）宪政联邦主义与国家统一

联邦主义在中国可能引起的最大误解是它会造成分裂和割据。这是一种彻头彻尾的误解。联邦主义所依据的理论确实能够很好地解释相比之于中央集权，分裂割据所带来的有益后果，但不认为这种后果只有分裂割据才能带来，相反这种后果在宪政联邦主义下会更充分。这同葛剑雄先生的结论是一致的。作为一位历史学家，葛剑雄先生所达到的认识是值得我们这个最注重"以史为鉴"的民族思考的。本文更多是理论推理的产品，但同葛先生的结论竟有如此大的重合："昔日天下的历史完全证明：在统一政权中产生的消极因素和社会弊病的根源并不是统一本身，更不是统一带来的和平安宁和经济繁荣，而是政治制度，或者说是用什么制度来实现统一，如何统一，统一到什么程度。同样，分裂社会中存在的积极因素也不是分裂本身带来的，更不是战争和破坏所能造成的，而是冲击、削弱了旧制度的结果，是外力迫使中央集权制度暂时或局部解体的副产品。"[①]

联邦主义是宪政政体的构成制度之一，它关心在一个宪政范围内公民基本权利的保障和宪政政体的稳定。中央政府不仅被赋予重大的职能（至少如外交、国防），也有独立的执行手段和相应的制度设计（如独立的税收来源）。它反对规范的直接应用，因此如上文所说，对联邦成员的退出权问题持审慎的立场。对公民最低收入保障和宪政范围内公

[①] 葛剑雄：《统一与分裂——中国历史的启示》，三联书店1994年版，第243页。

民自由迁徙问题的考虑表明了联邦主义上述的立场。

即使在今天的中国,我想在最低的限度上户籍制度和作为公民基本权利的社会保障的巨大不平等也不能够认为是合乎人们道德共识的和合法的。在一份网上读者(其中的绝大多数肯定不是农民)的调查当中,百分之九十的人肯定农民和城市居民同样的平等地位(资料来源:www.163.com 新闻频道:第三只眼:冷眼观潮:谁拿中国的农民当人?),因此至少在道德上否定了户籍制度的正义性。当然对这些问题的认识不仅仅是一个道德推理的问题,也是一个在不同规则之下长远的社会后果的认识问题。在中国,反对户籍制度也有出于经济的原因,只要我们不是以短期的后果而是以每个人的长远利益来考虑,就会发现不平等的户口制度等措施根本就会为社会带来长远的祸害。在当下中国制度的基本制约之下,城市官员和政策执行者的行为在扩大而不是在缩小城乡差别,追求政绩的城市官员们要提高城镇的最低收入水平,要救济城镇的失业,这样做的后果尽管从短期和个别地方来看解决了一些社会问题,但是制造了更长远的难以解决的问题,城乡的壁垒被进一步加深了,难道中国今后城乡间的分割将会像民族国家的边界那样不可逾越吗?这种政策增加了城市户口的租值,从而引起了社会资源的大量浪费。在国家不再强制分配高校毕业生去向之后,我们是否感到中国的高学历人才如此集中在北京等几个大城市的不合理之处呢?试想一下有多少人花费了多少精力而仅仅是为了求得一张北京市户口呢?而北京市户口中所包含的巨大的租值又有多少是人为带来的呢?但经济的理由也不完全,在现实条件下废除户籍制度必定会触犯某些人的利益。我最终诉诸的理由是户籍制度最终能否同一个宪政政体相容,既然利益间的对抗是必然的,那么需要问的问题是利益间的妥协是如何可能的,利益间的妥协需要在相关个体之间引入无知之幕或不确定性的因素,这样对公平的审议才是可能的。户籍制度不仅凝固了阶层间的利益而且凝固了地区间的利益,使利益间的妥协不可能,从而损害了宪政政体的稳定。"每州公民均得享受各州公民享有之一切特权与豁免权",乃联邦形成的基础①。

在自由迁徙条件下,在宪政范围内建立作为公民普遍权利的最低的生活保障应是中央政府的责任并因此而拥有相应的权力,否则居民用脚投票,会出现穷人高度聚集于某个政治单位,富人高度聚集于另个地区的情况,联邦成员间的竞争会使这项权利化会乌有或供应严重不足。这方面的详尽分析本文在此不多加涉及,对于再收入分配功能应由中央政府承担的论据,集中于穷人在不同地理方位的流动以及穷人对于不同地区间的最低收入水平的敏感性,如果存在于多个地区而某个地区试图进行一项激进的再收入分配计划,这样计划很可能导致穷人的流入和富裕居民的流出,这时居民的流动性就会很容易地使再收入计划的目标被挫败,事实上它很容易揭示出地区性的收入再分配计划,形成一种典型的地区间的外部性,这样就使对穷人的扶助处于次优的水平上。②既然是一种普遍权利,就不能有任何一点租的成分,一个人无论是居住在北京还是在甘肃都同样能享受到这份权利。关于最低限度的社会保障方面,有如何划定一个基准线的问题(在当前的中国当然绝不可能太高),在制度的实施过程中会遇到道德风险问题,即有能力生活得很好的公民有可能伪装成没有生活能力。但这项制度的确立,在建立市场经济进程中的中国有重大意义,它能够在相当程度上保持社会的稳定。公民拥有这样的最低生活保证,在他们进行决策时就多了一个决定他们预期的重要的变量,有助于公民做出更具有长远性的和更进取的生活计划。因此这项制度在整体上会增加经济效率(这仅仅是我的推断)。在中国现有的制度框架之内,有人认为,中国地区发展的极度不平衡与行政分权有关③,分权已超过底线,因此主张加强中央政府的权力。但是这种看法没有区分政治分权与行政分权,地区差距更深层次的根源是政治集权所带来的,比如说谁能设想北京同某一中部省份发展水平的差距是由于北京市政府享有了过高的自主权所造成的呢?宪政联邦主义同样关心所

---

① 〔美〕汉密尔顿、杰伊、麦迪逊:《联邦党人文集》,程逢如等译,商务印书馆1980年版,第401页。

② 参见 Wallace E. Oates Edited, 1998. *The Economics of Federalism and Local Finance*, Edward Elgar Publishing Limited.

③ 王绍光:《分权的底线》,中国计划出版社1997年版。

谓差距过大的问题,但它解决这一问题的思路不是直接改变社会现象的状态,如某一省区要达到什么样的发展水平,而是通过设定个人的权利如最低收入保障线等来实现。因为在宪政联邦主义的概念下,政府是人的政府,而非自然社会现象的政府或其他政府的政府。不通过确立个人的权利而直接凭集权方式来改变某一地区经济面貌的办法,将打乱人对自然社会环境的持续调整,从而带来严重的不效率。

在宪政范围内公民的自由迁徙和最低生活保障的权利,构成了在联邦主义政治架构下必然出现的各个政府单位间相互竞争的制约条件。自由迁徙和最低保障使地区间的竞争成为不充分的,但这是公民基本权利和使宪政政体稳定的必要的代价,地区间的竞争不能完全类比市场中个人和公司间的竞争。我们不仅是从正义出发,确立体现这两种权利的基本规则,也考虑这些规则的长远的后果。在中国,确立联邦主义的政治框架(在政治分权的意义上的地方自治)时,如果没有公民的自由迁徙和基于公民个人权利而非基于地区发展状况的再分配规则相伴随,是不可想像的,两项权利的确立对宪政联邦主义稳定而充满活力的运作是必须的,没有它们,联邦主义确实有可能加剧地区的冲突,甚至出现分裂的局面。但是,我们尤需注意,在极端政治集权的情况之下,居民不能自由迁徙因此人民不能融合,以及政治集权所带来的地区间发展的极度不平衡,实际上在酝酿着冲突和分裂的因素。通过继续加强中央集权的方式只能暂时掩盖并在长期中加剧这些因素。所以,对宪政联邦主义的实施所带来的国家分裂的担忧是完全没有理由的,相反这个宪政下的联邦共和国倒会非常稳固。

对当今中国面临的国家重新统一、地区性民族冲突和民族分离运动加剧的严峻挑战,上文所说的宪政联邦主义可能提供了最有潜力和最富长远意义的解决。它既没有剥夺地方人民的自治权利,是在政治分权的基本制度框架下,不需刻意实施的政策,人民自然地具有自由地保存和发展不同的文化传统的空间;它也没有牺牲普遍的宪政规范(因此,稳固地保持了中国作为一个民族国家的统一),没有那个地区可以实施政教合一的制度。针对我国复杂的现实情况,在宪政规范允许的限度内,实行一种差别性的联邦主义是可以想像和必需的。例如,某些特定的联邦成员享有更大的自主权(如货币发行权),以及有时间表的、逐步放松的单方面的限制移民政策(最终需要完全消除限制)。单方面的移民限制是为了照顾具体情况,有时间表的逐步放松是因为毕竟是同一个宪政下的不同地区,而不是两个不同的民族国家,长期剥夺人民的自由迁徙权是件不义不利的事情,并最终可能危害宪政政体的稳定。

(四)规则层次的问题

人类是通过概念来把握这个世界和相互交往的。概念不等于实在本身,但离开概念人们无法认识和表达。人们是在概念的层次上相互同意的,两个人都同意房间内有一张桌子,并不是说那个被称作桌子的东西在两个人心目中是彻底相同的。因此即使是二人情况下的高度默会性的知识和交往规则,也具有形式的特征,也不能视为彻底的自然。而在任何时代任何民族当中,像正义、好、客观实在这些最一般的抽象概念,尽管其默会的含义是十分不同的但是这些概念本身是普遍存在的,这些概念的默会含义也就是说经过阐明得出来的实质内容,在最熟悉的人们当中也不可能完全相同,而在最陌生的人们当中也不会完全不同。这样就导致我们考虑这样一个问题,即正义规则的形式化的程度和我们认识的抽象程度,有理由认为在宪政政体的最高层次上,我们只需要最形式化的正义规则和最抽象的对社会的认识。我想,可能正是在这个问题上没有突破,所以布坎南的宪法政治经济学停留于一致同意的规范原则和新古典经济学框架内的公共选择理论对规则的工作性质的讨论。一致同意原则并非是可以直接应用于经验世界当中的,在最基础的层次上,不同时代不同地方的人们都会同意正义也都会同意好,而宪政政体的建立,并不需要对这种同意有太多的默会的实质内容,甚至有一点内容就可以了,这样我们的讨论就必须进入到多中心多层次的分立机构,和形式化程度不同的正义规则领域,而这正是宪政联邦主义对宪政政体的根本意义所在。

联邦主义是多中心多层级分立结构的同时并存和重叠的管辖,而非被视为实体的组织的联合。在这种结构之下,我们可以设想某个小的群体,因为有一个自主行动的领域因此可以很好地利用它们具体而微的关于事实的知识,在对事实的共同认可之下,通过对规范的内在探究发展出一套对小群体内部适用的正当行为的规则,如埃利诺·奥斯特罗姆讲的关于小规模公共池塘管理的问题[①] 得以适当解决。让我们考虑这样的问题,在一个乡土社区通奸被认为是对通奸者配偶的极大伤害,在大都市通奸被认为是两个成年人之间的不涉他的行为,没有对他人造成伤害,但都存在着被广泛认同的事实例如凶杀。因此在整个的宪政范围内存在着某些普遍的具体权利,但是在这个范围之内又存在着更为抽象的规则,因为规则的抽象性和更少的实质内容,因此可望得到更大范围内所有人的一致同意,这样我们就避免了认为存在着一个普遍的包罗万象的规范体系,可以推论出任何具体结论,这是超实证批评的正义概念所不认可的。而地方性的规范,因为不同普遍权利的规定相违背,也不同那些抽象的规则相违背因此不能被视为是不正义的。

就立宪选择的层次而言,我认为可以说,不需要对一国的国情有太多具体的了解,克服无知的方法不是求得更多的具体知识,而是通过更高层次的抽象。正义规则的冲突是通过更原则性规则的一致同意来实现的。在可能的情况下,规则选择的层次越高,冲突可能越少。很可能是对更高层次的规则的选择更容易。为了避免冲突,不是让一些人做出牺牲,而是提高规则选择的层次。

上述问题确实很复杂,我想以学术界所提倡的学术规范的建立来说明一般规则建立的重要性。学术规范可以说是学术界的一般共识,新进者以此来知道自己学术发展的方向,一般学者们据此来判断某项研究的价值和成败。但是学术规范具有非常复杂和微妙的性质,历史学的规范不同于经济学的规范,经济计量学的规范不同于经济思想史的规范。这是不可能被强行规定出来的,经常这些规范微妙得无法用言辞进行表达。在我看来除非存在着多个独立的学术单位,学者们和学术单位之间存在着可以相互自由选择的关系,有多种渠道可供学者们的观点得以发表。还有一些一般性规则,如使用他人观点必须注明,但这也不仅仅是一个学术规范,也是一个诚实信用的一般规范。只有在这种情况之下学术规范才会有实质性的发展,才会对学术的发展有实质性的指导意义。在学者们的互动当中,学术规范不断地发生着一些微妙的变化,主流可

---

① 〔美〕埃利诺·奥斯特罗姆:《公共事物的治理之道》,余逊达、陈旭东译,上海三联书店2000年版。

能不再是主流,异端可能被主流吸纳。异端们一定的自由活动空间有时候看起来是智力的浪费,但却有助于主流规范的逐渐调整。学术规范的强制性类似于社区的习俗的强制性,但不是法律的强制性,异端们总可以在一定代价下挑战。因此有活力有实质指导意义的学术规范的形成是在某种结构和一般规则之下学者们活动的结果,而不是人为设计的结果,对学者们来说学术规范有更直接的效用却只能是演进的产物。但是重要的是更一般的规则和结构是建构性的。对于学术共同体之外的人而言,如果学者们内部发生了争执的话,他们所能判断的限度只能是根据一般的规则而不是学术规范本身。如果所有学术机构都处在一个权力集中控制之下的话,那么我认为学术规范的建立也只能停留在最基本的层次上,比如说不剽窃。进一步的努力则有可能为控制当局所采纳,那么这种努力很可能就是不适当的和有害的。

联邦主义的结构似乎使得高层次的抽象规则的选择变得容易了,而许多具体的规则是在竞争中演进而来的。

第五章 联邦主义与治水秩序

在这一章中,我以治水为例说明宪政联邦主义的制度结构在解决当今世界尤其是中国日益严重的群体间、地区间相互依赖性问题的潜力。

在联邦主义的制度设计中,潜藏着解决中国当今最紧迫的一些问题的可能,即地区间或群体间的相互依赖性问题。我们能够从联邦主义的政治秩序中发现或推理出一些非现实的但极有可能存在的关系,之所以非现实,是因为在典型的联邦制国家,使这些关系在现实中显著地出现的问题并不严重,而这些问题严重的国家如中国却没有联邦主义的政治结构。这些可能的真实关系是单纯的经验研究很难发现的。例如,在洪水治理和水资源利用中的群体间的相互依赖问题,在美国、加拿大或澳大利亚可能没有大规模地在全国层面上表现出来,看来奇怪的是,这些国家的农业尽管高度现代化了,但对水的利用方面,比起中国,还远远是靠天吃饭的(不受他人行动的影响)。不过问题不严重并不说明问题不是一般性地在这些国家存在。奥斯特罗姆夫妇对南加州从共同地下盆地引水的市政饮水供应系统管理等例子进行了研究,表明了不同的决策安排及其后果,说明了多中心决策的优点。① 但这些研究局限于小的范围,而且似乎也并不是美国政治经济学者非常关心的问题。上述说明,一方面,学者们对知识的探究中有一个主观的纬度,并不是所有的问题都会引起学者们的同样关心,有些问题他们根本没有必要看见;另一方面,所谓特殊的、极端的经验,通过基本理论的深化,是可以一般化的。

中国的特殊情况是面临着甚至比发达社会更严重的相互依赖和风险社会的问题。在中国的许多地区尽管只是简单的农业生产和小规模的工商企业,但人们行为的互相干涉性却非常强烈,单个的公民或企业对森林的砍伐和制造的污染在绝对的数量上并不比西方的同类要大,甚至要远小于它们,但是他们行为的后果却对他们的邻居和他人造成了显著的甚至是致命的危害。人们各自追求其生活目的的行为都很容易对他人在事实上造成很大的影响,例如中国土地资源的限制使大多数中国人不可能居住在独立的住宅当中,这就可能需要发展复杂的房地产契约。水资源是匮乏的,因此在跨流域调水当中不可避免地出现地区间的矛盾,为了治理环境污染又会不可避免地侵害污染制造者的利益甚至剥夺他们的生计,在治水工程当中上游人民的砍伐和围垦造堤的行为都会给邻居造成危害。要合理地解决这一问题或中国社会所面临的特殊的困境,采用中央集中管理的方式是不可行的,因为没有人或专家群体能够掌握如此复杂的信息,因此这种治理需要发展一种非常复杂的法律体系,但是谁来发展,单凭中央立法也不可能制定出合理的规则体系来,这样我们的考虑就进入第三个层次,即在何种条件下这种复杂的规则体系的发展是可能的,需要建构何种在我们可以理解范围内的制度使这种发展成为可能,一种更抽象的理论是必要的,正因为更抽象它才落入了我们的可能理解范围之内。因此在其基本逻辑下得到深化的联邦主义制度更适于中国的具体情况而不是相反,政治改革的首要问题是必须深入到政治生活的最深层结构中去,也就是深入到作为基本制度的政体形式中去,这种努力的挑战的最主要是在智力方面的。由中国的宁夏和陕

---

① 参见〔美〕麦金尼斯主编:《多中心治道与发展》,王文章、毛寿龙等译,上海三联书店2000年版;〔美〕埃利诺·奥斯特罗姆:《公共事物的争论之道》,余逊达、陈旭东译,上海三联书店2000年版。

西两省组成的一个区域,由于相互依赖造成的复杂程度显然要高于由美国麻省和缅因州所组成的区域,前者的制度比后者要有更抽象的程序特征而不是相反,对在其中制度的要求需要更抽象的理解,这正是对中国的社会科学家所提出的挑战。因此在中国对于道德规范在政治领域的直接应用需要更加谨慎,对于一些人所说的民主在中国应该缓行论我保持一定的同情,但是对其得出这个结论的理论基础做彻底的批评。

我们将以治水问题说明联邦主义制度解决中国问题的潜力。我国当前同时面临着严重的缺水与水患的问题,正是人们活动的相互依赖性带来的。这些问题的发生当然有自然的原因,如中国地域范围内水资源的有限性和季风气候的因素,但仅仅自然的原因并不一定产生人类所必须解决的问题。水资源曾经并不稀缺而是可以从自然界中无限取得的,而当人们居住在季风气候所导致的江河泛滥波及不到的地方时,洪水也并不能造成灾害。由此可知这些问题的出现是和人类自身的活动密切相关的,是人们迫于生存压力和追求美好生活目的的行为结果。人类活动的相互依赖性对人们来说不是一个新鲜的问题,而且人类早已发展了一些制度来应对它,例如分立的财产权制度。但是在治水当中人们活动的相互依赖性是非常特殊的,它表现为一种群体间的相互依赖性,往往是表现为群体间利益的互相冲突。在这种情况下,传统的个人财产权利体系就不足以协调人们之间的活动,因为其中的利益无法内在化于个人身上。也就是说如果要在治水领域中发展一种权利体系的话,个人不是这种权利的适当的主体。这样就需要发展一种新概念来应对治水当中人们活动的复杂的相互依赖性,例如知识产权就是人类所发明的一种新的概念以解决传统的财产权利定义的不足。

在治水当中各个利益群体的界限是相对明确的,利益间的界限在多数情况下是可以以地域划界的,也就是说居住在不同地域的人们往往有不同的利益,上游和下游,缺水区与富水区,砍伐森林为生者和围湖造田者,他们各有着界限相对明晰的不同的群体利益。因此就需要发展出一些相对独立的政治机构作为群体利益的代表者,以及一套规则体系以协调各群体间的利益冲突。在发展这种分立的结构时,可以设立一个个不同的治水区,每个治水区设立相对自主的机构代表该治水区的群体利益。但是,更好的方式是借助于本文上面所说的一种发展了的联邦主义的概念,这样就在同一个地域之内有多重复合的直接面对人民的政府存在,这样绝大部分的群体利益就可以得到较好的反映和代表。治水所涉及的是公共事物,其间必然涉及到征收税款、集体支付赔偿、执行公共决定等事物,因此涉及到治水领域的不同群体利益由政府来代表比设立另外一套机构要好一些。分立的自主结构的建立是这种治水模式建立的第一步,具有首要性,分立结构的建立并不意味着各相关群体间的权利划分已经清楚,它意味着各相关群体间的利益是分殊的,我们不可能用一种加总的方式来得到公共的利益;它意味着正如在个人财产权利体系中承认个人独立的地位一样,各利益群体的代表者、各个政府间的关系是相互独立的,各个政府的权力是相互独立的,是一种联邦主义的模式而非单中心的集中统一决策。

这时候需要的就是针对治水事物的一整套规则体系,在此规则体系下代表着不同利益群体政府间的互动,就形成一种复杂的整体秩序。尽管我们不可能知道这个秩序的一些具体的细节,但我们可以通过描绘这个秩序的一般特征来阐明相对于中央集中决策下通过单纯的技术方案解决问题的巨大优越性。

人活着的基本性质就是处在无所不在的外部性之中的,实际上要区分的是合法的外部性和非法的外部性,合法的涉他行动与非法的涉他行动。罗纳德·科斯的开创性的经典著作《社会成本问题》① 告诉我们:对争执的外部性的问题的解决,可以通过"规定权利"的方法也就是通过一般规则的方法予以解决,而不是通过政府的特别命令的方法。在治水这个特殊的问题上,不同外部性或涉他行动的冲突乃是其中一个根本的问题。我们在此时此地,绝无可能设想再回到初民时代,比如长江流域不可能上游森林草地密布而人们稀少,砍树毁草的行为对水土流失造成的影响可忽略不计,污染的排放也是如此。在中游也不可能存在一个云梦大泽,可以几乎无限制地调节洪水,生存的压力使得人民不可能不围湖造田,也不可能放弃围垸,这里不能笼统地反对造田和围垸,现在出现的不幸的不可能是这种行为本身的错误,而是我们人类没有发展出足

---

① R.H.科斯:《社会成本问题》,载 R.H.科斯等:《财产权利与制度变迁——产权学派与新制度经济学派译文集》,上海三联书店、上海人民出版社 1994 年版。

以应对新的情况的政治经济结构和法律制度。对这些问题的解决,显然不能从虚幻的公共利益出发,压制和破坏一些地区人民长期依赖的生计,比如强令制止毁林开荒,或退林还荒,退田还湖,这种举措将治水的成本不公平地压在最贫困的人民头上,不仅有失公正而且也不是对问题的长远解决之道。一项可能使上百万人丧失生计的措施,隐藏着巨大的政治风险,且其不公正的性质也易激起反抗很难得到实施。从更深的层次看,洪水的灾害及水资源的极度紧缺在中国长期投入极大人力物力治水的情形之下,反而有愈演愈烈之势,而不同利益群体之间的相互损害之事亦似乎愈来愈重,这是我们不得不反思中央治水的根本缺陷。实际上我倾向于认为上述严重问题的积累极有可能肇端于中央集权的治水体制本身,再继续通过强化这种体制来解决我们面临的严重问题,可能效果适得其反。那么,通过一些不同的制度安排来解决问题,比如采取相互站在对方立场上看问题的规范探究方式,这样,不同地区不同利益群体当中的人民就可以基于他们历史和现实的状况而确立适当的权利,设想一个抽象权利体系的建构:上游人民砍树、使用草地的权利,中游人民围湖造田和各种各样的污染的权利,下游人民要求上游人民以一定方式取水的权利。所有这些权利都不是绝对的权利,都受到一些其他权利的制约,污染、砍树、造田都是在一定的限制之下的权利。这些权利又由在联邦主义政治框架之下有利益共同体的代表性质的政府来代理,这样就会出现一系列的权利的交易和相互间的协议。例如,上游某一地区的人民拥有一种受限制的砍树用草权,那么在水土保持专家关于事物原因和结果的知识的帮助下,中下游利害相关的群体也许就会购买这种权利,并可能达成雇佣上游某地区人民植树种草的契约,而围湖造田亦可依同样思路解决。有一些行为被绝对禁止做,比如说毁坏其他群体的堤坝。这些权利一如产权经济学中所讲的私人产权的概念,私人财产权不是绝对的,而是权利束。有些权利的行使明显具有外部性,例如筑堤,显然会增加邻近地区抗洪的难度,但这种权利仍然可能被确定为所有各方所拥有,由权利的确立所带来的各方在确定的范围之内自由行动所形成的后果可能出人意料的好。就筑堤权而言,一场普通的洪水可能引得所有各方都加强筑堤(尽管对其他方是一种负的外部效应),而所有各方都凭自身的努力得以渡过灾害。而一场严重的洪水灾害来临的情况之下,则通过筑堤权的让渡而使洪水灾害得以最低成本的治理,那种洪水来临时某个垸的农民辛苦守堤一个月而最后不得不放弃的悲剧就可以避免。这时候设想一下关于对等补偿的问题,怎么可能洪水来临时有些人毫无损失呢?放弃建堤权的交易中,放弃者一方的讨价还价能力要受到其他方权利的制约(我这里没有提到竞争者的制约),如对方也有相应的建堤权,这样放弃建堤或者说毁堤的价格就不是固定的了。对比一下另一种情况,中央统一部署,沿整个大河建堤,不许任何一个地方决口,我想如果要真的做到这样,所花费的代价真不值得,这是一个简单的计算即可知道的结论。倾中华之物力、人力以保一条大堤之完整,这真是不可思议的不理性行为。就我们所面临的复杂的社会情况而言,中央集权实际是一个极无效率的方式,复杂社会的治理只能通过分立的结构和适当的普遍规则来进行。当然,本文上面所提到的对治水具体权利的设定可能并不适当,因为作者本人毕竟不曾在上述区域有长期生活经验,也不是一个在技术意义上的治水专家,而法律规则的制定又是一项经验的事业,本文的目的并不在于提供设定何种具体权利的建议,而在于提供一种解决问题的思路和框架。此种一般规则的决定,一如本文一再强调的,是正义探究和经验的事业,这样可以带来一个我们认为有效率或者好的秩序。通过政府命令的办法则否,这是正统的计划经济的思路不自觉的表现,这源于对人类社会性质的错误理解。

在新模式下不同群体对水的相关的权利得到了界定,那么进而就可以形成一种对水资源的评价体系。在水资源日益紧缺的今天我们不断听到给水定价的呼声,但是谁能够给水定价呢?水价是可以规定出来的吗?根据用水的紧张的总体印象而提高城乡居民的自来水价格只是个初步,它没有涉及到对总体的水资源的评价体系,这一体系只能是形成的而不可能是规定出来的。当我们拥有一套自发形成的水资源的评价体系时,拥有不同权利的利益群体就可以根据这一评价体系而行动,展开权利的交易和在权利的基础上合作,这样在现行治水模式下没有实现的帕雷托改善就可以实现。在这种情况下,大型工程与保护生态的举措,就是诸种利益相互协调的自然结果,是一种自发的行动。水资源的评价体系同一般市场中的价格体系一样可以灵敏地反映相关情势的变化,比如山东地区农业生产技术的某种改变会使得宁夏境内黄河水的相对重要性发生变化，而这又影响到宁夏当地人的一系列决策，这样就形成了同时和相继发生的各种决策间的相互协调，因此本文所说的治水模式就可以被称为是有效率的。考虑一下私人财产体系下的价格机制，确实我们能够观察到多种物品的价格本身，这里出现的混淆是价格虽然如此容易地体现为经验但它更是逻辑，是一种有效率的信息传达机制。在根据联邦主义思想建构起来的公共政治经济中，价格的逻辑是同样的，但是经验的价格却不一样，不过只要我们愿意将我们的思维达到这样的抽象程度，它实际上是那个逻辑价格的对应物。我们也可以把联邦主义制度下公共经济中的这个现象进行命名，比如说本文把它叫为水资源的评价体系。

在这样一种分散的决策模式下，人类积累的大量技术知识也就是关于客观事物原因和结果的知识，可能会突然变得对人类的事业更有助益，被大量地使用起来。在这个时候，可能会发现，已经积累的工程技术知识在原来的制度中总觉得不够，而在新的制度框架下，能做更多的事，至少绰绰有余地解决原来的一般目标。在集中决策模式之下会出现专家，而且专家们对事物原因和结果的认识确有相当程度的确定性，但在这种模式之下，专家们努力的方向是相对狭窄的，因为问题的解决方式已被确定了，所以很可能遗漏了大量的在事物的更广泛层面上的原因和结果的知识，并且广大群众日常实践当中所得到的知识也无法进入决策的领域。在新的模式下，这一问题将得到改观，分散于不同人群中的治水和用水的知识就可以得到有效的利用而不仅限于利用专家们的专门知识。它还会促进多方面的、潜在的、人们不曾有意识去探究的知识的发展。制度本身使人们从各个方面去探究那些潜在的知识，例如四月份某个星期宁夏境内的黄河水对山东人民的重要性。当然在这种体制下专家们的作用和专业知识也很重要，但专业的领域却大大扩展了，可能会出现集中决策的模式下所不能想像的专业，在事物的更多的层面上都出现了专业知识的积累，而且也鼓励了人们继续探索知识的努力，这是由于决策的多中心性造成的。需要说明的是，自然科学技术的发展，有一个其技术可欲性如何评价的问题。唯有在正确的规范探究方式和分立结构的框架确立的前提下，这种评价才是可能的。在专制制度下发展的金字塔或巨大宫殿的建造术以及高度精密的男子阉割术，对普通人民的福利不发生任何益处,而在另一种制度下,远不需要花如此巨大人力资本投资的很一般的建筑术和医学手术已经极大地造福于普通人了。自然科学的技术也有一个主观的维度,自然科学所研究的也是客体的一个方面,而非全部的事实。因此在一开始,自然科学家进行人力资本投资的决策同企业家的物质资本投资决策含有同样的问题。在自然科学可选择方面之选择的误差积累起来,其恶果也是惊人的。因此计划经济体制即使做到亦步亦趋地模仿他国技术,随着时间的推移,其结果也会出现越来越背谬的情况。南水北调这种技术方案,技术的可欲性评价在中国当前的制度下无法作出,甚至这种技术应不应该得到鼓励和发展,也是一个问题。在技术的所有无限可能性中,不好的制度会错误地利用技术,也使技术发展的可选择集大大缩小。而在一新的制度框架下,知识才以一种最有效率的方式和最可欲的方向在发展着。

但是,利益群体间权利划分的界限是一个极为复杂而不可能一下就明朗的问题,我们也不能指望出现一个万能的立法机构将权利界定清楚。在开始的时候,我们只能有一部比较粗略的水法,权利的界定是不怎么完善的,是有待于发展的,尤其是我们不能预测今后情势的变化。法律的缝隙靠合乎正义或合乎公共利益这样的一般概念来弥补,权利的争执在所难免,在争执当中权利体系将得到进一步完善。于是我们就要考虑何种司法体制有利于发展一套合乎正义且合理的规则体系。在这里我强烈地倾向于认为唯有引进普通法的司法制度,通过法官造法,而不是在大陆法司法制度中法官机械地进行逻辑三段式推理,才能使这套规则体系不断完善并适应新的情况的变化。在这一司法过程中,法官不断地通过求助于作为一般概念的正义和考虑规则下产生的普遍和长远的后果来发展法律。进一步,我们又考虑对法官本身的制度制约措施。

一般来说,普通法的司法制度包括这么一些特征,司法的高度独立、遵循判例与法官造法、司法机构间的竞争、训练有素的法官等等。由于超实证批评的规范探究方式固有的特征和社会状况的复杂性,我们不可能制定出包罗万象的严密的可供纯粹逻辑推理即可获得明确结论的权利体系,因此对规则的合适探究就需要内在于制度的构成当中。普通法司法制度下,法官、当事人、律师等等间的互动就可以视为这样一个规则的探究过程。在司法过程中,普通法法官被置于同时面临神学和经济学问题的双重困扰中,而不是面临纯粹逻辑推理的问题。因此需要发展一种高度专业化的司法理性,这种司法理性唯有在一个司法传统中经长期实践才能形成,因此需要遵循先例原则和训练有素的法官。司法体制内部的竞争使得法官不得不使自己的判案和发展的规则最大限度合乎正义与合乎社会秩序的需要,这样一种看起来是自发的规则就具有客观正义的性质。虽然我认为,宪政政体的概念能够帮助我们建立一种普通法司法制度的制度视角,但我对普通法的具体研究太少,所以上述只是一个问题的提出,一个研究方向的确立,并不是可以暂时告一段落的结论。

我在联邦主义、普通法和治水秩序的讨论,只是在最基本层次上的理性重构,提出的也是一些最基本的规则。

结　　论

面临传统政治理论特别是宪政与分权学说在制度建设方面的不足,面临当今社会日益严重的群体间、地区间的相互依赖性问题,特别是中国社会面临的政治体制改革问题,本文的问题情境是政治理论如何帮助人们的政治实践,特别是如何帮助人们作出立宪层次的制度选择。继承传统的宪政理论和当代广义的宪法政治经济学,本文认为,立宪选择的问题是寻求正确的价值论和制度建构知识学,即两层无知之幕的问题,加厚个人对自身特殊处境认识的幕布以获致制度的正义性或寻求规范的标准探究方法,揭开人们对规则的工作性质的认识屏障或努力认识不同规则下的社会秩序的特性。这二者都是建构性的,因为现实的状况是人们知道自己的个人利益所在,但对规则的工作性质认识甚少。

在通过制度选择以解决我们当今面临的问题时,宪政联邦主义的概念,即宪法规则下多中心的政治结构、重叠管辖的直接面对公民个人的多政府单位,具有根本的重要性。通过阐述奥斯特罗姆的联邦主义理论本文提出了宪政联邦主义的概念并作了理论阐述。提出新的概念是为了帮助我们思考和解决我们所面临的已有概念不能很好解决的问题,理论建构是为了厘清概念所具有的意蕴和与概念有关的根本性关系。宪政联邦主义概念的提出是为了将宪政主义的价值论证同联邦主义的制度分析与建设知识学结合起来,补充宪政主义传统分权学说在政治制度建设方面的不足。宪政联邦主义的理论建构从价值论和知识学两个方面进行。

  宪政联邦主义的价值论是对客观正义的信奉并认为存在着标准的探究方法去发现正义的规则。这部分不是本文的重点内容,实际上,古今中外的道德论述传统,特别是宪政主义理论已具备丰富的成为本文之宪政联邦主义价值论基础的思想资源。宪政联邦主义的价值论需借助于广泛存在的道德哲学和政治哲学论述传统,但并不建立于某种特殊的宗教学说之上。规范不能直接应用于政治领域,单凭道德推理不能出现在现实中应用的合理规则,不足以取代我们对政体形式选择的理性探究,后者明显需有另外一套理论工具,需要一种对社会的整体秩序之性质作出解答的理论工具。宪政联邦主义制度的创立和维系,最重要的是需要一种具有高度自我意识的政治科学,其挑战主要是来自智力上的。宪政联邦主义的知识学来源是偏重于有目的行动的个人自我利益最大化的正统经济学、偏重于知识在社会分布的弥散性和个人知识的默会性以提倡自生自发秩序优越性的奥国学派经济学以及相关的哲学认识论,这两者都是方法论个人主义的,或者更一般地说,是主观主义认识论的社会科学。立足于实践者的问题性情境,宪政联邦主义知识学的着眼点不是对制度的解释,而是对制度的选择,尤其不认为站在全知全能者的立场对制度的解释有什么实践上甚至纯知识上的意义。它研究我们可能知道的基本政治制度同社会秩序的关系,并明确认识到自身在认识这一问题上的限度。同传统的立宪科学稍有不同的是,它更多地考虑了这种明白无误的认识。个体与个体之间现有的知识储备各不相同,知识在明晰性、独特性、精确性以及熟悉性方面有多种多样的程度,知识在社会的利用是制度选择的大问题。立足于此,它反思社会整体秩序的性质和制度如何帮助人们实现实践的合目的性,同时强调分立的政治结构解决问题的优越性和对权力的制约即正义规则的可实施性,由此出发进行的制度建构就比传统的分权与制衡理论的制度设计思路多了一个维度。宪政联邦主义想成为传统宪政与分权理论的补充,对立宪选择的制度设计进行了更复杂的考虑,因此对它的知识学部分要有更严格的要求。

  宪政联邦主义理论建构的方法通过重新建构人们在日常生活世界

的构想来理解主体行动的意义和作为主体间性的规则,而不是试图做全能的观察者或历史的解释者,并因此使理论可能具有帮助实践着的人们的意义。这些理论是基于人类的可理解行为提出的,人的有目的行为和"应"、"是"判断的区分作为基本的不可能被证伪的的假设。这并不新颖,而是回归基础问题的方法论。它同对古典自由主义核心的理解是一致的,古典自由主义是建立在对道德原则毫不妥协的信奉之上的。当然,这不意味着在现实当中对某项具体权利毫不妥协的坚持,而是就抽象意义而言,坚持道德原则的绝对不可化约性。更重要的是,古典自由主义建立在十八世纪立宪科学的两个重大发现(亚当·斯密的学说和美国立宪的理论)之上,并将两个发现的理论逻辑坚持用在制度评判和制度改变上。它也与哈耶克的《法律、立法与自由》的副标题所表现出来的旨趣相同,这一副标题即是在汉译本中被忽略了的"关于正义的自由原则和政治经济学之新论述"。

在上述理论视角下,宪政联邦主义的制度结构由于权力来源独立的多政府单位的存在,从而对政治权力的制约即法律的可实施性问题成为可能。宪政联邦主义的制度结构不仅意味着对政府的制约,也是对政府活力的解放以发挥政府成员的创造性和利用他们的专有知识,来解决复杂社会高度专业化和社会治理的复杂性所带来的信息与协调问题,此种问题绝不是通过建立集中控制的等级结构所能解决的。宪政联邦主义能够对公民的要求准确、及时地予以回应,它充分利用了个人的、地方的知识,是有效率的。在联邦主义的结构之下,公共物品的供给是在一个复杂的、看来是自发的过程中出现的。对宪政联邦主义的实施所带来的国家分裂的担忧是完全没有理由的,相反这个宪政下的联邦共和国倒会非常稳固。

宪政联邦主义的制度结构潜藏着解决群体间相互依赖性问题的更好办法。本文以治水的新模式说明了存在多个政府单位——它们代表着不同的利益群体在一个更一般性的因而也是更简单的规则下互动——的情况下出现了对随时变化的复杂情势的灵活调整和知识的有效利用,使群体间的利益得以协调。

一般意义上宪政政体制度构成的一些方面——中央层级政府的三权分立与制衡、司法审查制度等,在发展了的宪政联邦主义的知识学视野下可能会得到更好的分析,并可能在制度形式上有某些新变化,另外,普通法的司法制度也可能会因此得到更好的理解。宪政联邦主义理论不仅可用于分析和建设政治制度方面,在大学的管理体制、甚至公司的治理结构方面都有深远的潜力。这些本文都没有作出论述,但可能提供了进一步研究的线索。

本文宪政联邦主义的理论是初步的、不完善的,我们需要进一步研究哲学认识论方面的著作以加强其方法论基础的部分;需要进一步研究政治哲学和道德哲学的著作以加强其价值论的部分;需要进一步研究奥地利经济学、新制度经济学和正统经济学的相关论述以考察联邦主义的政治秩序具有制约政府的专横、有效利用分散的知识并能较好地解决群体间相互依赖性的说法是否恰当。

政治领域是公共事物,对于公共事物,人们既提出伦理要求或价值的评判,也希望获得实践的成功。这样,就需要正确的价值思考来进行在政治领域的批判,也需要确切的知识即事物之间真实联系的知识。没有真实的知识,在经验中的实践没有成功的希望。知识自身并不获得它的全部意义,只有从其他目的即从实践角度,它才显得有意义。在政治领域的思考和实践中,价值批判和知识探究二者是相互联系的,不可偏废。一种综合性的对政治领域的思考是必要的。对某种政治主张,如宪政主义或民主主义,对某种政治制度,如自由民主政体或人民民主专政政体,需要从其价值构成和知识构成两个方面进行分析和评价,才能获得确当的结论。

中国当今面临的政治体制改革需要理论的指导,但是何种理论能够较好地实现这个任务,我们需要发展一种什么样的政治思考?本文希望的是引发人们对中国政治体制改革这一问题认识模式的转换。

参 考 文 献

(一) 英文部分

Arrow, Kennth. 1963. *Social Choice and Individual Values*. New Haven: Yale University.

Barry, Norman P. 1986. *On Classical Liberalism and Libertarianism*. The MacMillan

Press Ltd.

Barry, Norman P. 1979. *Hayek's Social and Economic Philosophy*. London and Basingstoke: The Macmillan Press Ltd.

Berman Harold J. 1983. *Law and Revolution — The Formation of the Western Legal Tradition*. Harvard University Press.

Binmore Ken. 1995. *Playing Fair: Game Theory and the social contract* (volume I). The MIT Press.

Boettke, Peter J (edited). 1994. *The Elgar Companion to Austrian Economics*. Edward Elgar.

Buchanan, James. 1986. *Liberty, Market, and State: Political Economy in the 1980s*. Brighton: Wheatheaf.

Buchanan, James. 1975. *The Limits of Liberty: Between Anarchy and Leviathan*. Chicago: University of Chicago Press.

Buchanan, James. 1989. *Explorations into Constitutional Economics*. College Station: Texas A&M University Press.

Buchanan, James. 1991. *Constitutional Economics*. Basil Blackwell.

Buchanan, James. 1991. *The Economics and Ethics of Constitutional Order*, Ann Arbor (MI), University of Michigan Press.

Buchanan, James and Gordon Tullock. 1962. *The Calculus of Consent: Logical Foundations of Constitutional Government*. Ann Arbor: University of Michigan Press.

Coase, Ronald. 1960. *The Problem of Social Costs*. Journal of Law and Economics, 3: 1—44.

Coase, Ronald. 1988. *The Firm, the Market and the Law*, The University of Chicago.

Cubeddu, Raimondo. 1993. *The Philosophy of the Austrian School*. London: Routledge.

Drake, Frederick D, Lynn R. Nelson. (edited) 1999. *State's Right and American Federalism*, Greenhouse.

Downs, Anthony. 1957. *An Economic Theory of Democracy*. New York: Harper and Row.

Dye, Thomas R.. 1990. *American Federalism — Competition Among Government*, Lexington Books, D.C. Heath and Company.

Elazar, Daniel J. 1984. *American Federalism: A View from the States*, New York: Harpper & Row, Publishers.

Elazar, Daniel J. 1987. *Exploring Federalism*. Tuscaloosa AL: The University of Alabama Press.

Hayek, Friedrich August. 1944. *The Road to Serfdom*. London and Henley: Routledge & Kegan Paul (reprinted 1976).

Hayek, Friedrich August. 1948. *Individualism and Economic Order*. Chicago: University of Chicago Press.

Hayek, Friedrich August. 1960. *The Constitution of Liberty*. Chicago: University of Chicago Press.

Hayek, Friedrich August. 1967. *Studies in Philosophy, Politics and Economics*. London: Routledge & Kegan Paul.

Hayek, Friedrich August. 1973. *Law, Legislation and Liberty, Volume I*, Chicago: University of Chicago Press.

Hayek, Friedrich August. 1978. *New Studies in Philosophy, Politics, Economics and the History of Ideas*. London, Melbourne and Henley: Routledge & Kegan Paul.

Hayek, Friedrich August. 1979. *The Counter-Revolution of Science: Studies on the Abuse of Reason*. Indianapolis: Liberty Press.

Hayek, Friedrich August. 1988. *The Fatal Conceit — The Errors of Socialism*. London: Routledge.

Hayek, Friedrich August. 1989. *Order — With or Without Design? — Selections from F.A. Hayek's Contribution to the Theory and Application of Spontaneous Order*, Compiled and introduced by Naomi Moldofsky, London: The Center for Research into Communist Economies.

Kant, Immanuel. 1966. *The Fundamental Principle of the Metaphysic of Ethics*. New York: Appleton-Century-Crofts, Inc.

Kirkzner, Isael M. 1992. "*Market Process Theory: indefence of the Austrian Middle Ground.*" In *The Meaning of Market Process: Essays in the Development of Modern Austrian Economics*. London and New York: Roultedge.

Knight, Frank H. 1956. *On the History and Method of Economics*. Chicago: University of Chicago Press.

Lachmann, Ludwig. 1986. *The Market as an Economic Process*. Oxford: Basil Blackwell.

Lukes, Steven. 1973 *Individualism*. New York: Harper & Row.

Menger, Carl. 1996. *Investigations into the Method of the Social Sciences*. Grove City, PA: Libertarian Press, Inc.

Mises, Ludwig. 1963. *Theory and History*. New Rochelle. N.Y.: Arlington House.

Mises, Ludwig. 1966. *Human Action: A Treatise on Economics*. Chicago: Contemporary Books, Inc.

Nozick, Robert. 1974. *Anarchy, State, and Utopia*. Basic Books, New York, 1974.

Oates, Wallace E. 1998. *The Economics of fiscal federalism and local finance*, Edward Elgar.

Oates, Wallace E. 1991. *Studies in Fiscal Federalism* E. Oates, Edward Elgar.

Olson, Mancur. 1965. *The Logic of Collective Action*. Cambridge: Harvard University Press.

Ordeshook, Peter. 1986. *Game Theory and Political Theory—An Introduction*. Cambridge University Press.

Ostrom, Vincent. 1991. *The Meaning of American Federalism: Constituting a Self-governing Society*. Institute for Contemporary Studies.

Polanyi, Michael and Prosch, Harry. 1975. *Meaning*. Chicago and London: University of Chicago Press.

Polanyi, Michael. 1951. *The Logic of Liberty*. Chicago: University of Chicago Press.

Popper, K. R. 1957. *The Open Society and Its Enemies*. London: Routledge & Kegan Paul.

Riker, William. 1964. *Federalism: Origin, Operation, Significance*, Boston: Little Brown and Co.

Rawls, John. 1971. *A Theory of Justice*. Cambridge: Harvard University Press.

Rawls, John. 1993. *Political Liberalism*. N. Y.: Columbia University Press.

Tiebout, Charles. 1956. "A Pure Theory of Local Expenditures", *Journal of Political Economy*, vol. 64, pp. 416—424.

Vaughn, Karen I. 1994. *Austrian Economics in America*. Cambridge University Press.

Zimmerman, Joseph F. 1996. *Interstate Relations—The Neglected Dimension of Federalism*. Praeger Publishers.

Encyclopaedia of Law and Economics, Bouckaert, B. and De Geest, G. (eds.), Aldershot, Edward Elgar (forthcoming)

Constitution, Democracy and State Power: the Institutions of Justice-volume 1, Edward Elgar Publishing Limited, 1996.

(二) 中文部分

埃尔金和索乌坦编:《新宪政论——为美好的社会设计政治制度》,三联书店1997年版。

埃利诺·奥斯特罗姆:《公共事物的治理之道》,上海三联书店2000年版。
文森特·奥斯特罗姆:《复合共和制的政治理论》,上海三联书店1999年版。
文森特·奥斯特罗姆:《美国公共行政的思想危机》,上海三联书店1999年版。
Y.巴泽尔:《产权的经济分析》,上海三联书店、上海人民出版社1997年版。
比尔德:《美国宪法的经济观》,商务印书馆1989年版。
哈罗德·J.伯尔曼:《法律与革命——西方法律传统的形成》,中国大百科全书出版社1993年版。
詹姆斯·M.布坎南:《自由、市场与国家——80年代的政治经济学》,上海三联书店1989年版。
德沃金:《法律帝国》,中国大百科出版社1996年版。
邓正来:《社会秩序规则二元观——哈耶克法律理论的研究》,载《北大法律评论》总第四辑。
邓正来等译:《布莱克维尔政治学百科全书》,中国政法大学出版社1992年版。
葛剑雄:《统一与分裂——中国历史的启示》,三联书店1994年版。
卡尔·J.弗里德里希:《超验正义——宪政的宗教之维》,周勇等译,三联书店1997年版。
H.L.哈特:《法律的概念》,中国大百科出版社1996年版。
弗里德利希·冯·哈耶克:《自由秩序原理》(上,下),邓正来译,北京:三联书店1997年版。
F.A.哈耶克:《个人主义与经济秩序》,北京经济学院出版社1989年版。
弗里德里希·冯·哈耶克:《经济、科学与政治》,江苏人民出版社2000年版。
哈耶克:《法律、立法与自由》第一卷,中国大百科全书出版社2000年版。
哈耶克:《法律、立法与自由》第二、三卷,中国大百科全书出版社2000年版。
亚历山大·汉密尔顿、约翰·杰伊、詹姆斯·麦迪逊:《联邦党人文集》,1982年。
奥特弗利德·赫费:《政治的正义性——法和国家的批判哲学之基础》,上海译文出版社1998年版。
路易斯·亨金、阿尔伯特·J.罗森塔尔编:《宪政与权利》,三联书店1997年版。
休谟:《人性论》,关文运译,商务印书馆1991年版。
休谟:《休谟政治论文选》,张若衡译,商务印书馆1993年版。
休谟:《自然宗教对话录》,商务印书馆1996年版。
胡塞尔:《欧洲科学危机和超验现象学》,上海译文出版社1988年版。
胡塞尔:《哲学作为严格的科学》,商务印书馆1999年版。
史蒂芬·霍姆斯:《先定约束与民主的悖论》,载《宪政与民主——理性与社会变迁研究》,三联书店1997年版。

卡多佐:《司法过程的性质》,商务印书馆1998年版。
詹姆斯·科尔曼:《社会理论的基础》,社会科学文献出版社。
爱德华·S.考门:《美国宪法的"高级法"背景》,强世功译,三联书店1996年版。
R.科斯等:《财产权利与制度变迁—产权学派与新制度经济学派译文集》,上海三联书店、上海人民出版社1994年版。
李猛:《论抽象社会》,载《思想与社会》丛刊第1期,1999年9月。
刘军宁:《共和·民主·宪政》,上海三联书店1998年版。
刘小枫:《现代性社会理论绪论》,上海三联书店1998年版。
迈克尔·麦金尼斯主编:《多中心治道与发展》,上海三联书店2000年版。
道格拉斯·C.诺斯:《经济史中的结构与变迁》,上海三联书店、上海人民出版社1994年版。
约翰·密尔:《论自由》,程崇华译,商务印书馆1959年版。
路德维希·冯·米塞斯:《经济学的认识论问题》,经济科学出版社2001年版。
列奥·施特劳斯、约瑟夫·克罗波西主编:《政治哲学史》,李天然等译,河北人民出版社1993年版。
亚当·斯密:《国民财富的性质和原因的研究》,郭大力、王亚南译,商务印书馆1988年版。
亚当·斯密:《道德情操论》,商务印书馆1997年版。
舍勒:《价值的颠覆》,上海三联书店1997年版。
汤普森编:《宪法的政治理论》,三联书店1997年版。
托克维尔:《论美国的民主》,商务印书馆1988年版。
托克维尔:《旧制度与大革命》,商务印书馆1997年版。
M.J.C.维尔:《宪政与分权》,三联书店1997年版。
王丽萍:《联邦制与世界秩序》,北京大学出版社2000年版。
詹姆斯·西瑟:《自由民主与政治学》,上海人民出版社1998年版。
阿尔弗雷德·许茨:《社会实在问题》,华夏出版社2001年版。
王绍光:《分权的底线》,中国计划出版社1997年版。
卡尔·魏特夫:《东方专制主义》,中国社会科学出版社1989年版。
张志伟:《康德的道德世界观》,中国人民大学出版社1995年版。
朱苏力:《制度是如何形成的》,中山大学出版社1999年版。
朱苏力:《语境论——一种法律制度研究的进路和方法》,《中外法学》2000年第1期。

政体论的政治科学与
当代中国政体分析

良好的政体总是类似的,不良的政体各有各的不幸。

良好的宪法也是我们的一个工具,同所有好工具一样,是界面友好(或操作方便)而原理精深的。

——本文作者　刘海波

一

在一开始,需要加以说明的是,本文不是严格的学术论文,它只是我多年学习政治学的一部分心得总结的纲要,其阐述是扼要和直截了当的,论断多而严密的论证少。文章的这个特点自然使作者倍感惶恐不安,但是如果要做到还过得去的学术性的严谨和规范,完成本文的题目也许要几本书的内容,并且无法预见完成的时间。我们所面临时势的紧迫和我权且提出一些新颖大胆的见解以抛砖引玉的愿望,似乎可以成为这篇文章公之于众的尚可站得住的理由。

我想做的是对当今中国的基本政治制度做出分析,并谋求改进使之更为良好的至少在理论上可以成立的方法,但是我没有直接进入这个主题,而是首先对我们关于政治问题的思考方式进行了反思。我指出我们可以依赖的理论不是实证主义和历史主义的社会学,也不是人权论的道德哲学,而是特定意义或本来意义上的政治科学,建议恢复古典政治科学的政体论视野。接着我对古典意义的政治科学或政体科学或宪政理论不断探讨的主题——司法体制的安排和司法审查制度、联邦主义、同一层级政府中权力分立与制衡——进行了简要的叙述和理论探讨。最后我才进入正式的主题。

没有哪个学者能够对自己研究所依据的前提进行彻底地阐明,可能更重要的是以古典政治学家,特别是以《联邦党人文集》作者的方式,详尽地对当代中国政体进行描述、分析、评判和建构,以帮助中国人民对政体的选择。在一个类似于制宪会议的环境中,给出你的建议,并给出围绕建议本身进行的直接论证。具体建议和对它的直接论证可能已经具有了足够的说服力量,而不需要涉入哲学或抽象理论的层面过深。本文确实涉及了政治学的一些最基本的理论问题,甚至我钦佩的一些古典政治作家们也没有用这种方式写作,为什么要这么做?这么做是否有必要?

美国立宪之父之一亚历山大·汉密尔顿在《联邦党人文集》开篇有一段经常被引用的话,他说:"时常有人指出,似乎有下面的重要问题留待我国人民用他们的行为和范例来求得解决:人类社会是否真正能够通过深思熟虑和自由选择来建立一个良好的政府,还是他们永远注定要靠机遇和强力来决定他们的政治组织。如果这句话不无道理,那么我们也许可以理所当然地把我们所面临的紧要关头当作是应该作出这项决定的时刻;由此看来,假使我们选错自己将要扮演的角色,那就应当认为是全人类的不幸。"[①] 通过深思熟虑和选择来建立良好的政府需要我们在政治领域进行正确的自我理解与自我塑造,这意味着进行政治建设和政治体制改革需要理论的指导,这对发展一种指导性的理论提出了迫切而重大的要求。如果我们把美利坚政体视为人类政治实践一个还算成功的范例,我们也应该知道,美国立宪者们是古老的政治科学传统的学生也是政治科学的创新者,他们的政治科学在美国当时的政治建设和制度选择中起到了重大作用。麦迪逊和汉密尔顿在《联邦党人文集》中为立

[①] 汉密尔顿、杰伊、麦迪逊:《联邦党人文集》,程逢如等译,商务印书馆1980年版,第1篇,第3页。

宪者们所制定的宪法辩护时,他们都诉诸于政治科学。① 汉密尔顿说:
"然而,政治学和其他大多数学科一样,已经大有进步。各种原理的效果,现在可以了解得清清楚楚,但对古代人来说,不是全不了解,就是一知半解。把权力适当地分配到不同部门;采用立法上的平衡和约束;设立由法官组成的法院,法官在行为良好情况下继续据有他们的职位;人民自己选举代表参加议会——凡此种种,完全是崭新的发现,或者是在现代在趋向完善方面取得了主要的进步。"② 麦迪逊在辩护宪法所安排的权力分立与制衡的特殊结构时,反驳了对孟德斯鸠分权原理的不正确理解,指出孟德斯鸠的政治箴言,并不要求立法、行政与司法完全互不相关。③ 在为代议制和美国式联邦主义做辩护时,麦迪逊详尽地阐发了政体与所建立的范围关系的所谓麦迪逊原理:通过适当的结构安排,一个社会其范围越大,其内部越具有丰富多样性,偏越能充分实行自治,越能政通人和。④ 联邦主义,或者说现代或美国联邦主义,是立宪者们修正不合理的邦联原则而进行的政治科学上的一大发明,被认为是美国人对政治科学的最大贡献。对于《联邦党人文集》的作者们来说,人类能够通过反思和选择建立良好的政府,什么样的政治科学能够在这方面帮助人们,似乎都是不言而喻的。他们运用政治科学建立良好的政府体制似乎同我们运用语言在法庭上为自己的权利辩护一样自然,似乎同工

---

① 关于《联邦党人文集》作者们的政治科学,参见汤普森编:《宪法的政治理论》,张志铭译,三联书店1997年版,特别是其中《制定者们失去的世界》;James W. Ceaser. *Reconstructing America——The symbol of America in Modern Thought*. Yale University Press, 1997;文森特·奥斯特罗姆:《复合共和制的政治理论》,毛寿龙译,上海三联书店1999年版。Ceaser说:(美国)政府是在政治科学的帮助下建立起来的,美国创立者们有资格宣称自古典时代第一次使政治科学重新成为世界的一支实践力量。见上书,第14页。

② 汉密尔顿、杰伊、麦迪逊:《联邦党人文集》,程逢如等译,商务印书馆1980年版,第9篇,第40—41页。注意笔者将译本中的"法官在忠实履行职责的条件下才能任职"改译为"法官在行为良好情况下继续据有他们的职位"。

③ 参见汉密尔顿、杰伊、麦迪逊:《联邦党人文集》,程逢如等译,商务印书馆1980年版,第37、47、48、51篇。不过,麦迪逊是否在对孟德斯鸠(更不用说洛克了)的权力分立学说进行合乎其本意的正确理解我存有疑问,从古典混合政体学说的视角,从休谟的政治学说来理解麦迪逊和美国宪法权力分立与制衡的特殊结构似乎更容易一些。另外,相比托克维尔对美国,孟德斯鸠似乎没有认识到司法权在英国的特殊性。

④ 参见汉密尔顿、杰伊、麦迪逊:《联邦党人文集》,程逢如等译,商务印书馆1980年版,第10、14、51篇。休谟在《关于理想共和国的设想》(参见《休谟政治论文选》,张若衡译,商务印书馆1993年版)一文中已经批驳了共和国只能建立在小范围的思想,并进行了大型共和国的制度设计。尽管休谟阐发这一思想在先,我们还是将之称为麦迪逊原理。

程师运用技术解决一个工程问题或设计一台新机器一样自然,在后面这些情况中,人们似乎并不需要语言哲学或技术哲学也能完成他们的工作。

哲学大家休谟,生前以历史学家和政论家著名,他的看法和《联邦党人文集》的作者类似,认为人类能够依靠所发现的政治科学的普遍原理完善他们的政府体制。他说:"法律的力量很大,而政府特定体制的力量也很大,它们对主管这一政府的人们的作风、个性的依赖却很小,以致我们有时可以从它们推断出一些普遍而又肯定的结论,就像数理科学所提供的结论一样。""尽管通常拼拼凑凑、组织不好的政府似乎也能服务于社会的目的,尽管建立一套新的政府制度并不像建造一艘新型结构的船只那么容易,然而,作为一个政体,应该比另一个政体更为完美,要不受其特定人物作风和个性的影响,那么我们为何不能探索一下究竟何种体制最为完美?这在人类智能可能设想的课题中肯定是最值得探索的了。"① 甚至作为伟大哲学家的休谟,在谈论政治体制时,也是直接涉入主题的,只是肯定政体之间存在着实在的好与坏的区别,人类有可能建立良好的政体,并没有在对相反看法进行系统的哲学反驳之后才进入主题。

看来,这些作家都承认不同政体有实在的好与坏的区别,研究建设良好政体或者是政体变得良好的方法是政治科学的主题。② 社会学的深度解释理论,取消了这一区别和意向,但是,这种理论我们感觉乖戾,和我们一直坚持的对世界的看法不相容,更重要的是这种理论的预设,其本身的基础何在?它本身无法得到理性的证明,倒是一个悖谬的信念。这种理论的主题和研究对象的确立更是可疑的,除非我们一定固执于悖谬的信念,使得科学成为悖谬信念的逻辑推演。设想一位造船工程师采取纯粹社会学的眼光的情形,他是否面临解释船的出现问题?这种解释有什么实践意义?实证主义和历史主义社会学不是对自然科学的错误模仿,而是根本误解了科学的性质;不是将自然科学中本来正确的

---

① 《休谟政治论文选》,张若衡译,商务印书馆1993年版,第6页,第157—158页。
② 一些现代学者,也主张将政治科学研究的重点导向如何改善政治制度,从"设计者的观点"出发去理解人类制度的宪政理论。参见埃尔金和索乌坦编:《新宪政论》,周叶谦译,三联书店1997年版。"政治科学起源于一种想要评价政治生活及其在自然界的地位的努力","从一开始起,政治科学就不仅关注于解释和评价,它还集中于建立良好的政治体制和改善现有体制的实践活动","这样一种实践的政治科学的核心必然是对于组成一种理想体制的各种正式和非正式制度的设计"——斯蒂芬·L.埃尔金,《新旧宪政论》(引自上书第26页)。

方法误用到社会科学中的问题,而是社会科学同自然科学本来就是统一的科学,自然科学是一种特殊的社会科学。

政治科学之所以是科学,之所以可能具有客观的真理,必须承认这种价值区别的实在性,必须具有为美好价值本身服务的意向性(非价值中立),它必须是建设美好政治制度方法的理论。政治科学的研究对象是政体,是改进政体的技艺,政治科学具有目的性,失去了这种目的性,政治科学刚好不再成为科学。

这种政治科学观的合法性我们诉诸于公民视角和传统。社会学心灵的泛滥,使得政治科学家们或在大学政治学系里的人们失去了政治科学的研究对象——政治现象。政治现象是直面实事本身直接呈现出来的现象,政治现象存在于公民的视角中,存在于我们传统的观念中。我们都知道"义愤"、"笑"这些现象,我们理解这些现象,我们知道什么不属于这些现象。一个似乎简单的要求是,政治现象是其所是,政治科学是其所是,政治现象不能被化约为非政治现象。政体是公民视角中的一个呈现出来的现象,一个观念事实,无法怀疑它之是之所是,无法怀疑它是政治科学最重要的对象。

政体一词在近来的中国政治学、法学文章中经常出现,本文对这个词加以进一步的澄清。政体是在近代历史主义和实证主义社会学兴起前的古典政治学的意义上来使用的,政体是古典政治学最主要的研究对象。政体一词的原初含义来自古希腊语中的"波里德亚"(politeia),英文中对应的词是"regime",有时也用"constitution"来翻译(这个词比汉语中的宪法有更丰富的含义,不仅指文字意义上的最高法律,也指一个社会实际的政制)。大致上,我们可以用政府的形式(forms of government),和政治秩序——即一个政治社会运转的一般模式,来阐明政体的含义。但是本文不能够给出政体的本质性定义,只是通过循环释义来阐明它。所谓循环释义,是我们阅读文章中常见的一种情形,通过上下文理解一段话的意思,但是理解另一段话的时候,原来的那段话又是理解的凭借。什么是政体,亚里士多德说政体(宪法)为城邦一切政治组织的依据,其中尤其着重于政治所由以决定的"最高治权"的组织。什么是最高治权,它是一个宪法或政体事实。本质性的定义将化约政治现象,使我们失去对政治现象的领悟,而这种领悟本来只是自然的事。研究实证法律和政制的历史起源也不能获得本质性定义。因为观念事实怎么起源于历史？我们不可能在语言系统之外获得知识，无法彻底阐明系统自身的属性。

在古典意义上的政治科学家看来，政体具有政治上的根本重要性，它型塑着一个社会的特征。政体比社会更重要，它是一个政治社会的形式。

我们说是政体论的政治科学而不是国家论、权力论、政治系统论的政治科学，是因为政体是以公民和政治家的内在视角出发所发现的一个观念事实。其他概念更多地是一个社会学思考方式下的产物，经常被理解为从外在视角出发的似乎是自然科学意义上的物质事实。正如詹姆斯·W.西瑟所说："对传统的政治科学来说，人类对于政体及其重要性的认识是这门学科的起点。这种认识，由在人类发展的某个阶段之后有知识者的反复经验所证实，不应受到怀疑，而应被接受和信赖。它是一个由现象学地确定的或可知道的事实。由于人类是现实的一部分。而且由于政治是人类的一种活动，我们对世界的认识和构想就是现实'事实'的一部分，而且的确是它最重要的部分。"[①] 政体论的政治科学反对这样一种看法：在社会科学研究中事实和价值可以截然区分，存在着可以不依赖于人们的观念独立存在的原始事实。也因此反对把政治事务化约为非政治事务，坚持政治是其所是，坚持政治事务的不可化约性。在诸如社会因素的水平上对政治进行解释的历史主义和实证主义社会学，背离了政治学的主流传统，忽略了更重要的实在，也不能帮助人们的政治实践。"政体是我们能够通过审慎的人类活动提供的最深层的人类结构，通过从政体出发来研究其他的社会单位，我们坚持政治的重要性并且不让政治科学这门学科被社会学、人类学或经济学吞并。"[②]

中国的政治建设和政治体制改革需要政治科学深刻地理解和继承既有的理论成果，并进行创造性地发展和应用。这首先要求政治科学进行自我反思，对政治科学的研究主题、理论与方法以及它在中国人民政治建设和政治体制改革事业中所能起的作用要有清醒的自我认识。我

---

① 詹姆斯·W.凯塞(另译为西瑟)：《重建政治科学》，载埃尔金和索乌坦编：《新宪政论》，周叶谦译，三联书店1997年版，第78页。
② 同上。

们需要发展一种什么样的政治科学？在此我大胆地提出,这种政治科学是政体论,而不是社会学,也不是人权论。政治科学要回到它曾经达到过的高度,它曾经拥有的广阔视野,即以政体为中心研究对象。其主要任务是探究政体兴衰的一般原因,发现维持和改进一个政体的一般原理以帮助公民和政治家的政治实践,以有助于一个政体向良好的方向变化,在政治建设和政治体制改革中做到深思熟虑和选择,而不为机遇和强力来控制人类的政治命运。这是面向古典政治学的志向性,而不是面向当代美国主流政治学的志向性,也不是面向《世界人权宣言》或任何一种类似的权利理论的志向性。①

对中国社会所面临的处境总有人说是非常特殊的,特殊的国情决定我们只能采用特殊的政治体制。但这种说法真的是对事实的客观描述

---

① 面向古典政治学的志向性这句话是我根据一本书的标题而自造的,以表达对当今中国政治学发展潮流的不满和可选择的更好的发展趋向的看法。这是一本叙述日本政治学发展源流的著作,《面向美国政治学的志向性——早稻田政治学的形成过程》,〔日〕内田满著,唐亦农译,上海三联书店2001年版。美国主流政治学主要指行为主义或政治社会学,我特别主张反思美国中国学或美国的中国政治研究同我们要发展的政治科学的关系,这种研究在政治建设和政治体制改革的政治学中究竟有多大价值。中国人通过他人的眼光认识自己,从而导致主体实践地位的丧失是件可悲的事。要为我的主张辩护会牵涉到极为复杂的问题,也绝非一下子可以澄清。这里提示的线索是美国政治科学系的 American Politics 与中国学者对中国政治与政府的研究方法问题。似乎是美国人在相当程度上仍从内在的视角理解和塑造自身,所以政治哲学和宪法学的结合是 Studies of American Politics 的重要的部分;他们从外在的视角理解"Chinese Politics"。我们该如何理解自身和如何塑造我们的存在方式?

当今美国流行的主流政治学不是扩大了而是缩小了我们的视野,不是深化了而是浅化了我们对真正政治问题的理解,尽管我承认在一个限定的领域其经验研究为我们提供了确实可靠的知识。罗伯特·达尔的《民主理论前言》享有盛誉,作者批评麦迪逊的理论是意识形态而不是政治科学,认为暴政和宗派是无法定义的,最后得出了宪法不起作用要从社会因素进行解释的观点。

为了彻底摆脱价值相对主义和历史主义的幽灵,对后发展国家的政治学学者而言,至少在元理论的层次上,他们必须提出更抽象的理论,对方法论的反思要超过西方同行,否则难以避免后发劣势,导致实践着的主体地位的丧失。既然真正的实践是理论的而非历史的,发展中国家的学者只有在元理论的层次上更深挖掘,达到更抽象的程度,才能指导本国的实践。这样就是内生的现代化或社会秩序的理性化、伦理理性化。现代化必须是内生的现代化,否则不可能实现真正的现代化。政治科学的本土化就是政治科学的彻底理论化,西方汉学家和中国问题专家辛勤工作的方向恰恰是关心本国实践的中国学者们所应该避免的。

对拥抱《世界人权宣言》不以为然似乎更是令人震惊,不过请参见哈耶克对《世界人权宣言》可称之为刻薄的评论:"联合国大会曾庄严地宣告,每一个人(!)在'永以本宣言铭诸座右的同时,都应当竭尽全力促使那些人权得到普遍的遵守';然而,这不过是一个壮观的滑稽场面而已,如果由此引发出来的种种幻想还不算大悲剧的话。"(哈耶克:《法律、立法与自由》第二、三卷,邓正来等译,中国大百科全书出版社2000年版,第186页)。另外可以注意詹姆斯·W.西瑟对新规范主义(如罗尔斯、诺齐克式的政治哲学)的评论和反对规范在政治领域直接应用的论证。(参见西瑟:《自由民主与政治学》,竺乾威译,上海人民出版社1998年版。)

吗？难道不也是一种理论的归类？我倒认为，中国是人类社会所面临的可能在经验历史中最一般的处境，只有最一般的也是最抽象的理论才能回答和解决她所面临的问题。我曾经以中国所面临的水危机为例说明，问题有政体层面的原因，不能化约政体层面的因素为工程技术、行政管理甚至政体层面较为不基础的方面——对权力的制约消除腐败，这需要我们更好或更加基本地领悟普通法司法和联邦主义的多中心治理模式。探究这些理论以解决中国的问题是我努力的目的，我不想隐瞒这一努力的意向性。有了这个意向是否会说出一些接近于真理的东西，我不知道；但我知道，不具有这一意向，真理是不可能的。

二

政体的构成包含着价值层面和制度层面的因素。政体的价值构成用亚里士多德的语言来说，政治学所要达到的目的是最高的善。孔子曰，政者正也。对于政体的价值构成的哲学论辩意味着政治建设从来不是价值中立的，它意味着政体建设要有对正义本身或最高的善的承诺。对政体的价值构成的探讨我们需要区分人类对于理想和价值追求的意向本身和具体时空中的诸价值，善与诸善。不能因为具体时空中价值的不完善性而根本否认普遍价值的存在，否认做正确之事的意向本身，从而滑入虚无主义。政体价值层面的含义意味着我们只能以正义之名要求正义，将价值当作价值，理想只能建立在人们对理想的真诚追求之上，建立在信仰之上，而不能建立在虚无主义之上。将一切人类的价值化约为生物学或社会学解释的所谓的政治科学，其逻辑的最终结论是这种政治科学或无助于人类的政治实践，或导致摧毁一切人类价值的疯狂实践。因此一个良好政体的实现在一个方面是人类对理想之真诚追求的副产品。

政体的价值层面的含义要求，政治哲学是政体论的政治科学的前提，它是为政治哲学所启示的（informed by political philosophy）。奠定一个良好政体的构成基础需要我们对如何进行规范推理，如何在政治事物中发现一般原理进行哲学层面的辩论。这种辩论本身不导致具体规范和具体科学原理的发现，却是适当的科学和规范推理的理论辩护。理论上追求彻底,真正彻底的理论总是伴随着判断上的中庸和政治实践上的审慎。鉴于时代的精神状况,这种辩护今天尤其必要。它告诉我们对价值的真正承诺意味着我们绝不能抛弃传统,只有在固有价值体系内部进行内在一致性批评,才有道德进步的可能。对当代中国人来说,要维持我们的政体并且改进我们的政体,需要对当代的道德论辩形式进行深刻的反思,特别是五四以来对传统的全面批评和抛弃的立场,以恢复我们固有的、主流的道德论述传统。人们不容易陷入虚无主义,但是容易从只有部分正确的原理出发以演绎推导出一切价值来,由于其所依据的原理本身并无坚实的基础,从而导致错误的实践。

政体论的政治科学同传统宪政理论的论述是相符合的,"西方政治思想史描绘的是一套价值——正义、自由、平等和私有权神圣不可侵犯——的发展和阐发,多少世纪以来这些价值的意蕴一直受到考查和争论;但同样重要的还有这样一个历史,它所争论的是必须有什么样的制度结构和程序,这些价值才能在实践中实现并相互和谐"[①]。但是,一种这样的理解——最基本问题是先确定一整套权利体系,然后以制度为工具来实现这些权利——同本文提倡的政治科学是不同的。政治建设中的深思熟虑和选择要起始于苏格拉底式的对"什么是正义"的追问。对最高善的承诺,不意味着我们已经知道最高善是什么。制度所要实现什么,不能从典型的工具理性的意义上来理解。实际上,更一般的情况是通过制度发现正义。用瞎子摸象并画象的隐喻来说,问题不是一个知道什么是象的明眼人安排瞎子们如何摸或者如何画,而是制度设计者本身也是瞎子,制度本身应解决如何帮助人们知道未知的事。这样,目的之实现本身就取决于手段,目的依赖于手段。正义是难以发现的,伴随着价值追求的承诺,需要将正义规则的发现内在于制度设计之中,这是对正义实现的非直接的解决办法,因此政体的制度构成体现为一系列非常复杂的程序,而不可能仅仅是在保护一些具体权利的工具意义上设计。制度是发现的程序,是发现正义的规则。制度也是发现一个社会公共政策的合理安排,发现公共物品种类与数量的合适供应,发现资源的合理配置与使用状态的程序。这要利用分散的和无法有效传递的知识,以形

[①] M.J.C.维尔:《宪政与分权》,苏力译,三联书店1997年版,第1页。

成任何不在个人心智理解范围内的成就。① 这里体现的不是单纯的工具理性,我们也许可以称之为程序理性或制度理性。这种理性所具有的客观含义,可能区分了政治学、法学与自然科学之客观性的不同,前者的客观性或真理性是人类知识更为一般的状况。这使我们理解政治科学和法律科学的科学含义究竟是什么。此种理性之所以可能,我们对于独立于任何个人利益的原则的信奉是必要的条件,理性是建立在理性自身所无力证明的价值系统之基础上的。我们的先贤说"不诚无物",又说:"自诚明,谓之性。自明诚,谓之教。诚则明矣,明则诚矣。"故不诚则不明。我把制度既看作是人理性创造的人工产品,又看作是人真诚追求超越于人的事物的副产品,因此凡是人或由人组成的团体,必须受到约束,制度就意味着约束。约束的原因是人在德性和理性上不可消除的欠缺,人无约束,必成野兽。如果制度规定人或人的团体可以不受任何约束可以自行决定、自由裁量一切,这根本就是自相矛盾。除非有人强辩说,就是要追求不正义,就是要把事情办坏,这一问题一般地来说,不需有更多的争论。

需要仔细研究制度,特别是基本的政治制度的工作原理和工作性质,或者说在制度下人们行为的一般后果和模式是什么,这是狭义的政治科学最重要的任务之一。认真探讨政体的制度构成的一般原理,意味着一个良好政体在另一方面也是人们理性地深思熟虑和选择的结果。对政体论的政治科学来说,政治科学的主要内容不是对制度的解释,不是从历史、社会等因素解释国家政权形成的原因,而是对制度的选择和宪法建构(constitution framing)。政治科学重要的是理性地重构现实中不存在但却极为可能的关系模式,而不是对实然事物进行解释。② 这种政治科学既同上文所做的理论辩护是一致的,也有助于人们的政治实践,特别是在中国这样复杂情势下,进行制度创新。我个人特别关心不

---

① 参见笔者的一篇文章:《"规则与秩序"的研究方法——兼谈基本政治制度的选择问题》,《中共宁波市委党校学报》,2003年第2期。
② 参见哈耶克的看法:"然而一如前述,所有科学的首要价值都在于告诉我们:如果一些条件在某些方面与现在的条件不尽相同的话,那么会导致什么样的后果"。认为科学所关注的只是实然事物的错误看法,"也许在政治科学中导致了最为严重的后果,因为在政治科学中,这种错误观点成了人们严肃考虑真正重要的问题的绊脚石"。(哈耶克:《法律、立法与自由》第一卷,邓正来等译,中国大百科全书出版社2000年版,第14—15页)。

同制度下的环境保护和治水秩序模式,我试图阐明在发展了的联邦主义制度以及普通法司法制度下,如何可能出现新的治水模式,自然和经济条件严酷的社会如何可能解决他们面临的问题。而且,在这些制度下,大范围和不同地区千差万别的情况反而成为优势,范围越大,优势越明显。[①] 这也是通过具体研究对卡尔·魏特夫《东方专制主义》式政治社会学的反驳。诚然中国人很反感魏特夫,但很多人不能摆脱他的思考方式。联邦主义和普通法司法原理的理论阐述极为复杂和抽象,具有反直觉的特征,因此成为更为学术化和专门的问题。所以政体论的政治科学不是简单地回归亚里士多德的政治学,它需要继承和运用十八世纪政治科学,以及当代的最新理论成果如宪法政治经济学。

政体论的政治科学是从事政治实践的公民和政治家常识的提升,达到更清晰和一贯的理论表述,实现更好和深刻的自我理解。它基本的意向同中国"文以载道、学以经世致用"的传统并无根本的不同。它认识到政治事务的不可化约性,政治学的独立主题和特殊性质,不可化约为社会学、经济学甚至法学。政治学也许可以说是制度理性或立宪理性(借用普通法司法理性这个词),它是面向政治哲学的,但反对规范的直接应用,以经济学为工具,但坚决反对将政治学化约为经济学。因此可以说它相对独立于政治哲学本身和经济学。这正是对普通人日常生活经验尽可能完整的理解,并且不将常识的某个部分无限扩大而遮蔽其他。从普通法的司法理性和扩大了古典政治学的制度理性解决日常纠纷的过程中,人们可以看到其最素朴的形式,而中国传统在此也达到了相当高的智慧。政治学学术,可能是孔子——顾炎武式的,苏格拉底——亚里士多德式的,列奥·斯特劳斯——哈耶克式的,同时也可能是山杠爷式的,它面向实事本身,不忘记其所由来的生活世界本身。

三

关于政体制度构成的研究在理论和历史两个方面是相互结合的。在理论上我们需要继承古典政治学(西方的和中国的),以及西方 18 世

---

① 初步的论述见公法评论网站刘海波专栏。

纪政治科学的理论遗产,而对现代政治学特别是流行的行为主义持批评性态度,吸收其可取一面的立场。古典政治学可以举出亚里士多德、西塞罗、顾炎武等人的名字。18世纪政治科学的代表人物我认为是亚当·斯密、大卫·休谟、美国《联邦主义者文集》作者、当代的哈耶克等人,在有所保留的意义上也包括孟德斯鸠。① 古典和18世纪既有时代的含义,更重要的是代表品质的差异。在历史的层面上,我们需要研究各个政治社会其政体兴衰的经验,特别是政治上成功的民族的政治实践经验。几乎没有疑问,古罗马共和,近代英国和美国的政治实践在人类历史上取得了突出的成功。他们都曾经建立了在当时历史条件下相对而言最良好的政体,不仅在内部最大限度地创造了相对的政治自由和良好的政治秩序,而且对外而言最有效地维护了民族的利益。我们应该研究它们各自政体的制度构成的一般原理,而不是简单模仿其具体制度形式。

　　古希腊、罗马共和的政治实践和西方古典政治学留下的是混合政体的一般理论。混合政体被认为是在现实中可能有的最优良的政体。罗马共和国在关于混合政体的历史研究中是一个典范。波利比乌斯和西塞罗是当时共和国体系的理论阐释者。波利比乌斯注意到罗马"国家的每一个部分的权力不是牵制其他的部门就是与它们相互合作",他总结到:"所有三种政府因素都可以在罗马共和国中找到。实际上,不论在政治体系的结构中,还是在日常实践的作用方式中,三者都是平等、和谐、平衡的。即便是当地人也不能确切地肯定国家在政体上究竟是贵族

---

① 对孟德斯鸠有所保留是因为他的政治科学具有某种程度的社会学相对主义的成分,如他关于在任何时候为维持某种政体类型所需要的法和习惯的精神的概念,他的地理和气候环境对政体的决定论。尽管《联邦党人文集》作者引用最多的人是孟德斯鸠,但美国式联邦主义可以说是费城立宪会议的独创,孟德斯鸠对联邦共和国的论述在《论法的精神》一书中只占三小节,共几页内容。孟德斯鸠对英国政制的理解是否很恰当也有疑问,如孟德斯鸠对英国普通法的特性似乎没有认识,而当时英国政制根据古典混合政体的概念(王权、贵族院、平民院的平衡)再加上普通法法院的特征似乎更易理解;英国法院的司法权是判断案件的权力而不是孟德斯鸠所说的有关民政法规事项的行政权力。法国式的分权观念——立法权、行政权和司法权(适用法律而非判断个案)的绝对分离——也未必和孟德斯鸠毫无关系,这种功能性的分权必然导致议会专制。笔者倾向于认为《联邦党人文集》对孟德斯鸠的引用有些"六经注我"的味道(孟氏已代表政治科学权威本身),对这一复杂问题笔者的看法仅为抛砖引玉,容另文撰述。另一位法国人托克维尔我则无保留地称之为伟大的政治科学家,他对美国政体的理解迄今也是最深刻的。

制、民主制还是君主制。"① 西塞罗也反复说最好的政体是由王政的、贵族的和人民的三种政体适当地混合而成,"在相当大程度上,较为可取的是'混合'政体,即同时将三种传统政体加以混杂和平衡化。只是在由先人传袭下来的罗马共和国制度中,希比策翁(scipioue),亦即西塞罗,将这种政体形式加以确定化和具体化,把以罗马执政官为代表的君主制、以元老院议会为代表的贵族制和由民众大会及平民保民官为代表的民主制绝妙地混合起来"②。

熟悉亚里士多德或孟德斯鸠政体分类的人或许因为上面的说法对混合政体获得了一个一般的印象,知道混合政体不是什么,不是一种纯粹的政体形式但混合政体的结构如何,其运转动力是什么,混合政体理论和我们今天有什么关涉性,如何理解美国权力分立与制衡的特殊结构,都还是疑问。

混合政体的主题出现在西方历代政治理论大家的著作中,从修昔底德、柏拉图、亚里士多德、波利比乌斯、西塞罗到托马斯·阿奎那乃至美国的约翰·亚当斯。混合政体的具体形式是什么样的,有着众多看起来不同的说法,似乎并没有确定的形式。《控制国家》中说:"西塞罗继续着一种既定的并长期存在的政治话语中的传统:即把'混合政体'作为总体上指代权力被不同制度实体分享的模糊概念加以使用。"③ 亚里士多德论及梭伦的改革时说:梭伦建立了"平民政体的祖制",在他所创立的政体中,各个因素都被融合起来而各得其所——"亚留巴古布利"(元老院)保全了寡头作用(尚富政治),"执政人员的选举规程"着重才德标准(尚贤政治),而"公审法庭"则代表大众的意志(民主政治)(《政治学》,1272b)。亚里士多德论及他的时代的实际政体时说:这里我们所叙述的三邦——克里特、拉根尼和迦太基——的政制的确是互有关涉而相通的,比之其他城邦,三者都颇为特别(《政治学》,1274a),似乎这三

---

① 转引自斯科特·戈登:《控制国家——西方宪政的历史》,应奇等译,江苏人民出版社2001年版,第109—110页。
② 卢伊杰·拉布鲁纳:《译本引言》,载西塞罗:《论共和国 论法律》,王焕生译,中国政法大学出版社1997年版。
③ 斯科特·戈登:《控制国家——西方宪政的历史》,应奇等译,江苏人民出版社2001年版,第112页。

邦的政体都具有一定程度的混合性,但具体形式又有所不同,且在亚里士多德看来各有严重的缺点。一个具体的混合政体,究竟哪一个构成部分代表了君主、贵族、民主的因素,也有不同看法。① 甚至不是所有的混合形式都是良好的,亚里士多德说:在《法律篇》中,论辩的主旨却认为民主政体和僭主政体的两合组织是最优良的政体——这种制度,人们或者宁愿把它列入最恶劣的政体中,或者竟不算是一种政体。②

可以宽泛地把混合政体理解为在一个政体中,权力为两个以上的来源不同的群体所分享或两种以上简单政府形式的联合,分享和联合可以通过机构来体现,也可以通过程序来体现,这样政体的具体形式就有多种变化。③ 更重要的是从混合政体的目的来理解它,支持混合政体的正义观具有反思的性质,没有从一种现成的正义观中直接推导出政体的机构和程序——如果这样政体的结构倒是非常固定了,从而经得起苏格拉底对于正义的追问。政体的不同成分相互制衡、相互协调以保证政治的审议性、政体的稳定和政治行政举措的合理,从而实现一个良好的社会秩序和该政治社会对外的利益。从政体的制度安排要将正义的发现内在于其制度当中来评价混合政体,混合政体相对于现实中的其他政体来说能够更好地实现这一要求,尽管现实中的混合政体永远有需要改进的成分,永远不能最终完满。古典混合政体的组成成分是根据身份相对固定的阶级(贵族和平民,少数富人和多数穷人)产生的机构,并且设有代

---

① "这些思想家都把斯巴达政体看作君主政体(一长制)、寡头(少数制)和民主(多数制)政体三者的混合组织(但他们对于三者的解释则又各不相同)。有些人认为斯巴达的二王代表君主政体,其长老会议则代表寡头政体,至于埃伏尔(监察)既由民间选任,则监察会议便代表民主政体。可是,另些人又认为监察会议实际表现为僭主政治;只在斯巴达式的日常生活习惯以及会餐制度中,才显见他们的政体具有民主精神。"(亚里士多德:《政治学》,吴寿彭译,商务印书馆1995年版,第66页。)

② 同上注。这段话有人认为并非亚里士多德原著,亦见上注。不过从理论本身而言,如果混合政体论排除贵族成分或选贤与能成分的存在,则政体难以优良。这说明混合政体的理解也应着眼于其目的,并非为了混合而混合。现在多有学者批评发展中国家的民选总统制,如布鲁斯·阿克曼(参见 Bruce Ackerman: *The New Separation of Powers*, Harvard Law Review, volume 113, January 2000.)。这种总统制确实具有大众民主和僭主政治的混合特征。阿克曼批评了总统制,但没有对当今发展中国家的大众民主——僭主式总统制和美国立宪者创立的总统制加以区分,后者受到罗马共和政制的影响,其总统更相似于罗马的执政官(consul)。不注意美国总统制的这一历史渊源,则不能对其发挥良好和不良作用的条件(如是否存在强大的贵族性质的元老院)做到全面认识。

③ 参见 James M. Blythe, *Ideal Government and the Mixed Constitution in the Middle Ages*, Princeton University Press, 1992, p.11.

表制,如罗马的元老院和公民大会。古典混合政体的程序是比较粗糙的,往往表现为一种相互的否决权,即除非各个部分一致,否则政府无法行动,这种安排使得政治事务的争论突出于表面,古典混合政体易陷于僵局当中而比较脆弱,它高度依赖于公民美德。①

从混合政体的目的着眼所逐渐发展的政治科学,在一个政体的机构/程序/权限划分三个方面,首先着重的并非功能性分权,而是如何建立一个机构,机构以什么的方式行使权力,各个机构有什么样的手段保存自身的独立,最后根据机构的组成方式和行事方式以赋予它某些特定的权力(如批准预算案、批准人事任命和条约等)。此种高度抽象但又易于操作(并非用联邦主义、混合政体、普通法、民主、人权这样的字眼构成——这些词属于宪政或政体理论而不要放在一部实证性宪法当中,而是以两人、五年、过半数、三分之二这样的词句构成)的宪法程序,在运行中就可以动态地解决政府要实行什么政策的问题,保证决策充分的审议性。② 各机构依各自方式所行使的权力的内容,从功能性分权的角度看,会有相当程度的重叠,政治争议的表面化是自然的,一般而言是一件好事③。采取这样的结构的政体,不可避免带有混合性,而混合本身不是目的,特定结构也只是手段,不会只有一种结构方式占据优势,关键的是诸种结构方式的相互协调,达到一种内在一致性。宪法(constitution),就是构成事物的意思,构成某事物以服务于最高的善,此一构成事物高于作为构成部分的单独原则与方式。宪法是构成事物,宪法程序的合理不在单独运用了什么法则如多数法则,而在于规则体系是如何构

---

① 参见 Martin Diamond, *As Far as Republican Principles will Admit*, edited by William A. Schambra, The AEI Press, 1992, pp.58—67. Diamond 属于列奥·斯特劳斯学派,认为混合政体每个构成部分都拥有统治权力的全部,功能性分权在原则上不存在,传统的混合政体和美国的权力分立存在着深刻的区别。笔者则认为从混合政体的视角更能够理解 1787 年美国宪法的设计,其政治哲学仍然是古老的,制度安排则是创新的,其权力分立与制衡的结构是混合政体高度精致化了的形式。

② 实际上还包括判决宪法案件或判断宪法问题的机构的作用,一般来说这是法院的功能。古典混合政体的脆弱性在于其结构的弱点,如没有代议制,形成机构间关系的程序过于简单。对古典混合政体缺点的克服,我们必须发展政治科学,但不能忘记了政体的目的。

③ 例如,可以提高公民的政治热情和政治技艺,培养公民美德,激活公共领域。混合政体一般由三个独立部分构成,似乎也不是毫无理由的。三人竞争的情况下,各自的优势不会永远保持,不存在经济学所说的均衡,如多数表决制中的三人分币游戏。这样在政体运转的动力学中就有一个内在的活泼性因素。

成的,因此绝对多数或一致同意或英国上院的开会规则因为在宪法构成中的位置,都可能是合理的。因为最高善对人而言只可逐渐接近,因为政治科学发展的缓慢,因为政体选择本身也是具体时空中实践智慧的运用,现有的宪法程序必定有不完善的方面,需要不断批评,新的结构形式没有被封闭。

似乎还不为我们所注意到的是,不少政治学者认为英国和美国实行的也是混合政体或至少部分是,不过其制度形式更加微妙和复杂而已,而不是纯粹的民主政体。① 这里我想引申一下我眼中的美国混合政体。美利坚政体是混合政体,不仅仅是将古典意义上的混合政体类比美国总统和国会两院的结构性关系,更是因为美国联邦政体建立在全国性宪法和联盟性宪法的混合之上②,这可以说是不同于古典式的更高层次的混合。不仅如此,美国的成文宪法主要考虑的是政制结构,出于理性之建构,而通过普通法背景下的司法审查制度,通过一个个宪法判例的积累,美国宪法性法律的总体,复具有英国不成文宪法的特征,成为活的宪法(不是个别人强力所造成的,是历经几代乃至无数代时间自然生长出来的),所以美国宪法兼具僵硬难变与不断演变的特征,这是美国政体的又一种混合性。走笔至此,或不能不感叹美国立宪者们作为立法者之功业,其实已超迈古贤,包括真正的普布利乌斯本人,美国政体在最

---

① 麦迪逊称宪法建立起来的不是民主政体,而是共和政体,因为实行的是代议制民主(《联邦党人文集》,第 10 篇)。从广义来说,代议民主本身就是混合政体,将民主与选贤混合起来,人民的代表,在其任期内保持独立性,不可为选民召回,人民代表根据自己对事物是非曲直的独立见解而发言,而非只根据选民的利益发言。共和政体的古意,就是一种混合政体,亚里士多德《政治学》中共和政体大致有两个含义:1. 是一般政体的通称,即 politeia,波里德亚;2. 混合政体,我们业已阐明寡头和平民政体的性能,共和政体的性能也约略地可以认识了。"波里德亚"的通义就是混合这两种政体的制度。但在习用时,大家对混合政体的倾向平民主义者则称为"共和政体",混合政体的偏重寡头主义者则不称"共和政体"而称贵族政体。亚氏又说:以群众为统治者而能照顾到全邦人民公益的为共和政体。我们这里用混合政体的概念理解美国国会和总统的权力结构,通常所说的三权分立中的法院,其性质是特殊的,其权力是被动性的,被认为在政府之外起调节和独立的判断作用,下文讲普通法问题时再涉及。约翰·亚当斯极力为混合政体辩护。制宪会议在参议院的间接选举上意见一致,实际建立起来的参议院,与其说代表各州,不如说是全国性政府的元老院。《联邦党人文集》作者以长篇篇幅辩护在共和国中元老院的必要性,并引用古代的例子(《联邦主义者文集》,第62、63、64、65、66 篇)。两院各自拥有相互的立法否决权,这三个机构所行使权力的对象,在很大程度上是重叠的。另外参见美国学者 Paul Eidelberg 的看法, Will Morrisey. Paul Eidelberg: *The Mixed Regime and the American Regime*, in *Leo Strauss, the Straussians, and the American Regime*, edited by Kenneth L. Deuth and John A. Murley. Rowman and Littefield Publisers. Inc. 1999.

② 参见《联邦党人文集》第 39 篇中麦迪逊所作的阐释。

好的方面,似兼具共和罗马和英国政体之长。可惜同胞们往往为电视中美式竞选的戏剧场面所惑,而不能对美国政治加以非表面的注意,不过此事似乎难免,因为现代美国人也多有数典忘祖者。

更需要我们注意的是,英国和大陆法体系不同的历史悠久的普通法司法制度,以及美国对人类政治的最大贡献——联邦主义的发明。

联邦主义政制也具有混合的特征,其宪法既是全国性的,也是联盟性的。美国1787年宪法建立的现代或美国式联邦主义(联邦与邦联从此由意义相同的两个词获得了不同的含义,下文说的联邦主义都指现代联邦主义),被认为是政治科学的一大发现。①现代联邦主义的特点包括:1. 宪法具有单一制和邦联制宪法的混合特征,一个全国性的政府和联邦组成单位的各邦政府同时并存,管辖地域和人民重叠,两种政府的权力来源各自独立。② 2. 全国性政府直接对公民行使权力,有独立的税源和行政机构③,美国立宪者认为建立一个政府们的政府违反了政治科学的一般原理,是原来的联邦失败的原因。3. 司法制度在政治制度中占有非常重要的地位。一个联邦主义体制往往伴随强大而独立的司法机构,否则不易稳定。对联邦制下政府的运行而言,一个普遍看法是,联邦制内在地会在各个政府之间(全国性政府与地方性政府,地方性政府与地方性政府之间)产生什么是各自的正确的权力范围的争吵,因此一个独立的司法体系和某种形式的司法审查就是必需的。联邦制中(诸

---

① 托克维尔的评论:"但是,现行的美国宪法规定了几项新的原则。这些原则起初没有引起人们的注意,但它们后来发生的影响却是十分深刻的。这部看上去好像与以前的几部宪法没有什么不同的宪法,实际上出自一个全新的理论。我们应当把这个理论视为今天的政治科学的一大发现。"(托克维尔:《论美国的民主》,董果良译,商务印书馆1988年版,第175页。)

② 比较美国参议院和德国参议院的不同组成方式,美国:合众国参议院由(每州州议会选举的)两名参议员组成,任期六年;每名参议员有一票表决权(美国宪法第17条修正案已经改参议员由人民直选)。德国:(1) 联邦院应由州政府所任命与召回的成员组成。州政府的其他成员可作为其替代。(2) 每个州应至少有3票;超过200万居民的州应有4票,超过600万居民的州5票,超过700万居民的州6票。(3) 每个州可以派遣和其票数同样多的代表。每个州必须由在场成员或其替代投联票(Blockvote)。美国中央政府的组成不依赖于州政府,参议员的长任期和按人投票,使参议院成为独立而强大的机构。笔者一个反直觉的见解是,中央政府的独立,有利于地方政府的自主性,因为地方政府的安排将不会受到如何安排中央政府的影响,这有利于地方政府独立的存在意义。

③ 托克维尔的评论:"在这里,中央政府像一切全国政府一样,直接管理统治者、行政官员和司法人员,但是行动的范围有限。显然,这个政府不再是联邦政府,而是不完备的全国政府。因此,又出现一种政府。"(托克维尔:《论美国的民主》,董果良译,商务印书馆1988年版,第175页。)笔者认为,要保证地方自治的真正落实,中央政府需要自己独立的执行部门,这样就没有必要在有时候被迫将地方政府征用为自己的下属机构。

如德国、澳大利亚、加拿大),需要并且总有一个独立的最高法院或宪法法院,并有权裁断宪法问题。美国的普通法法院特别是其最高法院,通过个案判决的方式,发展了政府间关系的普通法。

联邦主义是一个面向公民个体、有独立税收基础和独立行政手段的全国性政府和同样的区域性的若干个地方政府同时并存。联邦主义制度下多个政府单位的竞争与相互制约形成了社会秩序的动态平衡,保证了正当规则的可实施性;多层次相对独立的政府单位的存在使其具有利用分散的知识和信息的优势,其政治行政举措是建立在广泛的信息基础之上的。① 政体制度构成中的联邦主义因素使一个大范围社会既有大国的安全又拥有小国的自由。而且,对联邦主义来说大范围本身就是一个优点,范围越大,联邦主义政体则越稳定,社会秩序的一般后果则越好(类似于市场交易的范围越大,则越不容易形成垄断,劳动分工越加细化,经济效率越高)。在联邦主义制度下,各个政府的适当的权限范围是在一个动态的过程中不断调整的。

联邦主义制度的运行对司法体制提出了特殊的要求,独立的司法体系和司法审查是与之相配套的。② 普通法的司法制度——司法独立,非行政等级式的自主分立、分工合作、重叠管辖的法院系统,以判例为基础的法官造法功能,使得正当规则的发现成为一个社会内生的过程。普通法司法制度使得法制建设减少了对大规模立法和从他国进行大规模法律移植的依赖。法律同社会具体的状况更具有相容性。普通法司法和联邦主义的原理,其理论阐述要更为复杂。这就是我们不仅要继承古典政治学也要重视18世纪政治科学的原因。当代政治学以历史主义和

---

① 阐述联邦主义的好处,除了古典作家(孟德斯鸠、《联邦党人文集》作者、托克维尔)的论述外,现代学者借助的是市场经济体制类推方法,即将经济学阐明市场经济体制优点的理论运用到说明联邦主义制度下形成的秩序模式。
② 联邦主义制度下,行政从哪一级政府开始,也就在那里结束,不存在行政等级制。各个政府的行动必定相互影响,一个政府的行动对其他政府计划的影响且以明确的冲突形式表现出来,就好像个人之间行为的相互影响一样。如果中央政府决策,地方政府分工执行,地方通过推诿和装模作样就能使中央的计划实际上受到挫败,但好像没有冲突出现。当然,必须有确定政府们权限范围的法律,联邦体制才能运转良好,问题是法律通过判例由法院发展还是靠立法。我们不应奇怪美国宪法判例一部分是个人权利保护,一部分是政府权力和联邦主义。不考虑一种特殊的叫做普通法的法律创生过程在美国宪法中一直所起的重要作用,就不能认识到普通法视野中的司法独立和司法审查在美国联邦主义政体中所具有的重要作用,则不能够想像对美国联邦主义进行很好的模仿。

实证主义社会学为主流范式,从而就整体而言已经失去了其曾经达到的广阔视野(政体与政体的价值和制度构成,基本政治制度下形成的一般秩序模式),成为非政治的政治学。在这种情况下我们只有求助于18世纪的政治科学,才能对联邦主义和普通法司法的原理有初步的理解。

作为一个政治科学的研究者,普通法司法制度是我感到最值得研究也最令人困惑的。这个问题笔者目前认为是宪政制度安排中基础但也是最复杂的问题。

法官在遇到一个案件,是寻找有参考意义和有拘束力的先例进行归类,甚或断定这是一个新的案例,同找到可以适用本案的成文法条,实在具有微妙而重大的区别。

普通法和大陆法方式的差异,对英美和欧陆政治制度的影响,怎么估计也不过分。列奥尼在谈到欧洲大陆法和英国普通法的法律确定性的区别时指出:这两种不同法律制度的法律确定性混淆,很可能是欧洲和英国宪法的比较被认为容易而实际上并非如此的一个主要原因,这也导致欧陆的政治科学家们能够想像他们正在进行对英国宪法很好的模仿,而又不考虑一种特殊的叫做普通法的法律创生过程在英国宪法中一直所起的重要作用。没有这种法律创生过程,想像一种为戴雪所详加阐述的古典英国意义上的法治,几乎是不可能的;同时,没有立法机构制造法律的过程,欧洲大陆的制度也不会是今天这个样子。[1]戴雪在《英宪精义》第二篇讨论英格兰政治制度之法律主治或法律的至尊性时指出,在英国,宪法的通则形成于普通法院的判决,此为法律主治的第三概念,此可称为英吉利制度的专有德性。"在此际,我们尽可断定英宪是完全被法律精神的优势浸淫弥漫。我们要下这一断语,自有确凿根据:即是,英宪的通常原理(譬如即以人事自由的权利或公众集会的权利为例)的成立缘由起于司法判决,而司法判决又起于民间诉讼因牵涉私人权利而发生。可是,在多数外国宪章之下,个人权利的保证只能形成(至少在表面上是如此)于宪章的通常原理。"[2] "比宪与英宪所有差别可以明理陈述之如下文:就是在比利时中,个人权利是从宪法的原理演

---

[1] Bruno Leon, *Freedom and the Law*, Liberty Fund, Inc., 1991, pp.94.
[2] 戴雪:《英宪精义》,雷宾南译,中国法制出版社2001年版,第239页。

绎出来之结论;在英格兰中所谓宪法原理是由法院涉及每个人所有权利的判决案归纳得到之通则。"①

后发展的国家,实行普通法系的,其建立的民主体制就比较稳定,民主体制运行的经济和其他后果也比较良好,这已是明显的事实。

美国宪法规定了联邦主义与全国性政府的三权分立,《联邦党人文集》只以较小的篇幅讨论了司法制度,且主要是由于实行联邦制(美国或现代意义上的)所带来的特殊问题,但是这不一定意味着司法制度对于宪政不够重要,很可能它是宪政制度安排中最基础的。美国立宪者们的制度创新是建立在普通法的制度土壤上的,宪法本身就是普通法律师起草的。司法至上、通过法院判例发展宪法权利、保持陪审团制度是美国政治制度根本重要的特征,缺乏这些特征可能是那些模仿其联邦主义和民主的国家制度失败的原因。哈耶克告诉我们:"因此,令18世纪其他欧洲国家的人民羡慕不已的英国人所享有的那种自由,并不像英国人自己最先相信并在后来由孟德斯鸠告诉全世界的那样,原本是立法机关与行政机关进行分权的产物,而毋宁是这样一个事实的结果,即支配法院审判的法律乃是普通法,亦即一种独立于任何个人意志、而且既约束独立的法院又为这些法院所发展的法律……在英国,法律是由那些独立于指导和支配政府的权力——亦即那个被错误地称之为'立法机关'的机构所具有的权力——的法院决定的。"②

对于普通法问题,有三个问题要加以考虑:1.对大陆法法治方式的哲学诘难③。2.一如混合政体和联邦主义,普通法是一种观念现象,我们不给出本质性的定义。需要对普通法法治方式的理性重构,从而发展一种法的社会理论,阐明普通法的优点。3.为了实现高于普通法本身的美好目的,在这种重构中预设了一系列的条件,辩明这些条件,得以在政体层次安排司法权,这是标准的政治科学的工作,而不是普通法法

---

① 戴雪:《英宪精义》,雷宾南译,中国法制出版社2001年版,第241页。
② 哈耶克:《法律、立法与自由》第一卷,邓正来等译,中国大百科全书出版社2000年版,第131—132页。
③ 如苏格拉底式的追问,理论理性与实践理性的区别等,需要另文撰述。

官的工作。①

对于这样一个问题,我们是否可以概括出什么是普通法司法制度,或者说是对本来就重视程序的普通法具有元程序意义的制度,从而在宪法层次上进行深思熟虑的司法制度安排呢?如果能,它是什么?这是最令人困惑的。普通法是各种偶然在英国形成的历史因素的产物,普通法具体规则本身是长期演进的结果,它出于无数人之手,好像是自然长成的。我接触到的普通法的著作,要么是法律史的叙述(如梅因、密尔松);要么是普通法法官视角下提出的如何审判案件的理论与原则(如霍姆斯、卡多佐、丹宁勋爵、波斯纳);要么是具体的普通法判例(浩如烟海,且每一判例都有具体的背景)。要回答上述问题,需要的却是一种一般理论。一般理论才有希望回答普通法司法过程和通过判例累积形成实在的规则体系,如果具有某些特别良好的特性,其原因何在,其能发挥良好作用的一般条件是什么,这样才能做到通过有意识的宪法安排设定这些条件,甚至能够改进现存的普通法司法之基础制度条件的不足之处。但是,这一问题具有高度的复杂性,它关系到一种社会理论,这需要重构一种规则秩序,即在隐含的元程序条件下,阐明司法过程中形成的判决和规则体系的一般特征。这一重构,同理论经济学类似,是建立在秩序中的个体行动者如法律人的内在视角基础之上的。个体行动者的自我理解中,他的确不是一个目的追求者,即工具理性意义上的理性人,而是一个规则的遵循者和探究者,是价值理性意义上的理性人。因此这种社会理论,不是作为经济学一个分支的法学,而是经济学作为法学的一个部分的法学。个体行动所形成的秩序,也不是我们通常在经济学中所讲的市场秩序,而是一种规则秩序,不是用商品的价格变化对其进行例证的说明,而是用规则的变化对其说明。这种社会理论,较之经济学,具有更高度的抽象性,并且当然它也不是寻找规则的社会因素的所谓的法律社会学。另外,这一问题关系到政治哲学,从苏格拉底和色拉马叙斯开始的客观正义的信奉者和法律实证主义者之间的争论。一种适当的社会秩序,不仅仅是一个经济学或伦理学的问题,如哈耶克

---

① 可类比博士答辩委员会组成和行动方式的程序性规定和答辩委员们对合格论文的判断工作。

所说的,这是一个惟有当成一个整体加以研究才能够成功得到认识的问题。①

看了上段的叙述,对哈耶克的理论生涯有所了解的人们可能会说,哈耶克大概是上个世纪最适于回答上述问题的人。哈耶克一开始就是在法律学习的背景下研究经济学的,后来他激烈反对经济学和法学的分离并抱怨为没有法律背景的学生讲授经济学的困难。哈耶克是上个世纪极少有的百科全书式的学者,年轻的时候就是当时最著名的理论经济学家,晚年则创立了一种独特的和极为精深的法理学,集中体现在《法律、立法与自由》一书中。在我看来,对我们上面问题的回答,哈耶克已经作出了艰苦卓绝的努力,并且不同于历史学者和普通法法官的零散的和直觉性的洞见,哈耶克给出了系统的理论性答案。在哈耶克的基础上,发展一种真正的法的社会理论,在立宪中司法制度的建立上突破传统中混合政体理论的视野,这可能是我们创造一种宪政理论以消化英美经验而不是模仿其表面制度的一个途径。

值得注意的是,哈耶克的法治观在他一生中有从法典法到普通法法治观的重大转换,对此我国学者邓正来已撰有长文进行讨论。②

在《通向奴役的道路》中,哈耶克说:"法治的意思就是指政府在一切行动中都受到事前规定并宣布的规章的约束——这种规章使得一个人有可能十分肯定地预见到当局在某一情况中会怎样使用它的强制权力,和根据这种了解计划他自己的个人事物。"③ 一项行动是否属于专断,取决于该项行动是否符合既以存在的一般性法律原则。已存在的法律如果没有规定,就不能进行惩罚。宪法是根本大法,必须规定一般性原则,调整和支配立法机构通过的法规法令,宪法与常规法律间的根本区别,类似于一般性法律与法院将它们适用于某个具体案件之间的区别。④ 这种法治观,是今天中国许多学者具有的。

在《法律、立法与自由》中,哈耶克发展了一种法的社会理论,在该书

---

① 哈耶克:《法律、立法与自由》第一卷,邓正来等译,中国大百科全书出版社2000年版,第7页。
② 参见邓正来:《哈耶克法律哲学的研究》,法律出版社2002年版。
③ 哈耶克:《通向奴役的道路》,藤维藻、朱宗风译,商务印书馆1962年版,第71页。
④ 哈耶克:《自由秩序原理》,邓正来译,三联书店1997年版,第12章。

第一卷第 6 章"内部规则:自由的法律"中,哈耶克运用他卓越的建构抽象模式的能力,勾勒了从司法过程中生成的法律必然具有的那些属性,这可能是我见到的对普通法司法制度最杰出的理论性辩护。哈耶克说,笛卡儿式观点或几何式的法律观认为所有的法律规则都是从明确的前提中推导出来的,但即使从这种法律观所宣称的要使司法判决更具预测性这个直接的目标来看,它也是注定要失败的。他认同伟大的普通法法官从司法过程中产生的洞见,如霍姆斯所言:"法律的生命向来不是逻辑,而是经验。"① 霍姆斯的另一句话,"一般性法律命题并不裁定具体案件",和上句话说的是同一个意思,但在《自由秩序原理》中受到哈耶克的负面评价。哈耶克认为"法无明文不为罪",未必就是法治的一部分,只要该论式中的"法"所指的只是立法者所颁布的成文规则,而不是意指那些一经形诸于文字其约束力即刻便会得到普遍认可的规则。具有典型意义的是,英国的普通法从未在法律只是立法者所颁布的成文规则的意义上接受过"法无明文不为罪"这一原则,而始终是在法律是那些一经形诸于文字便会得到普遍认可的规则的意义上接受这一原则的。② 对宪法,哈耶克认为是一种上层构架,目的在于用组织的手段实施先行存在的法律系统,是纯粹形式意义的法律,不能视作其他法律的渊源。③ 实际上,哈耶克提出的新宪法模式是这个意义上的宪法,是纯粹形式的建构。④

我们上面对哈耶克法治观的理解,是以法律人和当事者的自我理解为基础,通过预设一系列条件,重构出一种司法过程即普通法司法过程,理解此种司法过程所产生的规则体系的一般特点,这些构成了我们关于一种宪法模式对特定司法制度安排进行选择的论证,并且我们还可以在宪法中安排对这种自发生成的法律的校正机制。但是需要注意的是,我们却并没有对制度选择的判断基础进行理性的证明,预设条件和特定司法过程之间的关系服从因果律,是标准的政治科学研究的对象。

---

① 哈耶克:《法律、立法与自由》第一卷,邓正来等译,中国大百科全书出版社 2000 年版,第 167—168 页。
② 同上书,第 182 页。
③ 同上书,第 211—213 页。
④ 本文所说的政体的制度构成,和哈耶克说的宪法是同一个意思。

作出何种制度选择本身没有理性可以清晰说明的原因,它不从属于因果律。虽然哈耶克本人没有给自己的理论作这样清晰的说明,但这样哈耶克创建一种宪法模式本身便是自然而然的事情,当然对其具体的设计可以进行批评。①

有些人喜欢从文化演进观的角度理解哈耶克,解析文化的演进过程既不预设条件,也离开了演进中人的自我理解,这样做的结果,否认了哈耶克宪法模式在内的一切有意识制度选择的努力,而且一切现存的规则都是普通法,都具有因为存在所以具有的优良特征。不幸,上面这个观点选择不作为的理由却是完全理性的解析,因此便成了哈耶克所说的建构论唯理主义,而且似乎是无可救药的。由于这个原因,我认为哈耶克本人特别是其在《致命的自负》一书中某些关于自发的规则的观点,不必太重视,有些表述,已和历史主义社会学观点离得不远了。斯特劳斯在《自然权利与历史》中批评了现代的思想人物霍布斯、洛克、卢梭和伯克。哈耶克始终对伯克推崇备置,晚年已对洛克不以为然。斯特劳斯关于伯克的批评对哈耶克也是适用的,可以针对上段讲的哈耶克的文化演进观点。看来伟大的政治活动家和政治科学家,在论及政治哲学的基本问题时,也会犯一些在哲学理论层面被反驳为自相矛盾的错误。

如果上述的论辩成立,我们得以在政体层次上安排司法权。宪法建立一些机构,叫法院或大理院。法院的权力是被动的,其职责在于判断诉讼到它这样的案件,没有起诉,就没有审判。法院的任务是最好地做出个案的判决,而非最好地执行成文法律,为了一个好的判决,他可以在个案中让成文立法无效(除宪法程序之外)。对成文法律的违宪审查,是自然而然进行的,是时时刻刻都在进行的。为了保证法官的完全独立,在法官的任命和薪水上要作出特别的宪法性规定。除了上级法院对已决判决的事后推翻,法官的审判不受外来的干预。法官拥有这样的权力,并非因为法官本身就是正义,我们根据的是政治科学的辩护,这样组成的法院和法官是通向正义的目前最不坏的工具。我们重构了这

---

① 对于哈耶克的宪法模式(《法律、立法与自由》第二、三卷,邓正来等译,中国大百科全书出版社2000年版,第17章),笔者就认为,设立专门制定正当行为规则的立法议会不具有可行性。正当行为规则无法化约为法典法,也无法找到形式化的规则区分正当行为规则与非正当行为规则,从而为立法议会划定权力的界限。

样的司法制度所自然形成的法律秩序的优点,无论在保证人们行为预期的确定性上还是在适应社会生活变化的灵活性上,都优于法典法的法律秩序。法官的这种权力本身,就带来对行使权力的制约,案件判断好坏是法官的责任,他不能以成文法律为借口逃避他的责任,这本身就是巨大的压力。还有另外一些制度,如陪审团制度,对法官的弹劾制度,也制约着法官。法官判决的一些争议,实际上宪法中并没有答案,宪法精神只是给了启示(就和超验上帝的启示一样)。这些争议,不能交给统领军队的行政长官和掌管钱袋的国会,只能交给危险最小的部门。[①]我们不要忘记我们仍然处在政治领域,法律秩序必须保持统一,这样就有了最高法院对一切案件最后的上诉司法权。

总结上文,我的看法是,建设一个良好的政体和为一部良好的成文宪法辩护,必须而且只能诉诸于政治科学。[②] 宪法本身的合法性,关键问题是它所依凭的政治科学自身的合理性。不能将宪法的基础实质化,宪法的基础不是国家主权,不是社会契约,不是人民主权,不是人权目录,也不是社会学意义上的民族或文化,而是政治哲学意义上的人类社会或政治社会。因此一部宪法,如果要取得实证性的内容,其合法性就要诉诸政治科学,并且自然也只能确立相对的而非绝对的合法性。宪法不能排除革命的正当性,革命的正当性不属于政治科学的内容,政治科学在于使革命成为不必要。政治科学的历史是古老的,它至少可以上溯至亚里士多德和周公、孔子,政治科学不能离开它古老的传统而被后来的社会学、经济学、心理学所吞没,必须坚持政治现象的不可化约性,政治科学有其独立的、特有的研究意向和研究主题。这不意味着政治科学不能运用其他学科发展的理论成果,但政治科学仍然是其所是,正如为写作提供极大方便的电脑技术不能取代诗艺一样,统计学等等也不能取代政治科学。无论美国后来在工程技术上甚至管理科学上取得了多么

---

① 汉密尔顿说:司法部门既无军权,又无财权,不能支配社会的力量与财富,不能采取任何主动的行动。(参见《联邦党人文集》,商务印书馆1980年版,第391页。)
② 麦迪逊在回答制宪会议制定和提出1787年宪法是否越权时指出,"即使他们(制宪会议成员)在提出一部宪法时违反了自己的权力和义务,如果认为它能实现美国人民的观点和幸福,这无论如何也是可以接受的。至于宪法在多大程度上具有这种特性,是个正在研究的问题";"慎重地探讨问题时,在任何情况下,显然应该是:与其问劝告来自何人,不如问劝告是否有益"(《联邦党人文集》,商务印书馆1980年版,第40篇)。

大的进展,我却认为远在这些之前,它在立宪时期政治科学就已经达到过后世很难超越的顶峰。我认为历史主义社会学对国家(在其视野中是一个脱离于人的认知框架的客观对象)的解释理论不是我们政治思考的正确模式。政治科学具有独立的地位,政体具有独立的地位,它们不是哪种社会现象的反映或衍生物。从国情出发,以特殊国情为理由,拒绝改进政体,无论在知识上还是在伦理上都站不住脚。理论总是超越于现实,真正的问题是:什么是政治科学的真知识?无论我们的现实条件是什么,政体建设都是一项超越现实的独立事业。上述看法并不意味着政治科学的内容是不变化和无进展的,实际上在18世纪,政治科学在理论上和实践上就取得了突破性的进展,是18世纪的政治科学而不是希腊、先秦时代的经典可以成为我们直接的理论指导;现代经济学的发展,使我们认识规则的工作性质问题有了更精确的工具;普通法司法制度下形成的规则体系的优点,在哈耶克等人的努力下,也逐渐为我们所认识,因此我们可以设想如何在政体层面深思熟虑地安排司法权;甚至笔者,因为是中国人的缘故,也尝试性地进行了宪法层次上的制度安排(联邦主义治理与普通法司法)与治水秩序的研究,并认为中国的水危机可以解决,但首先要依赖于政治科学。如果说我在文章中较多地提到了美国宪法,那么这些内容可以视为美国宪法的政治科学解读。我试图总结政治科学发展中一些关键性的成果,简单说明了混合政体、现代联邦主义、普通法司法的优点。这些制度相互协调相互支持,构成了良好政体或宪法,宪法是构成的事物。这些都是工具或者说是重要的手段,宪法不是超验正义的直接体现,而是通向正义的工具;也因为如此,我所说的不是证明性的结论,而是说服性的结论,宪法的构成是一个永远无法完结的问题。政治科学可以帮助我们获得相对良好的宪法,但科学本来就不能获得封闭性的最终结论。无论如何使人不愉快,最后我还想说,获得优良的宪法不能诉诸于超验正义或人权论的道德学说。权利体系和权力范围的体系是政治过程和司法过程的结果,不能离开宪法程序和法治形式而确定具体的权利内容。不考虑法治形式和政制形式,将抽象的道德规范直接应用于政治领域,实际上是将规范推理化约为逻辑推理,逃避了判断的负担,最终是有害无益的。

四

回到中国问题上来，就是要以政体论为中心的政治学来理解当代中国政治，展开政体层次的分析。我认为这样可以拓宽我们的视野，达到对当代中国政治更深刻的理解，并且展现了通过深思熟虑和选择改进当代中国政体的可能性。政治建设和政治体制改革其前提是要珍视已经建立起来的政体的优点，那么当代中国实际运行的政制有什么优点呢？

当代中国政体，我们可以说已经具有混合政体的某些特征。同建国后所建立的经济体制不是典型的苏联式计划经济类似，当代中国政体也不是典型的前苏联东欧式政体，无论在价值构成还是在制度构成方面两者都有根本性的不同，有时候这种不同已引起了人们的注意，但可惜并没有以足够概括的理论表达出来。中国人所说的共产主义和社会主义总有更抽象的代表价值和理想本身的含义，而很少被严格地依据历史唯物主义进行解释（特别是在不从事理论工作的广大党员中）。建国前边区政府中的三三制，建国后五十年代和改革开放后所实际运行的基本政治制度，列宁的阶级专政国家学说都不足以解释。经验告诉我们，当中国政体的这一特征体现得更为充分时，就能实现最良好的社会效果。而一旦其混合的特征失去，其中的某个部分完全掩盖了其他部分的作用，就会导致灾难性后果，甚至政体本身也处于不稳固的状态。改革开放二十多年来所取得的成就是值得我们珍惜的，我们也应该珍视我们政体中那些优良的成分。说当代中国的政体中有某些混合政体的特征，是指它将由政治精英人士组成的各级党委特别是党的中央委员会对各项重大政策方针的深思熟虑和审议，同人民代表大会对来自人们群众呼声的反映，以及个人负责制的、讲求专业和效率的狭义政府这些成分有机统一起来。中国政体的一个重要特征是还有政协的存在，政协的组成不同于人大，其成员不完全是根据地域而产生的，它考虑到了人们的职业、民族、阶层这些区分，这样就增加了一种代议机构，使社会各界的声音反映得更加充分。当我们说改进我们的宪法或政体的制度构成时，我们需要对古典政治学的遗产有充分的理解。直言不讳地说，宪法规定的人民代表大会地位，当其完全实现了宪法规定时，可能会同以党代政、党凌驾于法律之上一样会造成政体的不稳定和社会秩序的混乱,因为这同样破坏了政体各个组成部分的平衡。在宪政理论中,在一个宪政秩序中,主权的概念,包括多数人主权,没有任何意义。这只是一个在国际政治领域,在外交政策领域,可以在特定的含义上使用的概念。作为平衡人大的一个机构,以实现代表们更高水平地审议国家大事,政协的地位和功能则有加强的必要。

对当代中国政治而言,执政党和政府的关系一直是人们极为关心的话题,但是仅仅停留在这一水平上,这一问题可能永远不能得以澄清。并可能为结论对立、但思考方式实质相同的不同教条所困惑。政体层次的分析提供了一个新的视角,理解为什么既要坚持党在宪法和法律范围内活动,又要坚持党的领导,理解政治改革不是削弱党的领导而是改善党的领导。

在政体层次的分析中,中国共产党是当代中国政体一个至关重要的组成部分。在中国当今的政治建设和政治体制改革中,必须认识到中国共产党是当代中国政体最重要的组成部分,党不能自外于中国政体之外。在这个意义上,中国共产党不是严格意义上的政党,她属于中国最严格的公共领域,是政体组成部分的最重要制度和机构,而不是"党"这一词原来意义上的部分或派别。中国共产党自身的制度变革,必须被认为是当代中国政体变化的一部分。认为中国共产党需要变成全民党或社会民主党化的设想,是对西方政治生活表面观察得出的轻率结论,没有深入理解其制度构成的一般原理,也没有照顾到历史形成的特殊状况。从党政分开的角度而论,这里说的是拥有法定权力的党的机构和同样拥有法定权力的其他机构如狭义政府、人大、政协、司法部门一定程度上的相互分离,以及诸机构间的相互依赖、相互制约。首先着重的不是各机构职能上的相互独立,相反如下文详论的要求机构间权力一定程度的混合和重叠。一般论者所说的党政分开,是照搬西方条件下,政党不是政体的一个正式组成部分,只能作为社会部分利益的代表者通过参加部分政制机构如议会、总统的方式执政。这样的情况下,政党的政治合法性和公共性不能和政体的组成机构相比,因为无人认为议会可以只代表部分人的利益。在中国,社会特殊利益的代表者通过参加中国共产党从而使其利益获得政治上的表达。就中国的情况而言,政制机构中,政党和政府具有悠久的历史,是成熟的组织,人大则相对幼稚得多,如果党必须通过参加人大才能执政,这似乎有些不是深思熟虑的做法。在中国,需要努力培育使之壮大和成熟的是司法部门。

视中国共产党为当代中国政体的一个正式的重要组成部分,并且认为需要进一步明晰党的这一地位的看法,需要从价值层面、经验层面(本文指从规则与秩序的视角看这一制度的特征和在当代中国的运行后果)、审慎判断层面看是否适当。① 观察古代和英美政体的表面制度,我的这一看法看来很古怪,令人很不习惯。但我们需要的是深入到政体制度构成的一般原理中,而不是进行表面的制度模仿。在此我们不要陷入词义上的争论。

政治上最重要的美德可能是审慎,在这个层面似乎无需也不必多说,对中国现实状况理解的人们都可以明白我们为什么要实行一种看来非常不合常规的体制,但是这种不合常规没有违反政体制度构成中最一般的原理,却保留了我们现行政体的优点。

在价值层面,党在当代中国政体中拥有适当的地位当然会有助于这一政体的稳固和良好。以一个历史悠久的并且其成员不封闭于血缘、地域和阶层,而是广泛吸纳公民中先进人士的政治团体,获得在宪法上的优势地位,并不比规定世袭的君主和贵族的宪法地位更加让人不可思议。相反,出于政体稳定的考虑,出于建设更良好政体的考虑,出于长远的广泛的公众利益的考虑,中国共产党为宪法所规定的从而也为宪法所限制的这样一种地位,这样一个政治团体的长远存在,倒可能为热爱公益和思考的人们所赞成。拥有元老院的古罗马共和国和立宪君主、贵族院的英国在政治上的成功是众所公认的。党要在宪法和法律范围内活动,而我们已经谈到,人如果不承认有高于自己的事物存在,不接受实际的约束,必陷入自我荒谬自我毁灭的境地。

如果说任何由人组成的团体必须受到实质性的制约这一点在价值层面我们已经不需争论的话,从而我们可以获得政治分权的一般原理,但分权的一般原理并不能告诉我们分权的具体形式,特别是分权下如何

---

① 参见尼尔·里默:《宪法与1787年政治领域的一种创造性突破》,载汤普森编《宪法的政治理论》,三联书店1997年版。

实现政府运作的效率。分权不仅是对人之可能不义与专制的制约,也是为了提高政府运作的效率,"把分权看作是能使政府职能更有效地分配和组织劳动分工的一种形式是有益的。专业化改善了每个人的绩效。……跟其他宪法条款一样,分权仍然是增强治能的:它能够使交叉管辖的问题得到解决,能够解开不明确的命令链并有助于克服致命的功能混乱。"① 在谈到组织人统治人的政府时,麦迪逊有一句名言:最大的困难在于必须首先使政府能够管理被统治者,然后再使政府管理自己。政府如何既能统治又受制约,这是哪些相关的构成因素做到的,既是规范问题,又是实践推理问题;既有一般性的考虑,又有特殊性的考虑。因此简单的分权观点——认为我们可以清楚地划分出立法、司法、行政权力,并且由三个机构分别行使不相混淆,是不适当的。②《联邦党人文集》第37篇谈到:"经验教导我们,在政治学中还没有什么技巧能充分确定地辨别和定义政府的三大分支——立法、行政和司法,甚至不同立法部门的特权和权力。在实践中每天发生一些问题,这就证明含混不清存在于上述主题中,并且使最伟大的政治学家深感为难。"而在划分联邦政府和州政府的权力范围时也是同样。"因此,这里是定义出现含糊和不正确情况的三个原因:对象难以辨认,构思器官不完善,传达思想的手段的不合适。这些原因中的任何一种,必然会造成一定程度的含糊。制宪会议在划分联邦和和州的权限时,必然体会到这三种原因的全部作用。"③《联邦党人文集》作者认为,孟德斯鸠的著名政治格言并不要求立法、行政和司法完全互不相关,不同权力的相互混合是必然的和必要的。"如果我们查看某些州的宪法,我们会发现,尽管这个原理使用的是强调的、有时甚至是绝对的字句,但是这几个权力部门却没有一个绝对分立的实例。"④ 美国立宪者所建立的政体的特征,用当代美国宪法学名家劳伦斯·却伯著名的书中的话说,无论联邦主义还是三权分立,是机构间的相互依赖而不是功能的各自独立,最好地概括了通过分裂权

---

① 史蒂芬·霍姆斯:《先定约束与民主的悖论》,载《宪政与民主——理性与社会变迁研究》,三联书店1997年版,第254页。
② 参见维尔:《宪政与分权》,苏力译,三联书店1997年版。维尔对此简单分权观批评甚详。
③ 汉密尔顿、杰伊、麦迪逊:《联邦党人文集》,商务印书馆1980年版,第181—182页。
④ 同上书,第248页。

力来保护自由的美国观念。[1]我认为,机构间的相互依赖,权力的一定程度的混合,职能的一定程度的重叠,表明尽管宪政机制被设计为尽量少依赖美德,但也不是说政治可以变为纯粹自发性的过程,这种安排,体现的也是使政治过程带有审议性特征的苦心安排。

　　进行上面的论述,是为了回答这样一个疑问,中国共产党作为当代中国政体正式的和一个最重要的组成部分到底是立法、司法还是行政部门,到底应该拥有三种权力中的哪一种。这并非一个真正严重的问题。在我们的现实政制中,中国共产党无疑拥有巨大的政治权力,如立法权的相当大部分[2],行政权的很大一部分,乃至政治审判意义上的司法权,并且由中共中央委员会决定全国武装力量的最高领导人。一个良好的政体在原则上需要党、政府、人大、政协、司法系统之间实现机构的分立、权力的相互制约与平衡、不同机构职能的分工。为了政体的稳定和良好,原则上需要在政体的内部结构中,使其某些组成部分可以由于相互关系成为各守本分的手段。例如,一个部门成员对其他部门成员的任命和公职报酬应尽可能少起作用,至少其他部门成员在此方面不能完全依赖于另一个部门的成员。这方面的问题如果在此谈得更多,这就到了一个实际政制非常具体的设计问题,它必须是在价值层面、经验层面、审慎判断层面需要做通盘考虑的问题。这一问题与其说是一个政治学学术问题,不如说是政治家的能力问题,它在现实世界稳妥地实现,依赖于伟大政治家的能力(statesmanship)。本文就此打住。

　　谈谈改善党的领导问题。党拥有和行使这些权力有着不同的方法,或者是党作为一个整体、作为一个机构而拥有这些权力,她的每个成员只能分享整体权力的一部分;或者是党员们分别拥有某种特殊的权力和优惠,认为这些特殊的权力的总和就是党的领导。当许许多多的党员拥

---

[1] Laurence H. Tribe, *American Constitutional Law*, second edition, The Foundation Press, INC. p.20.
[2] 本文不打算精确地辨明和规定什么是立法权(笔者认为我们经常可以不发生歧义的情况下用这个词指代某些事物,却无法精确地定义它),它大致相当于亚里士多德所说的政体三个要素中"有关城邦一般公务的议事机能(部分)"。本文认为宪法的安排首先关心的是机构,机构的组成,机构行使权力的方式,以及机构保护自身的手段。机构的权限范围实际上是未决问题,并非宪法可以圆满解决的问题。为避免歧义,或许立法权这个字眼都不必出现在宪法正文中。本文不认为在一个宪政政体(良好的政体)中可以有一个最高权力机构的存在,也不认为政治科学有找出这样一个机构的任务。

有在各自领域的特权,党作为整体的执政基础实际上在他们的日常活动中被破坏。这隐藏着走向松散式寡头政治的危险。① 党本身也必须有制度防止所谓"公地的悲剧"问题,而这也正是促进当代中国政体的制度构成更完善的一个重要内容。党作为一个整体,或她的代表性机构如各级党委会作为一个整体,对重大方针政策进行审议和深思熟虑,并应当拥有相应的手段保证这些政策的实施。除此之外,党员个人,不能因为党员的身份就拥有超过普通公民的特权和好处。②

---

① 参见储建国:《一党立宪:小康社会的治理体制》,公法评论网站 www.gongfa.com 首发。"在这种政治格局下,各地区、各部门形成了有实权的少数人集团,他们掌握着关键性的利益分配,权力可以随时指向他们所认为的大事。整个党的权力因此失去了明确的方向、范围和界限,它想控制大局,干预方方面面的事,但在干预过程中又显得信心不足,不知道自己究竟应该干预哪些事,是否能干预成功。"另外,储建国先生文章的总体观点同本文对当代中国政体的分析和制度建议有基本倾向上的类似。

② 这一段文字受到了休谟的著名论文《谈政治可以析解为科学》的启发,参见《休谟政治论文选》,张若衡译,商务印书馆1993年版。以上本文中谈到的问题似乎有含混不清之嫌。政体选择既是理论理性的发扬,又是实践智慧的运用(面对具体的审慎综合的判断),本文关注的是前者,而非后者(关于理论理性和实践智慧的辨析,参见亚里士多德:《尼各马可伦理学》,第6卷)。为使本文阐述的理论更清晰起见,在此提出高度尝试性的对当今中国政制实际变革的建议。笔者不反对党的机构如中央委员会、中央纪律检查委员会作为政体的正式组成机构,在国家事务中拥有大权,但问题是这些机构的组成方式和行使权力的方式。笔者这样想是因为不愿意从民主的抽象原则或政党的抽象定义来提出政制改革建议,而相信休谟的话:在一切情况下,了解一下哪种政体最为完美,使得我们只需通过温和的改变和革新便能将现有的一些政治结构或体制变得与之甚为近似而又不致引起过大的社会动荡,这毕竟是有益无害的事(《休谟政治论文选》,第158页)。另外,党的委员会成员其来源不同于人大和政协,而一切政体如果缺乏贵族或贤达的成分,自难良好,也是政治科学的一个公理。我国行政机构传统悠久,高度成熟,而代议机构人大和政协则十分幼稚。中国人开会一般为传达精神、汇报工作、布置任务、倾诉情感,甚少开具有审议性质的会议,党委会则发展比较成熟,在深思熟虑决策上较胜一筹。上述理由似乎支持笔者的看法。但是,在中国,党的一些机构并没有成为独立而强大的机构,并有着自身的利益和维持自身存在的有力手段。中央委员会不同于纪律检查委员会,它是一个行政官员的会议,有些类似于欧盟部长理事会的组成,其成员资格严重依赖于各自单位的重要性和本身的行政职务高低,这可以说行政吞没了党。中央委员会远较纪律检查委员会重要,日常人们却感受不到它在行动,更不要提和罗马共和国的元老院、美国参议院那样强大和自立的部门相比了。行政对党的机构的吞没,使得党的书记以行政首长的角色行动,党委成员的权力几乎完全是行政性质的,而不是决策审议性质的,这造成以党代政,不能克服吏治腐败。这一点和中央政府缺乏独立的执行机构而依赖于地方政府,迫使将地方政府征用为自己的下属机构,而出现的行政中央集权制,十分类似。但是,上述情况还有另外一种发展趋势,即表现为党的机构失去任何政治重要性、出现没有任何政治审议性的行政权独大和封建式的地方割据。基本的制度结构不改变,上述两种趋势必具其一,没有中间道路可言。关于执政党与国家政权机关关系,改革和完善党的领导方式和执政方式,笔者的建议不是党通过人大,而是使党的委员会成为独立、强大、名正言顺的政体组成部分,其权力不是借来的,而是自有的,其成员组成不依赖于其他部门,其权力行使方式则根据强大的第二院或元老院的一般通例。如此,则人大、政协也可以获得机构上的独立性,纵然这两个院加起来也只起半个议院的作用,如拥有比当今民选的欧洲议会大一些的权力,唯有四分之三多数方可推翻中央委员会的法案或其他否决性的权力,这样,吾国实际的政制已经有了巨大的进步了。如此,行政部门也可获得机构上的独立性,但在议会两院、纪检部门的严格监督和法院的司法调控下运转,执行的是体现公共利益的法律而不是为了部门利益而行动。谁能否认我国行政中部门利益的泛滥以至可以说行政部门简直是为它们自身而存在的呢?

"不谋全局则不足以谋一城",没有整体的视角,则细部的意义也不能真正清楚。怀着真诚的价值承诺,根据政治科学的普遍原理以维持和改善当代中国政体使之更为良好,是执政党的执政地位在公共认可、法律规定、功能定位、功能实现等各个层面得以自然建立起稳固的基础。

简单谈谈当代中国政体在我看来最严重的缺点。当代中国政体在它的基本制度构成中,忽视了制度最基础的意义和功能,即制度作为发现的程序以及相应的对作为程序的程序、规则的规则的建构。对人性的不信任,采取制度制约人的败德行为,在我们的思想和政治实践中并不完全缺乏。但是,在游戏中防止人作弊,与游戏的性质是不是赌博游戏,是两个层次的问题;在工程建设中防止有人索贿行贿,与工程本身是否应该如是建设,也是两个层次的问题。无人否认澳门和拉斯维加斯是富裕的地方,但是绝不可能有全局性的澳门或拉斯维加斯经济发展模式,这不过是死亡游戏。这个例子说明,区域性地对任何一个分析单元都是真的这一事实,不能得出结论它可能世界性地对全部单元都是真的。这说明,政体与社会的整体秩序这样高度抽象的观念事实,不可被化约,必须被视为是其所是。这种高度的理论抽象,是建立最基本政治制度所需要的,而实证主义的社会科学对此无甚帮助。当代中国政体的制度构成缺乏这高度抽象的特征。这好像为了一台电脑工作良好,我们却仅仅重视软件,而不重视系统工程师,因为系统不能被化约为软件。行政安排不能独立于政体,相反它是在一个政体当中进行的。在立宪层次和后立宪层次的政治中,我们太重视后者,有人提出政治行政化,政治技术化,这是明显的化约主义观点,当以管理科学的面目出现时,实际上却一点也不科学。

在制度思想的基本对立中——联邦主义对中央集权制,普通法对大陆法,司法审查、权力的分立制衡对议会主权,两院制议会对一院制议会①,我们太容易根据后者的理论指导实践,而不反思这些理论严重的

---

① 还有一个非常微妙的制度上的区别,即典型的凯尔森设计的欧洲式的集中而抽象的司法审查和普通法式的分散而个案的司法审查的区别。到目前为止,中国学者对我国可能的司法审查的制度的设想,都是以前者为蓝本的,这可能有政治上可行性的考虑,但是离开了中小型的高度同质的欧洲式民族国家的条件,同样的制度在中国真实现了实际上几乎不能发挥作用。

司法审查的欧洲方式和美国方式,是一个非常令人困惑的问题,这是一个更关键的区别——大

缺点甚至逻辑上的不可能性。我们更无从了解前者这些制度构成一个政体的整体,是相互支持的。实际上,对市场经济的真正意义,我们的了解也不完全,市场经济体制可以说已经蕴含在一个良好政体和司法制度——如普通法司法所产生的规则体系——当中了,我们首先是因为无知才需要权利分立的市场经济体制,一个由圣徒组成的社会同样需要市场经济体制。政体如果具有我上面说的严重缺点,而不仅仅是权力没有制约,运行于其中的经济非常容易变成一种货币化的寻租经济,却可能被广泛误认为市场经济。我们经济中不那么初级的部分,如金融和证券市场,变成了货币化的寻租经济已是事实。中央集权制下政绩的创造,造成报表出官、数字出官,科举式的正义思想和实践弥漫于整个社会,考研、搞学术也是在寻租。①民族的精英将大量的精力用于不创造价值(最广义的,不仅仅是物质财富)、对社会无益的活动中而取得财富和地位。这是不可扩展的、价值减少而非价值增加的体系。造成上述情况的原因在于我们政治哲学的贫困,在虚无主义和简单的道德冲动之间摇摆,总是将现成的崇拜为本来正确的,而不是面向(人仅仅是面向)价值或正确本身。也在于政治科学的贫困,太容易崇拜粗俗的实证主义,迷信于统计和最初级的事实,而对阐明一个社会的抽象秩序,特别是大社会的秩序的18世纪政治科学视而不见。我们政体的这个方面的缺陷实

陆法和普通法的区别的一个部分。尽管法国有总统制、有司法审查制度,但我仍然把英美的政治制度归为一类。英国制度的缺点不在于其法治形式,而是因为政制的演变,失去了混合政体的特点(上院的衰败,甚至不足以成为半个院),但即使如此英国法院也似乎类似于奉行极端司法节制原则的美国法院,而不是欧洲法院。美国的司法审查的特点有论者总结为分散和个案中进行,而欧洲则是集中和抽象审查。

或许可以这样设想:美国式法院关注的主要是案件和良好的判决,而不是如何最好地执行了现成的法律,这一逻辑贯彻下来,则自然出现法院为了获得公正的判决而不适用除宪法外的成文法律的情况,遵循先例作为一项司法原则而且政制中安排了司法权的统一(存在一个拥有最高上诉司法权和自由裁量调案的最高法院)使得在判决中被法院(特别是最高法院)宣布为违宪的法律在事实上几乎无效了,在相同的案例中几乎不适用了,但法院并没有特意要进行违宪审查。国会仍可通过类似的法律,违宪的法律也不需要从法典上删除。判例仍然在法院系统中受到检查,可能被挑战。欧洲情况则不然,其司法审查制度带有浓厚的凯尔森的气味,宪法好像同具体法律之间存在形式推理的逻辑联系,要在抽象意义上看具体法律是否违背了宪法。

宪法程序只是良好法律出现的条件,不能直接推理出良好法律的特征是什么。宪法精神是良好法律的启示,而非法律推理的逻辑起点。主张宪法司法化,即将宪法规定的平等权利直接作为进行司法判决的逻辑依据,是似是而非的宪法理论。

① 参见笔者:《考研也是在寻租》一文,载《探索与争鸣》2003年第2期。

际还使对权力制约的设计陷入进退两难的境地,造成规则的合理性与严格实施之间的矛盾。社会生活经验丰富的人告诉我,清官有时比贪官更坏事,如果真的把所有官员都变成清官,不见得是好事。我们政体自古以来这方面的缺点,乃是造成我们悲剧的可以发现和矫正的最一般的原因。不是从统计数据当中,而是对中国当今基本制度结构的重构和这些基本制度下的整体社会秩序的模式化预测中,我得出结论,我们仍在危机当中,仍处于危墙之下。虽然不能作出具体的预测,但我们的命运不是历史注定的,化解危机的办法、使危墙不危的措施,至少在理论上可以找到。而在理论上可能的,在实践上一定可能。在立宪层次的政治建设中,我们最要重视其中最抽象的程序。

如果政体的制度构成不重视制度作为发现的程序,无论是法律移植,还是学术移植,甚至是实用技术移植,都不可能取得良好的后果。当代中国政体是建立在人类有史以来最大规模的政治社会之上的,它拥有美国政体几乎同样面积的地域,后者四倍以上的人口。大范围本身需要发现主要从内部发现,而不能依靠外部的信号。政体建立的范围问题是需要我们着重考虑的,罗马共和国就是因为其地域范围的扩大而没有发现适应的制度形式而归于灭亡的。美国宪法的创立者们,却以代议制和联邦主义使美国政体得以建立在大范围上,并且大范围本身不再成为良好政体建立的障碍,大范围本身使得美利坚共和联邦政体的运转效果更加良好。这确实是18世纪政治科学的重大发现之一。大范围意味着其内部情况是千差万别的,经济社会发展的状况必定呈现千差万别的特性。如何既做到保证政体的统一、实现全社会最普遍的利益,又能照顾到各部分千差万别的要求是一个重大的问题。如何能既有统一的确定性的法律体系,又能使法律体系照顾到社会状况的种种差异也是一个重大问题。联邦主义的一般原理为我们提供了走出中央集权和分裂割据的两难困境;普通法司法是有助于我们摆脱大规模盲目移植西方法律,和高高在上的机构立法所造成的法律体系的僵化而不适应社会要求的难题。对当代中国政体更加精妙和需要深思熟虑的改进是在其政体的制度构成上引进联邦主义和普通法司法,实现单一制政府与邦联制政府的混合,立法与法官通过判例造法的混合。这就是在制度作为发现的程序的意义上设计抽象的和基础性的规则以改进我们的政体。考虑到我们社会的超大范围,考虑到我们社会处于治水的状态(治水状态是个隐喻,指较之英美,中国社会群体间、个人间行动的极度相互依赖性,人们处于无所不在的相互外部性当中。上述状态,当然是同中国社会资源与人口比例的极端紧张相关)。我甚至要说,我们可能要比古老的英国更普通法,比上上个世纪的美国更联邦主义,才可能在现实世界中实现我们期望的良好状态[①]。

[①] 这里谈的是高度尝试性的旨在抛砖引玉的对中国政制改革的实际建议。比较中国和美国的制度差异,令我惊讶的是,美国的行政从哪里开始,就在哪里结束,中国的行政从中央开始,在乡政府甚至村委会结束。对一般公民来说,在美国法律还没有开始的地方,在中国法律就已经结束。我国二审终审制使关系到公民的大部分案件封闭于一个地级市的法院,我国的司法是彻底地方化的。美国只有联邦和州两个法院系统,没有所谓的地方政府(哪怕是纽约市)法院。

在中国历史上长期实行中央集权制的时代里,地方官员严格来说,只是中央政府的一个分支,其权力源于中央的授予而非其他。长期来看,这一体制既不能保证行政的效率,也难以避免地方势力坐大而形成地方割据的局面。中国王朝统治的经验是,保持一个相对小规模的政府(只有一个政府即中央政府),朝廷设官只到县一级,而不下乡,而官员则使用科举或察举出身的文人,并且实行回避和定期更换的制度。这样制度上依靠一个集权制的行政体系[其组成人员是文官集团],来维系王朝的统一和稳定。依靠行政中央集权制来维系政体的稳定,既容易形成专制,也扼杀整个社会的活力且从根本上破坏公民美德的养成。时至今日,上述王朝的统治经验不仅无法用于特别行政区如香港,甚至在大陆中央与省的关系中也出现捉襟见肘之事,因为宪法规定,省级官员由地方人大产生。仅依靠行政体制来协调两级政府间关系的做法,有一个深刻的难题,即如何应对地方人民的民主诉求?如果顺应人民的愿望,搞地方行政长官直选,那么中央政府就失去可温和采取的和平手段来保证政体的稳定和国家的统一。本来在拥有良好的立法特别是司法制度的情况之下,行政部门的相互独立本不足为虑,且能更好地造福人民,但缺失后两者的条件下,分裂或政体不稳定的危险就不再是杞人忧天了。

有必要在政制改革中吸收联邦主义的一些基本原理(宪法本文当然不写入联邦主义或司法审查这样的词句,这样会造成歧义,使宪法作为工具难以操作);中央政府的组成应尽量独立于地方政府,拥有必要的手段保持自身的存在。中央政府应成为直接临民的政府,在地方建立自己的行政和司法分支机构,避免历史上已经失败的在政府之上建立政府的统治难题。上述措施将同时保证国家的统一和充分的地方自治。

建立统一的司法体制,有中央和省两个法院系统即可(每个系统中根据需要设几个层级的法院),省以下,司法区和行政区不必重合。如果我主张无等级的、多中心的彻底联邦主义行政体制的话,那么在另一方面则主张普通法司法式的司法权统一。对下面的设想我极表赞成,省高级法院的案件可以向中央法院系统的第二级巡回法院上诉。如何使我国的法院带有普通法法院的特点,是最大的难题,似乎可以这样考虑:一些特别法院,如水权法院、知识产权法院,通过判例发展这些特殊领域的普通法。最高法院拥有在某些特别规定的案件上排他的管辖权和对一切案件的最后或最终的上诉司法权,在事实上应成为普通法法院,在个案的判决上拥有不适用成文立法的权力。这样自然而然建立起违宪的司法审查,可以避免根据宪法人权目录来进行抽象审查所带来的问题。一国而司法体系不同的情况在普通法的美国也有,路易斯安那州就实行大陆法,可以借鉴这是如何运转的。目前香港特别行政区的架构,缺少有效的、可实际运作的制度来调整全国性政府和香港特别行政区政府间的关系,中央政府所能做的只能是靠直接或间接影响特区长官的人选。如果设想(仅仅在理论上)对现行的"一国两制"架构进行修改,比如,靠司法体制具体阐示"一国两制"的含义(香港法院的案件可以上诉至全国最高法院),来确立中央和特区政府的权力界限。我认为是不可能在大陆法下的一个地区实行普通法而保证司法的统一和良好运转,那么这也要求最高法院一定是普通法法院,能依靠判例创制法律,以发展全国性政府和特区政府间关系的普通法。

在为一个只有三百万人口的社会立宪时,美国立宪者们对政体与范围这一问题进行了深思熟虑的理论创新,把大范围(我们中国人看来,实际上是很微小的范围)本身变成了优势。麦迪逊在《联邦党人文集》第 10 篇谈到,民主政体和共和政体的两大区别是:第一,后者的政府委托给由其余公民选举出来的少数公民;第二,后者能够建立在更多的公民人数,更大的国土范围上。通过某个选定的公民团体作为中介,公众意见得到提炼和扩大,这一公民团体的智慧最能辨别国家的真正利益,而他们的爱国心和对正义的热爱将最少可能为暂时的和局部的考虑而牺牲国家的真正利益。在代议制下,由人民代表发出的公众呼声,很可能比人民自己为此集会,和亲自提出意见更能符合公共的善。① 在大范围下,政体因为实行了代议制,要比小共和国更能防止派别、阴谋、贿赂等等造成的不公正和对公共利益的危害。《联邦党人文集》第 51 篇谈到,尽管有相反的意见,肯定无疑而且也是同样重要的是:倘若社会在一个实际范围内,它越大,就越能充分实行自治。对共和主义来说可喜的是,通过对联邦原则的合宜修正和混合,可以把实践范围扩充到极大的范围。②

对于建设一个良好的政体,大范围本身乃是无可比拟的优势。从宪政中不同民选机构的相互制约和同一机构内部的相互制约以维持宪法的精神、维系正义来说,大范围不仅使议会获得高水平的成员,而且使政体获得民主制的好处而不容易发生其弊端。试以美国宪法式的制度安排为例。在这种安排下,理论上有种可能,国会两院可以如同当年的法国国民公会一样专制。如果国会两院如同一个人那样行动,那么国会可以将任何不从己意的总统、高级官员和法官弹劾去职,并用这种权力使得其他在位者俯首听命,并可自行通过法案;如果国会和各州议会一起如同一个人那样行动,那么甚至可以任意修改宪法。但因为政体建立在大范围上之缘故,人民有着千变万化的和分殊的利益,通过较少较易实施的制约措施,上述的理论可能性在经验世界几乎不可能成为现实,对此担心可以说毫无必要。从联邦主义来说,大范围得以建立众多管辖

---

① 汉密尔顿、杰伊、麦迪逊:《联邦党人文集》,程逢如等译,商务印书馆 1980 年版,第 49 页。
② 同上书,第 267 页。

地域和人口相近的次级政府，这样在一个政府违法的情况下，就有众多而强大的政府们成为陪审团，对违法事件进行公平的判断，非法的力量很难同时在各个政府中同时获得优势。大范围下众多有独立权力来源政府的存在，还为公民们用脚投票，选择他们偏爱的政府服务提供了现实的条件。我们将麦迪逊原理进行延伸：对于普通法司法来说，大范围得以建立众多的普通法法院，这样就有更多的心智贡献到一个规则体系的逐步完善当中。普通法发展的方式要求累积的判例无论在数量上还是在性质上越多越好，这不是一个法官或一个法院能够很好完成的工作。大范围下各地千差万别的情况，各种各样的疑难案件的出现，不是法律体系统一的障碍，而是形成了我们获得更良好法律的优势，却并没有形成一部统一的成文法典不适宜各地具体情况这种时常面临的法治困境。范围越大，我们获得的法律就越优良。

在超大范围下，通过适当的结构如上述几种制度的结合，在解决一些社会面临的最严重的问题时将有我们几乎不能想像的优势。这里我首先关心的是中国，并且以我们面临的似乎最无可解决的困境水危机为例来说明这个问题。设想一种可能会出现的治水模式，它建立在联邦主义逻辑的多中心治理结构和普通法司法下，多中心治理意味着重叠管辖、自主分立的多个政府单位的存在，可以因地制宜地建立单一功能和水事物相关的水区，如灌溉区、防洪区、水土保持区、排污区、供水区、地下水补充区等等。① 普通法司法意味着要在人们关于水事物冲突的个案判决累积中发展水治理的普通法，一如美国法院所发展的政府间关系的普通法。人们对于一个个案进行判断比获得一个普遍适用的抽象原则更容易些。在个案的判断中，人们自觉或不自觉地用到了他们所有继承下来的价值体系来进行判断，此种判断不能被化约为一个纯粹的逻辑推理的过程。判例的累积和相互援引使得在根本不需要在本质性的定义什么是法律的情况下，法律自身逐渐变得良好和接近正义。在我国既非乡土习俗也非行政命令的意义上的水事务上，在有关法律几乎是空白的情况下，更需要普通法法院这种发现正义规则的程序。如果这一模式在中国实现而且其他条件基本没有改变的话，中国的水危机存在着一种

---

① 参见笔者：《美国地方政府中的特区》一文，载《国家行政学院学报》2003年第6期。

非常真实的被解决的可能性。在人均物理水量上,中国仍然是世界上最缺水的国家之一,但是公民们对此的日常感受却有可能居于世界中等水平或更好,公民们对于水患、缺水、水污染的感受,要比现在那些人均物理水量和中国类似的小国的人们好得多,并且不是以损害后代利益和可持续发展的条件而获得的。这是因为中国那时不仅有良好的制度,而且中国本身超大范围、超丰富多样性使得上述制度的潜力能够充分发挥出来,大范围使中国获得了充分的回旋余地。那时中国是否存在水危机这个问题,可能成为和今天日本是否富裕一样的问题。一个实证主义者到那时和我们对事实的看法一样,但仅从事实出发的实证主义理论却不能解决这一事实之由来的问题。

考虑到当代中国政体的超大范围,一个中等规模的省拥有的人口都是美国立宪时代总人口数的十倍以上,那么间接的间接选举制度,再代表的代议制度,三级架构的联邦主义都是可以设想的。超大范围本身经过适当的制度安排,将会变成优势,我们甚至可以因此并不虚妄地期待中国将出现人类有史以来运行得最好之一的政体,这要求我们在真诚之价值追求中进行最彻底的理论思考。相反的说法也是正确的,如果我们饥不择食、不加反思地依民主的抽象推理建立政制,凭人权的抽象推论建立法治,我国的大范围与丰富差异性将成为良好政体的障碍,那时中国国情特殊的决定论观点倒似乎被证明了,更可以振振有辞了。

联邦主义与司法[*]

——兼对美国联邦主义的一种解读

内容提要：本文从美国联邦主义的政制结构入手，探讨其独特的特别是不同于德国联邦主义的重要特征和其成功运转充分发挥有利之处的条件。本文认为，美国联邦主义结构本身的体制性因素不同于德国，其立宪设计没有使各级政府在组成、立法和执行上相互依赖，因此不存在正式的重要体制保障或内部的协调机制；而且增加这种体制防护因素，不见得可取。司法权如何安排是建设美国式联邦主义首先要考虑的问题，这其中充满了复杂和微妙之处。普通法司法制度和蕴涵于普通法司法内在逻辑中的司法审查，是美国联邦主义成功运转基础性的不可缺少的条件。联邦主义政制结构的理论不是关于司法权安排的理论。

关键词：美国联邦主义 体制保障 司法调节 联邦制成功的条件 普通法

一、引言：对联邦主义进行进一步的分类

在最宽泛的层次上，联邦制就是一些国家给自己冠的名称。但这种宽泛的直接面对经验的定义对我们认识联邦制几乎没有什么帮助。因为这些国家除了名称之外，几乎毫无共同之处。[①] 所以只要研究联邦制

---

[*] 本文是在一次讲课记录的基础上修改的，如果没有北京大学法学院研究生江菁同学出色辛苦的录音整理工作，就不会有本文成稿，对他我深表感谢。同时感谢安排讲座的北大法学院陈端洪老师。

[①] 〔英〕戴维·米勒、韦农·波格丹诺编：《布莱克维尔政治学百科全书》，邓正来等译，中国政法大学出版社1992年版，第255页。

或联邦主义,就要进行进一步的分类,区别只在于分类的标准。① 依据通常的定义,当今世界大约有 20 多个国家实行联邦制。本文遵循通常的联邦制定义,不去探求什么是真正的联邦主义或联邦制的本质是什么,但坚持进行进一步的分类,因为按照通常标准下的联邦制,其内部的差异可能如此重要,乃是我们理解实质性问题的关键。分类本身不是目的,而是以之为工具,更好地理解现实和帮助我们的政治实践。以联邦制两级政府的相互依赖和司法体系在联邦制体系中所起的作用为标准,是本文所进行的分类,其提示的问题和对问题的回答,也许有助于我们理解美国式联邦主义的优越性所在。

至少在美国的语境下,在制度的层面,联邦主义的含义经过了一个重要的变化,这以 1787 年美国宪法为界。以前,联邦(federation)和邦联(confederation)的意思是一样的。②美国 1787 年在宪法理论上进行了重大的创新,这一点美国立宪者们并不讳言,麦迪逊说:这件事情(指制宪会议的工作)的新奇,立刻给予我们深刻的印象。在联邦主义者的论文中曾经指出,目前的邦联是以不合理的原则为基础的,因而我们必须相应地改变这个首要的基础以及赖以建立的上层建筑。并且,可作为先例参考的其他联盟也为同样错误的原则所破坏,因此它们只能警告免蹈覆

---

① 杨利敏认为联邦制是一个开放的概念,不论是在联邦制的总体结构的设计,还是在具体的制度层面,联邦制都有各种各样的差异,并反映了截然不同的倾向。联邦制没有一成不变的模式,更不是一种标签化的存在(杨利敏:《关于联邦制分权结构的比较研究》,载《北京大学法律评论》第5卷,第1辑,法律出版社2003年版,第54页)。但在选择联邦制国家进行比较时,却"并非仅仅基于简单的国名,并非一个国家自称为联邦制国家就将其纳入比较的范围,笔者在对比较对象的选择中遵循了体现最低限度联邦原则的要求,即通过宪法在两级政府之间直接划分最高权(最终性的立法权)"(第26页)。张千帆在他的书中区分了联邦制的英美模式(基于民主责任制理论,联邦和各州职能几乎完全独立)和德国为代表的欧洲大陆模式(联邦更侧重于负责立法,而各州则负责执行联邦法律)(张千帆:《宪法学导论》,法律出版社2004年版,第215—220页)。我确信制度是起作用的(rule does matter)和人类能够通过深思熟虑来选择他们的政府形式,所以尽管联邦主义(即使已经经过了初步的分类)这一名称下有众多不同的事物,却不能使我得出这样的结论:联邦主义是否使人民被治理的方式有任何不同?回答看来是几乎完全没有。我和得到这些结论的作者一样经常面临不能解释不同制度下结果的差异问题,但这个时候,我怪自己。没有发展更好的理论模式,没有提出更有意义的分类标准。分类本身对我不仅是为了描述的方便,更是为了回答制度为什么起作用。

② 参见 Martin Diamond, *As Far as Republican Pricinples will Admit*. Washington D. C.: The AEI Press, 1992.

辙,而不能指出该走何路。① 后来,这一在政治制度上有重大创新的美国体制,被称作联邦主义,本文称为现代联邦主义或美国联邦主义。② 美国联邦主义的特点包括:1. 宪法具有单一制和邦联制宪法的混合特征,一个全国性的政府和联邦组成单位的各邦政府同时并存,管辖地域和人民重叠,两种政府的权力来源各自独立。2. 全国性政府直接对公民行使权力,立法的对象是个人,并且有独立的行政机构执行其法律,美国立宪者认为建立一个政府们的政府违反了政治科学的一般原理,是原来的美利坚邦联失败的原因。3. 司法制度在联邦体系的发展中起了非常重要的地位。政府间权力范围和关系的调整,主要不是通过成文宪法的修正,而是通过司法判例。美国宪法关于联邦权力的列举,本就是高度概括和伸缩性的。美国的普通法法院特别是其最高法院,通过个案判决的方式,发展了政府间关系的普通法。

美国联邦主义的政制结构和运转究竟有什么特点,需要我们仔细考察。按照一般的说法,联邦制作为一种政府形式,位于单一制和邦联制之间,是两个极端之间的中间物。这种说法,如我后面要进一步论述的,很难概括美国联邦制的特点和与德国为代表的联邦制的重大不同。照我的理解,美国联邦主义是完全的单一制因素和完全的邦联制因素的共存,而不是通常理解的处于邦联制和单一制连续谱系当中的某个地方。美国是联邦政制,但联邦政府和州政府都是单一制政府。③ 联邦和州两个层级的政府在组成、权力的来源和权力的行使上是各自独立的。它们在各自的权力范围内都是至高无上的。作为一种理想类型(美国式联邦主义)加以强调的话,这不在连续谱系的中间位置,而是谱系的两

---

① 汉密尔顿等:《联邦党人文集》,程逢如等译,商务印书馆1980年版,第37篇,第179—180页。
② 关于美国联邦主义,参见 Daniel Elazar, *American Federalism: A View from the States*, New York: Harpper & Row, Publishers, 1984; Vincent Ostrom, *The Meaning of American Federalism: Constituting a Self-governing Society*. Institute for Contemporary Studies, 1991; Martin Diamond, *As Far as Republican Principles Will Admit*, Washington D. C.: The AEI Press, 1992。当然,最经典也是最好的论述,是《联邦党人文集》和托克维尔《论美国的民主》(上卷)。
③ 联邦政府(federal government),从避免歧义来说,实际上称为全国性政府(national government)或一般性政府(general government)更合适。

个极端类型同时存在。① 我经常以统治权的重叠来概括美国联邦主义,以统治权的共享,而不是分割为立法权和行政权,来概括美国总统和国会两院的权力分立。

美国式联邦主义政制结构上的特点,对于理解其运转中的好处和其持续稳定运转的基础性制度条件,有重要的关系。在我看来,美国式联邦主义要成功地运转,充分获得其好处,普通法司法制度和蕴涵于普通法司法内在逻辑中的司法审查,是基础性的不可缺少的条件,所以理解联邦主义,最适当的途径之一是从联邦主义和法院的关系入手。我们要探讨这些问题:美国联邦主义和欧洲联邦主义有什么不同?美式联邦主义体制的运转是否非常依赖于和依赖于什么样的司法体系?法院在联邦主义体系中政府间关系的调整或权力界限的分配,运用什么样的法律推理?联邦主义理论是否也是关于司法权安排的理论?

二、联邦主义与司法关系的一些评论

关于美国联邦主义与法院的关系问题,一般认为法院特别是最高法院是联邦主义体系的调节者,没有法院的调节,联邦主义体制几乎不可能成功运转。阿奇比尔德·考克斯说:"很明显,最高法院和联邦体系是紧密相连的。自一开始,最高法院就是联邦体系的最终裁决者,确定国家和州各自正确的范围并防止相互侵扰。如果,当问题出现在个案与具体争议时时,没有法院审查州和联邦法律合宪性的权力,联邦体系几乎没有可能成功。"② 另外,"一个制度其中有两种主权,运行在同样的公民之上,是复杂的。这个体制不断地发生关于主权和权力的适当范围,每个主权单位的自主行动范围的争执。这些争执不可避免地进入最高法

---

① 如同下文逐渐展开论述的那样,我甚至认为,这种类型的联邦主义在某种司法体制之下,可以同时占据谱系中的每一个位置,既是最集权的,也是最分权的,也是不太集权不太分权的。注意这里强调的不仅是历时性的变化,更重要的是共时性中表现出的多种面象。

② Archibald Cox, *The Supreme Court and the Federal System*. In Kermit L. Hall (ed.), *A Nation of States: Federalism at the bar of the Supreme Court*. New York & London: Garland Publishing INC, 2000, p.104.

院进行解决"①。"联邦制内在地会在各个政府之间——全国性政府与地方性政府,地方性政府与地方性政府之间——产生什么是各自的正确的权力范围的争吵,因此一个独立的司法体系和某种形式的司法审查就是必需的。换句话说,维护联邦主义结构的任务绝不能托付给州,而且,如 William Van Alstyne 教授所指出的,'绝不能托付给国会(这将是第22条军规),而是要在司法审查的程序中托付给法院'"②。以上都是当代学者的评论,不过这些基础性的问题(这些问题对中国学者更重要)——哪一种联邦主义与哪种司法体系之间有上述的关系,以及为什么——还需要解答,为此我们求助更经典的作家。

托克维尔在《论美国的民主》中说:司法制度对英裔美国人的命运发生了重大影响,它在就本义而言的政治制度中占有非常重要的地位。从这一观点来说,它特别值得我们重视。……最大的困难不在于了解联邦政府是怎样组织的,而在于知道美国是怎样使人们服从联邦的法律的。③ 一个联邦制的政府,比其他形式的政府更想得到司法部门的支持,因为它天生软弱无力,极易遭到各种反对。如果它经常或一开始就使用武力,那它就完不成自己的任务。④托克维尔早已认识到司法调控是行政分权良好运作的基础。他说:行政官员到处都是选举的,或至少是不能随便罢免的,从而各处都不会产生等级制度。因此,几乎是有多少官职就有多少独立的官员。行政权被分散到许多人之手。……所以必须引入法院对行政的控制……将司法手段用于下属的行政部门。⑤ ……在中央政权和经选举产生的行政单位之间,只有法院可以充当调停人。而且,能够迫使民选的官员服顺和使他们不侵犯选民权利的,也只有法院。⑥

戴雪在《英宪精义》中说得更有意思一些:最后,联邦主义实与法律

---

① Eric N. Waltenburg and Bill Swinford, *Litigating Federalism-The States Before the U. S. Supreme Court*, Westport, Connecticut·London: Greenwood Press, 1999, p.1.
② Michael S. Greve, *Real Federalism*: *Why it matters, how it could happen*, Washington D. C.: The AEI Press, 1999, p.14.
③ 托克维尔:《论美国的民主》,董果良译,商务印书馆1988年版,第155页。
④ 同上书,第156页:
⑤ 同上书,第91页。
⑥ 同上书,第82页。

主义无异。何谓法律主义？分析言之，则有法院在宪法上之优越地位，又有法律精神之弥漫全国。在一联邦如合众国之中，法院成为联邦宪法运行于国中之枢纽；此理最为明白易晓。①他并且举出一个反例：（瑞士）于是在1874年，当修正宪法时，联邦法院的威权特被扩大。由这一段历史的反证，联邦主义与司法至尊的原则之具有密切关系愈可灼见。②

戴雪还讲了是哪一种法律体系能与联邦主义密切联系，"切实言之，非有法律精神所满布的民社，在其中人民——能奉公守法，联邦制度必不能大行。何以见之？原来在联邦主义之下，诉讼实被用以代立法，是以惟有畏法的人民始能尊视法庭折狱的判案，而视之等于议会的法案。彼合众国所以能施行联邦主义而成大功者，良由全国人民早浸淫于法律思想。惟因其法律主义最盛行，故其联邦主义最日起有功。……此项服从的精神实自常法（the common law）的基本概念遗传于合众国国民。常法者世间最有法度的法律系统也（the most legal system of law）。"③

戴雪的这本书，有一个不变的主题，我认为也是很有价值之处，就是不断地抨击欧陆对于法治的理解方式，在他看来，普通法对法治的理解才是正确的，而且普通法的法律体系，在欧陆人看来是混乱的、不可辨识的，但在他看来却是最有体系的，——清楚明白，毫不混乱。

以上这些都是一般的评论，并没有阐明联邦主义的很多问题：其中说的联邦主义到底是什么事物，联邦主义或者某一种特定的联邦主义与司法体系以及何种司法体系之间的关系。不过我们要特别注意戴雪的话。他的见解是：联邦主义意味着宪法至上，但实际表现的是司法至上或法院的威权特加见重。

三、体制保障理论

当然可以提出这样的问题，即联邦体系中在政府组成和行动的过程中，设置一些协调机制，来使得两个层级的政府相互协商保证它们不相

---

① 戴雪：《英宪精义》，雷宾南译，中国法制出版社2001年版，第221页。
② 同上书，第222页。
③ 同上书，第225页。

互侵扰。这些机制可以是联邦政府的组成、立法的通过、立法的执行在一定程度上依赖于成员邦政府,也可以是州政府的组成、立法的通过、立法的执行在一定程度上依赖于联邦政府。这些方面的机制可以包括一方对政府成员的提名权(另一方有通过权),立法否决权,拨款权等等。概括言之这些就是双方一致同意规则及其各种变化的形式,这是典型的美国联邦政府内部国会和总统的相互制约、相互协调办法,在这种情况下,法院的作用不再很重要。①

在一个著名的判例加西亚案(Carcia v. San Antonio Metropolitan Transit Authority)② 中,美国最高法院的多数意见真采用了一种关于联邦主义结构的理论——体制保障理论作为判决理由,认为美国联邦体系存在上面说的协调机制。根据这个理论,多数意见认为,法院在处理全国性政府和地方政府关系调整当中不应过于主动,特别是在所谓保障州政府权力不受联邦政府权力侵蚀方面,法院不应起积极的作用。为什么呢?因为联邦主义的政府过程或者联邦主义结构本身已经做到了这件事情。所以,关于两个政府权力范围的调整,应该由联邦国会来承担,而不是由法院来承担。布莱克门大法官这样阐述:"简而言之,制宪者选择依赖联邦体制,其中对于联邦凌驾于州之上权力的特别限制主要存在于全国政府的运行自身之中,而不是对于联邦权力的分立的限制。那么,州主权利益恰当得到的存在于联邦体制的结构中的程序性安全措施的保护,对于司法创造的对于联邦权力的限制更多……"③国会运行本身就能够为州提供保护,这是他核心的观点。美国宪法赋予国会调控州际贸易的权力,当然这个条款本身很简洁因此也很丰富。实际上国会根据这个条款进行了很多立法,大大地扩展了联邦政府的权力。布莱克门法官说:"但是对于联邦贸易权力的首要的和基本的限制是存在于所有国会行为之中——内置的限制即我们的体系通过州在联邦政府行为中

---

① 在总统和国会两院的权力关系中,法院的作用远不如在联邦主义中重要,是因为前者的关系同每个政治机构都拥有全部统治权的古典混合政府模式是相似的,或者说是古典模式的一个变体。顺便说一句,孟德斯鸠的三权分立理论远不能解释美国的政制模式。
② 保罗·布莱斯特等:《宪法决策的过程:案例与材料》,张千帆等译,中国政法大学出版社2002年版,第533—539页。
③ 同上书,第534页。

的参与提供的。政治过程确保了不正当的给州施加负担的法律将不会被颁布。在这些案例的实际环境之中,政治过程的内在安全措施正如希望的那样运转。"①

布莱克门的观点来源于美国威克斯勒教授,他写了一篇著名的论文,叫《联邦主义的政治防护》,②认为美国各州对联邦政府过程的参与——例如参议院中的平等代表权,是内在于美国联邦主义架构的政治防护,因此法院无须对州的权力加以特殊保护,除非个人权利受到威胁,法院应把联邦和各州政府之间的权限争议,留给实际政治过程去解决。他认为,制宪者在组成、选择中央政府的同时,他们赋予各州极为重要的作用。各州作为实体的连续存在及其在选择国会和总统中的角色,是内置的机制,限制联邦对于州的权力范围的侵入。现在全国性政府在规模和范围上的扩大也不能否认这一内在的倾向,这是为了回应我们时代的环境而不可避免的。制宪者的机制,它们今天仍然对美国联邦主义的运作平衡发挥更大影响。较之最高法院的司法审查,国会本身才是使宪法规定的政府间权力分配条款获得最大意义保护州的机制。威克斯勒教授提出的并由加西亚案中多数意见所采纳的观点叫做体制保障理论,或者叫做政治过程理论。

尽管不能在美国立宪者们的政治学说中发现他们正式提倡上述的体制性保障,在欧洲的背景下,这种体制性保障的理论和实践确实存在。在欧洲,联邦主义和辅助性原则(subsidiarity principle)的一个重要层面被理解为组成单位的政府和地方政府在总体性政府或机构立法过程中的参与和发挥正式与非正式的影响。比如:德国联邦参议院的组成和权力安排;欧洲联盟设立地区委员会(The Committee of the Regions)③,在立法过程中,欧洲委员会、欧洲理事会、欧洲议会必须咨询于

---

① 保罗·布莱斯特等:《宪法决策的过程:案例与材料》,张千帆等译,中国政法大学出版社2002年版,第534页。

② Herbert Wechsler, *The Political Safeguards of Federalism*: *The Role of the States in the Composition and Selection of the National Government*. Columbia Law Review, 1954, p.543.

③ 地区委员会是欧洲联盟的一个咨询性机构,目前由来自成员国地方当局的222名代表组成,负责在联盟立法过程中代表地方人民利益,发表咨询性意见。设立地区委员会是为了保证辅助性原则——除非更小单位的政府不能采取有效措施解决问题,更高层次的政府或机构才可以采取行动——的实现。

它,甚至在欧盟宪法性条约的修改中,要赋予地区委员会有权在欧洲法院起诉联盟立法违背辅助性原则,请求法院予以撤销的地位。在欧洲根深蒂固的立法中心的背景下,这些体制保障也许是不得不采取的措施,但正如下文所指出,其本身有不可克服的弊端。联邦主义未必一定要这样理解,这也未必是建立一种更可取的联邦主义体制的途径。

四、美国联邦主义体制保障的缺乏:以参议院为例

本文认为,美国联邦主义结构本身的体制因素不同于德国,美国联邦主义不存在正式的重要的体制保障。而且,增加这种体制因素或政治防护,使一级政府在组成上和立法上依赖于另一级政府,不见得可取。

以美国参议院的性质为例说明上述观点,因为州在参议院的平等代表权被体制保障理论作为典型。似乎大多数关于联邦主义的文献都认为议会中有代表各组成邦的一院是联邦制的一个根本特征。美国联邦参议院被看成是一个代表州的机构,这是一个普遍的看法。麦迪逊在《联邦党人文集》论证拟议中的宪法既不是一部国家宪法,也不是一部联邦宪法(这里用的"联邦",是古义,即邦联的意思)时也增强了人们的这种印象。麦迪逊说,"众议院将从美国人民那里得到权力;人民和在各州议会里的情况一样,以同样的比例,依据同样的原则选派代表。就这点来说,政府是国家性的政府,而不是联邦性的政府。另一方面,参议院将从作为政治上平等的各州得到权力;在参议院,各州根据平等的原则选派代表,正如目前的国会一样。就这点来说,政府是联邦政府,不是全国性政府。"[①]

本文认为,对美国参议院的性质,通常的看法是个误解。从一开始,较之众议院,美国参议院因为其成员更不受制于地方性因素,更具全国性特征;参议员较之众议员,更是全国性的政治家。设立参议院,麦迪逊等人不是为了用这种方式保证州的权力,而是为了使全国性政府或联邦政府更加优良,借鉴的是古典共和国和当时英国政制的经验。这种努力,尽管在制宪会议上历尽波折,最后还是基本达到了目的。

[①] 汉密尔顿等:《联邦党人文集》,程逢如等译,商务印书馆1980年版,第195—196页。

在 1787 年制宪的时候,一些国家主义者,如麦迪逊等人,他们的看法是,要建立一个全国性的政府,这个政府的法律要直接适用于公民个人;这个政府要直接管理被统治者、司法官员和行政官员,也就是说,它必须具有州政府所具有的一切手段,并有权采用州政府所采用的一切方法,来执行委托给它的权力。另外,他们一个牢不可破的想法是,在这个全国性的政府中,一定要搞两院制,以防止议会的专制。因为古典共和国那些经验教训的影响,麦迪逊尤其有一个看法,两院中的第二院是一个由非常独立的贤达人士组成的机构,以约束第一院或人民议会可能的错误。这个第二院是以古典共和国中的元老院为模本,而不是古典联邦或同盟的共同机构或邦联条例中的议会为模范,受制于州并代表各州的利益。

对于第二院,麦迪逊反反复复地说,为了正确判断第二院采取什么样的形式为好,最好先看看第二院需要实现哪些目的:第一是保护人民不受治理者的压迫;第二是保护人民不受转瞬即逝的思想的诱惑,这类思想的诱惑,有时很难抵制。人数众多的众议院一样也容易因为轻浮、冲动而出现错误。对付这种危险,就需要筑起一道篱笆,那就是挑选一部分经过启蒙的公民,人数有限但立场坚定,时而能够起来提出异议,对付激进狂躁的议员。如何防止多数压迫少数的危险,除了其他办法之外,在政府内设立一个机构,其成员因其智慧和道德受到足够的尊重,遇到这类紧急局面,能出来帮忙,发挥正义的优势,使天平保持平衡。[①]麦迪逊设想的第二院,可能其中既有对古代的借鉴,也有对英国政体的观察。这时布莱克斯通的《英国法释义》已经出版了,《英国法释义》中被边沁批得狗血淋头的一部分就说,英国是个混合政体,有国王、贵族院、平民院构成,平民院有正直,贵族院有智慧,国王有力量,英国政体是世界上最好的政体。

回头来看麦迪逊的设计,第二院并不是要建立一个联盟院或各邦的理事会,而是要建立一个全国性政府的元老院。但是这个方案因为议席的分配问题引起了小州代表的反对,制宪会议在第二院席位分配的问题

---

① 麦迪逊:《辩论——美国制宪会议记录》,尹宣译,辽宁教育出版社 2003 年版,第 210—213 页。

上长期陷入僵局①,以至于富兰克林要求在开会之前牧师做祈祷,要求大家看在上帝的分上。终于在 1787 年 7 月 16 日达成一个大妥协,康涅狄格州的代表艾尔斯沃斯提出:众议院还是按照人口比例选举,但是各州在参议院有平等的投票权。至此,麦迪逊的计划受到挫败,他只好提出,至少要给予参议院强大的独立性。但是故事还没有完,过了几天,在讨论其他问题的时候,宾州的古文诺·莫里斯(宪法文本的执笔人)和麻州的鲁弗斯·金突然提出,各州可以选派两名或三名代表进入参议院,参议员投票按人投票。这个意见提出来后,艾尔斯沃斯马上说他早就赞成按人投票。只有一个人,马里兰州的路德·马丁提出异议,认为这样损害了州权,但是大会匆忙而近乎一致地通过了参议院的投票规则为按人投票。尽管立宪者全体的原意是含混的,但绕了一个圈,差不多达到麦迪逊等国家主义者的原意。②

最后结果是每州由州议会选举出两名参议员,其任期长达六年,且不得召回,从国库领俸,而不是从州领,而且是按人投票。因此,美国的参议院(Senate)与德国联邦参议院(Bundestrat)是有很大差异的。德国参议院的规定是这样:(1)联邦参议院应由州政府所任命与召回的成员组成。州政府的其他成员可作为其替代。(2)每个州应至少有 3 票;超过 200 万居民的州应有 4 票,超过 600 万居民的州 5 票,超过 700 万居民的州 6 票。(3)每个州可以派遣和其票数同样多的代表。每个州必须由在场成员或其替代投联票(就是说每个州的投票必然是一致的)。

---

① 关于制宪会议上的提议、争论,详见麦迪逊:《辩论——美国制宪会议记录》,尹宣译,辽宁教育出版社 2003 年版。

② 有人说参议院不是由州议会选举,州无论大小都有两名代表吗? 参议院的性质要求其成员构成不同于众议院(有贵族或贤达的特点),这样就要限制选者或被选者的资格,由州议会间接选举可以满足这个要求,而且比通过唯一任务就是选举参议员的选举人团更能满足这个要求,因为后者从总统选举人团的实际运行看,实质上会演变成直接选举。参议员的长任期使得他即使为了再次当选,也只需满足未来的而不是在任的州议员的愿望。参议院的性质要求其成员人数少,这样,在按人口比例和每邦出同样数量的代表之外,代表名额的分配问题是个非常难以操作的问题(例如德国的办法也只是权宜之计,长久的办法要求在代表数目和人口之间建立一个复杂的函数,才能满足这些要求:每邦至少有一名代表,代表总数不能太多,因此代表随人口的增加而增加但不成比例。找不到这样的函数,而且宪法也不宜出现这么古怪迂腐的事)。参议院的独立使得代表名额分配的争论将变成官职分配在各个群体之间的平等问题而不是邦之间的压迫问题,官职分配的不平等不是一个严重的罪恶。美国宪法 17 条修正案(将参议员由州议会选举改为由每州选民直接选举)不是削弱了全国性政府的邦联性因素,而是增加了它的民主性因素,或许这是破坏政体平衡的不当增加。

这里有一个很大的不同,如果说美国参议院是代表州的,那么为什么按人投票、为什么从国库领薪水、为什么不可召回?有了这样一些规定,参议院实际上是起的什么作用呢?正如有的人所说,实际上参议院比众议院更具有全国性,因为它不受制于地方选举。美国和德国的参议院几乎没有什么类似的地方。如果我们将德国的这个机构翻译为联邦院或联邦理事会,把美国的这个机构按其原意翻译为元老院,倒更合适一些。① 和德国、欧盟、中国相比,保护地方或成员单位政府权力的体制性保障没有建立起来,美国宪法最后建立了部分以古代罗马和当时英国为典范的集权制中央政府,但对州政府,其独立存在和结构方式却不更动。这个似乎匪夷所思的设计就是美国人对政治科学的最大贡献——联邦主义,这和在此之前的联邦共和国在政制结构上已经相差甚远了。②

在《联邦党人文集》中第62篇至第66篇讨论参议院代表州的问题只有一句话,参议院制定方案的规定"其优点是双重的,这种任命方式既是有选择的,同时也使各州政府在组织联邦政府过程中具有一定的作用,因而必然保障各州政府的权威,而且可以成为两个体制间的适当桥梁"③。在以后的讨论中,作者重点讨论了设立参议院的目的、参议院的权力的必要性,基本上是麦迪逊前面观点的充分论证,我们在这里看到的是为一个全国性的共和政府的元老院的辩护,而不是为一个联邦的联邦院所做的辩护。作者说明参议院的理由所举的例子有古代的共和国斯巴达、迦太基、罗马的元老院。这些共和国的政治是公认比较成功的。

一个研究澳大利亚联邦共和体制的人说,联邦主义的解决方法并不在于议会部分是全国性的、部分是邦联性的,而在于由全国性的和地方

---

① 德国一份介绍 The Bundestrat 的官方出版物其英文同名标题即为"The Federal Council of the Federal Republic of Germany"。

② 托克维尔评论美国的联邦主义时说:但是,现行的美国宪法规定了几项新的原则。这些原则起初没有引起人们的注意,但它们后来发生的影响却是十分深刻的。这部看上去好像与以前的几部宪法没有什么不同的宪法,实际上出自一个全新的理论。我们应当把这个理论视为今天的政治科学的一大发现。见托克维尔:《论美国的民主》,董果良译,商务印书馆1988年版,第175页。

③ 汉密尔顿等:《联邦党人文集》,程逢如、在汉、舒逊译,商务印书馆1979年版,第313—315页。

性的政府组成的复合的共和国,并且人民有二元的公民权,既是国家的、又是州的公民。① 他也认为澳大利亚的参议院是全国性机构,把它当成联邦性机构是个经典的误解。②

从美国参议院的实际运行看,在参议员的工作当中,一个参议员有没有分量,不是看他代表的是哪个州,而是看他能不能干、有没有经验、有没有专业知识、有没有组织能力。号称单一制的中国政府结构,重要的决策机构如中国共产党的中央委员会还往往做不到这一点,因为其成员由各方面许多是地方的领导人直接构成,一个人的权力基础与他担任的地方职务有很大关系,与来自于上海还是青海,很有关系。

但是还有相反的体制保障的思路,这是为了保障全国性政府的权力不受侵害,也是麦迪逊在制宪会议上极力主张的——全国议会有权否定他们认为违背联邦条款和对外条约的各邦议会立法,后来也被否决了。③ 因为宪法没有在立法过程当中建立起对州法的否决权,麦迪逊感到遗憾。他并不是反对建立联邦法院的体制,而是感到这样并不足以维护全国性政府的权威不受侵犯。

实际上,通过法院这样一个体制外的、政治过程之外的调节因素,出于当时国家主义者、也出于当时反联邦主义者的预料之外,美国联邦的法院系统作为对州权的一个很温和的制约这个看法被证明是错误的,自从大法官马歇尔判的麦克洛克对马里兰州案之后,这个观点肯定就是错误的,美国宪法法④ 的整个发展历史也说明了这一点。在一块领土上,通过建立独立强大统一的司法体系,通过司法判例逐渐形成统一的法律秩序,较之立法上的集中统一,更不用说是行政中央集权制,能够更有效地实现该领土的政治和经济一体化,使居民成为相互认同、富有内部

---

① Brian Galligan, *A Federal Republic Australia's Constitutional System of Government*, Cambridge University Press, 1995, p.67.

② Ibid. p.65.

③ 麦迪逊:《辩论——美国制宪会议记录》,尹宣译,辽宁教育出版社2003年版,第88页、第347页、第596页。查尔斯·平克尼曾经提出:两院三分之二议员同意,联邦议会有权否定他们认为违反联邦总体利益和联盟和谐的各邦立法。到9月12日,麦迪逊仍然为联邦国会否决条款的被否定而遗憾。参见上书第745页。

④ Constitutional Laws,由司法判例构成的政府间关系和政府与公民关系的法律,不同于成文宪法。

凝聚力的公民团体①,并且在有效地扩张中央政府权力的同时,相对更少地损害、甚至保障地方自治和人民自主治理,这对我们来说还是一个反直觉的认识,但英国、美国、最近欧洲联盟发展的历史启示了这一点②,本文第6、7部分还要做理论上的探讨。

美国联邦主义在全国性政府的组成当中,尽量地避免、减低了对州政府的依赖,而且全国性的政府有独立的执行机构③,"据有州政府所有的一切手段,并有权采用州政府所行使的一切方法,以执行委托给它的权力"④。这样的设计,在今天倒被认为:"美国体制与本文所比较的大多数联邦体制都存在着不同。这种不同在于,在美国体制下,州包括组织地方政府在内的组织和运作自身政府机构的能力以及决定公共政策的最终权力受到彻底的保护。"⑤ 这又是一个反直觉的设计,独立强大的联邦政府反而最彻底地保障了州的自主。⑥

五、联邦主义的体制保障并不可取

我试图说明:美国联邦主义中没有利用政治过程内部的体制保障因素来化解或消灭联邦和州的权力冲突,而且根据政治科学的发现,设计这样的体制保障并不可取。

某些体制保障违反了审议性民主的原则。如果州政府直接组成全国性议会中的一院,议员对州政府没有丝毫的独立,可以召回,薪水从

---

① 我没有使用现代的术语民族国家,认为古典的术语公民团体更能表达我的意思。
② 英国可以说是现代第一个现代民族国家,其国家能力(如财政汲取能力)在很长时间里远强于号称中央集权的法国,但另一方面,英国仍然保持地方自治,甚至被认为是事实上的联邦制。甚至在政制结构是半联邦制(在德国意义上)的情况下,欧洲法院在实现联盟法律秩序的统一,扩张欧共体机构的权能上起了关键的作用,而通过初步提交和初步裁决程序,欧洲法院和成员国法院在涉及联盟法律的案件上已在相当程度上结合成统一的制度,成员国法院因此获得了依据联盟法对本国法律在案件判决中使之无效的某种司法审查权。
③ 在美国约两千万政府雇员中约三百万是联邦雇员,比中国中央政府的职员要多得多。联邦政府在每个州都有自己的执行分支。
④ 汉密尔顿等:《联邦党人文集》,程逢如、在汉、舒逊译,商务印书馆1979年版,第16篇,第80页。
⑤ 杨利敏:《关于联邦制分权结构的比较研究》,载《北京大学法律评论》第5卷,第1辑,法律出版社2003年版,第56页。
⑥ 我这样概括联邦主义宪法的特征:在结构上宪法保证州之为州,也保证全国之为全国,如是则联邦之为联邦。

州取得,要投联票。这样的设计是否能促进民主的审议性?同麦迪逊原理阐发的在大范围(领土和人口)实行代议制民主[1]、设立构成成分不同的两个议会平衡来自人民的呼声和上层人士的智慧不同[2],设立上述的体制保障违反了审议民主的原则或制造了不可化解的决策僵局。

一个机构以什么样的规则行使其权力,应取决于它的构成方式。在按人投票和按州投票之间,有重要的差异。后者如果按照某种多数规则(简单多数、绝对多数或欧盟部长理事会实行的有效多数等),很难排除特定规则同特定结果之间的联系,也就是说规则总是有歧视性的。事先就可以知道,如果哪几个州联合起来,就可以成功地阻碍议案的通过,或者那些州联合起来,就能够成功地通过决策。这样排列组合的次数是有限的。每个州都是一个紧密结合的利益共同体而且数量总在几个到几十个之间,那么这种决策机制是一种范围极端狭小的多数民主。在上述情况下,较之大范围的代议制民主,更容易出现这样的情况,即决策的结果在投票之前就可以预计。这样投票本身就失去了程序正义的性质——即投票机制本身是一个发现的过程,发现什么是良好的决定,什么是正当的结果。在这种情况下,决策过程更可能出现多数对少数的压迫,少数对多数的讹诈,投票循环等。这时候改变投票规则或吸收新的成员,每个州可能根据自身的处境考虑到通过或阻碍决策的可能组合,而进行主张。这种争吵是基于对投票结果的预期而要求特定的投票程序,失去了程序正义的性质,而且很难妥协。在数量有限的不同利益共同体中,建立多数投票制,虽然较之一致同意规则,会在决策的速度和能够做出决策的意义上增加效率,但不因此更保证决策的审议性质。另外一个办法是一致通过制,每个州都有一票否决权,要做到这样的体制保障,需要这样设计,全国性政府有两院,州政府直接组成第二院,所有法律必须两院通过,且在第二院要一致通过,这是完全的体制保障,但

---

[1] 参见汉密尔顿等:《联邦党人文集》,程逢如、在汉、舒逊译,商务印书馆1979年版,第10篇。
[2] 两个议会以一致同意的方式立法,虽然也造成僵局,但也使得冲突表面化了,议员并不受制于一个时刻进行指挥的意志因此有相当的独立性并按人投票,这样即使人人都是伪君子,但虚伪造成的教化也使得他们公开行动和私下的想法不一致,因此上述立法过程阻碍不当立法和正当立法的可能性是不对称的。但是,组织起来的集体的自私是更难克服的,也很难辩明责任和加以纠正,并且总有理论将这种自私正当化。

是既不现实也不可取。这是一个无法运作的体制,这会回到一个州际间的无政府状态中。

问题的关键是议会本身的独立性和促进审议方面的安排。如果议会本身不具有独立性,其成员彻底依附于各组成州政府,那么这时候如果按人口比例分配议席,并以多数为表决规则,那么小邦必将极力反对。如果不按人口比例分配席位,每州有平等的表决权,则大州必将极力反对。可接受的结果二者必居其一,或者是一致同意原则,每州都有绝对的一票否决权,或者是使议会具有独立性促进其表决中的审议性,那么无论大小州都可能放弃一致同意原则,而议席分配将不是最关键的问题。①

体制保障违反了责任政府原则。一个政府,不论其权力来自于人民通过投票表达的明确授权,还是人民的默示同意,都应该是一个可以问责的政府,而且责任的归属是恰当的。政府的权力和义务必须平衡,不能要求一个政府对实际上不能完全自主决定的事物负责任,也不能使一个政府做最终不必自身承担后果的决策。张千帆对基于民主责任制理论的联邦制的英美模式进行了阐述:"最后,联邦政府和联邦选民之间也存在着对应的权力、权利与义务之间的平衡关系,但联邦和州之间不存在相应的平衡关系。联邦政府是由全体联邦人民选举出来的,特定州的人民参与但并不决定联邦立法官员的选择;在普遍意义上,联邦人民也不参与特定州的选举。因此,特定州的人民及其选举的政府不能决定联邦政策,联邦政府也不能决定特定州的政策;否则,就必然打破了民主责任制所建立的平衡。"②

对政府制约的削弱作用及其他问题。根据用相反和竞争的利益来补足较好动机的缺陷的方法,麦迪逊阐述了联邦主义在制约政府们可能的暴虐方面的好处:"在一个单一的共和国里,人民交出的一切权力是交给一个政府执行的,而且把政府划分为不同的部门以防篡夺。在美国的复合共和国里,人民交出的权力首先分给两种不同的政府,然后把各

---

① 在笔者看来,采用欧盟部长理事会中复杂的有效多数投票机制,也不能避免上文中所说的两个问题。

② 张千帆:《宪法学导论》,法律出版社 2004 年版,第 217 页。

政府分得的那部分权力再分给几个分立的部门。因此，人民的权利就有了双重保障。两种政府将相互控制，同时各政府又被它自身所控制。"①

我们可以设想建立双重体制保障的政制情形，这不是理论上的虚构，而是实在的政制②。甚至是我们日常经验所感受到的：邦联制因素和中央集权制因素中国在每一个层级的政府中都混合存在。中央立法不执行，委托各地方政府执行，在执行上，中央依赖于地方；中央政府的组成严重地依赖于地方，中央决策机构中地方政府的头面人物占很大比例，审议立法时还要分省开会，发言时说我们省如何想的；最高领导在各省失败了一定意味着在中央的失败；通过一些机制，使得地方政府的人事由中央决定。上级决策委员会有下级委员会首要人物组成，下级委员会成员由上级委员会提名甚至任命，同级委员会实行集体领导，名义上没有首脑。也许可以勉强称这种安排为委员会平衡体制，既可以说是中央集权的，又可以说是地方割据的。其中一个最重要的后果是，中央受制于地方，地方也受制于中央，做事的时候两级政府很难行动，难以发挥"两个积极性"③。每一层级的领导人，关注的焦点都是人事问题，上级的、同僚的、下级的，不难理解为什么这种情况下一切政治问题最后都会变成人事问题。另外一个后果是单个公民碰到一个最小单位的最小官员的侵害，也没有办法，因为所有政府相互缠绕在一起，一个最小的乡官也代表了政权所有的权威。

州权的体制保障反而损害州的自主性。 州政府在全国性政府的决

---

① 汉密尔顿等：《联邦党人文集》，程逢如、在汉、舒逊译，商务印书馆1979年版，第51篇，第265—266页。

② effective constitution，这个术语来源于苏力的文章："每个相对长期存在的国家，不论其结构组合和治理是否为你我所欲，都必定有其内在结构和相应权力配置，都有其制度逻辑，这就是我要研究的实在宪法(effective constitution)。也因此，一个国家也许没有系统阐述的宪法理论，但它一定存在着政制问题。"(苏力：《当代中国的中央与地方分权——重读毛泽东〈论十大关系〉第五节》，载《中国社会科学》2004年第2期，第42—55页。)和苏力不同，本文对一种实在的宪法进行了批评，而且认为可以有宪法理论，而没有对应的实际政制，但不会有实际政制而没有宪法理论，政治家的政治论述也含有理论，但其论述正确吗是问题所在。尤其重要的是对联邦主义一般原理的探索，因为美国联邦政体的建立，我们必须承认其时有着特殊幸运的条件，而中国当今面临的政治改革和世界所面临的问题，倒是人类所面临的一般性的境况，我们只有求助于古典政治学意义上的、更加具有普遍性的理论，而不是对特殊的实然进行解释的现代社会学，即使这种解释在有限的范围内有其道理。

③ 见苏力文章第三节，"两个积极性，一种政制策略"。同上注，第46页。

策中占有重要权力,这种看起来保证州独立自主的制度安排在某些情况下事实上会破坏州一级政治生活的自主性,增强中央集权。随着全国性政府的权力范围进一步扩大,其对人民利益的影响进一步增加,那么在某个临界点之后,州政府的独立存在的意义和自主性就会受到打击。全国性政府的权力和影响很大了,但其组成仍然严重依赖于州政府,州政府的变动直接影响了全国性政府的权力分配,影响州政府的组成的重要因素可能就是各方为了在全国性政府取得权力的目的,这样州政府的独立性就要大受影响了。全国性政府的权力和影响扩大了,但没有独立执行其权能的手段,那么可能出现一种情况,就是被迫在某种程度上将州政府征用为自己的下属执行机构。① 这时全国性政府的领导人非常多的精力被牵扯到地方人事安排问题,因为这就是他能否当全国领导人和顺利执政的问题。这样使得尽管从规定来看,全国性政府组成上要依赖于州政府,但是往往造成一个结果,就是州政府的人事被全国性政府通过政党或某种其他形式的安排所控制、支配。甚至在选民投票的时候也是如此,选某某不是因为要他在州政府做什么,而是因为他要组成全国性政府的重要部分。② 德国的联邦主义比美国的更加中央集权,政制结构上的原因就有联邦政府在组成上和执行权能上都不独立于州政府的因素,也就是德国联邦主义当中存在的更多的邦联制因素造成的,这同直觉的看法是相反的。正如美国宪法学家布鲁斯·阿克曼所说:"矛盾的是,联邦主义价值观只有在禁止地方官员在中央机关发挥任何直接作用时才能得到更好地实现。如果设有联邦参议院,它的成员应该由各州选民直接选举产生。这促使选民在选举时只需关注让州政府负责任,而

---

① 全国性政府不在人事上就在财政上要取得对州政府的控制权,否则很难指望州政府认真执行全国性立法。

② 参见 Bruce Ackerman 对大使议员(Ambassadorial Chambers),即各州政府直接任命的联邦参议员并以德国为例的评论:"德国参议院议员是每个州政府的代表,并且严格听从指示行事。这意味着,州选举中的选民不能仅仅与州一级的竞争性政党政治相联系,而且还必须记住,他们在州选举中的选票通过改变联邦参议院的政党均势,改变了国家权力的格局"(p.681),"(在德国)结果是州级政治的全国化。全国性的政治家和政党不可能无动于衷地看待州级选举的命运。他们使自己成为国家政治游戏的一部分,努力将州级选举转化为对总理及其提案的信任投票。州级选举的选民不仅关注州政府的承诺和表现,还试图通过选票向柏林的权力中心表达自己是否满意国家的统治集团"(p.682)。(Bruce Ackerman, *The New Separation of Powers*. In Harvard Law Review, volume 113, January 2000)

无需被全国性政治问题所干扰。"①

全国议会否决条款的问题。 对于全国性议会对州法的否决条款,上述论辩足以令人信服地推翻,但是我们至少可以说明全国性议会审查州法除了"自己成为自己案件的法官"这个问题外,如果实行,还有其他严重的问题,并不会因此减少法院的作用。国会否决条款怎样实施呢?是否每一次州议会通过的决议就要拿到国会审查一番,还是更极端一些,设计一个代理人制度,国会任命州长代理国会审查州的立法?这样的体制是否可以想像。国会成员的时间和精力是有限的,无法充分地就州所有违反宪法和全国性立法的行为予以认定、审查和监督。而且大量的州违法行为可能是轻微的(在全国意义上,当然对直接受害者不是如此),即使可以恰当地确认州的违法行为,将国会的资源用于处理这些问题,是不是一种浪费?

在实践中,加拿大有这样一个条款,全国性议会可以行使对省议会立法的否决权,但并不能减轻司法的作用和法院的辛苦。戴雪告诉我们:"(加拿大)其最可注意者是宪法所授予属邦政府的威权,使之有权以取消各省议会的法案。此权的赋予,自创制者观之,或可发生极大效力,苟能如是,法院可以不致被用为宪法的舌人。其实,稽诸史乘,这班创制人物亦曾有一种信念,以为'如此精细地规定各个立法机关所有权限当可以解除中央与地方政府在行使职权时所有冲突'。讵料世事所趋竟使创制者所有希望因误会联邦主义的性质而尽成泡影。于是加拿大法案,无论为属邦议会所立,或为行省议会所立,重劳帝国枢密院内之司法委办会审问;其结果此类判决案至于盈册两大帙。在此际,这一个司法委办会的行为恰与合众国大理院相类,即同以审问议会立法的宪德为事。卒之,在加拿大属邦中,一如在合众国中,法院诠释宪法之责遂不能旁贷。"②

---

① Bruce Ackerman, *The New Separation of Powers*. *Harvard Law Review*, volume 113, January 2000, p.683.
② 戴雪:《英宪精义》,雷宾南译,中国法制出版社 2001 年版,第 216 页。

六、为什么是法院以及法律推理的问题

文章到此本来可以结束了,既然美国联邦主义中不存在体制保障①,体制保障本身也不可取,那么至多再说一下其他调节联邦体系的办法如公民复决也不完美,于是剩下的办法就是司法调节,而美国相对成功的经验证明了这一点。但是,采取什么样的法院和司法体系,法院如何调节,或者一般地说,何种法治方式同联邦主义的成功之间存在真实的因果性链条还需要追问。法治方式并非是在建立政治制度时无法加以注意的问题。这一节所牵涉的问题是本文中最复杂的而且也是研究联邦主义的政治和法律学者往往都忽视的问题。政治学者通常注重联邦主义的政制结构,各种联邦制运行中的细节描述、联邦主义的观念史乃至联邦主义的政治哲学;法学家由于其学科的性质往往是在成文宪法已经形成,特别是在实际诉讼的过程中产生了大量案例后才大兴其道,宪法学主要是对宪法条款意义的解释以及对实际判例的整理、评注。然而,对于理解美国式联邦主义运转中的好处和其持续稳定运转的

---

① 更确切的说法是美国立宪者没有甚至有意不建立本文所说的联邦主义的各种体制保障,因此尤其较之欧洲联邦主义,美国联邦主义在结构和运行后果上都呈现出不同。但是在实践当中,也许出于立宪者的意料之外,仍然出现了某些可称为体制保障的东西,某些机制使得州政府必须依赖联邦政府和一定程度上为其所支配。其一,联邦政府对州政府的财政支配。即使除关税外,两级政府拥有同等的征税权力,不在税收对象上进行任何划分(《联邦党人文集》,第166页),两级政府却不可能拥有同等的征税能力,因为在资源和人口自由流动条件下,居民用脚投票和州政府间的竞争使得州政府们在取得更多税收收入上处于类似"囚徒困境"的境地,但联邦政府却没有这样的烦恼,因此两级政府在安排财政收入和支出的有利条件上天然不对称。也许上述可以解释为什么在财政上州要依赖于联邦,联邦的资助很多是附条件的,由此得以支配和监督州服从。关于联邦附条件支助的后果,参见张千帆:《西方宪政体系》(上册),中国政法大学出版社2004年版,第238页,其中所引用Cooper文章的观点。其二,国会立法优占(Congressional preemption)。美国宪法第6条联邦最高条款:根据宪法制定的合众国法律是国土的最高法律。虽然联邦最高仍然是一个司法原则,而不是可操作的宪法程序,但法院难以在简单逻辑推理之外断案,此条款的一个后果是在国会明确优占措辞的情况下,州法几乎自动失效。关于国会大量使用立法优占的问题,参见Joseph F. Zimmerman, *Contemporary American Federalism: the Growth of National Power*, Praeger, 1992, chapter 4. 附条件联邦资助和国会立法优占是今天美国联邦政府权力急剧扩张的原因。笔者不能认同"随着现代经济的发展和社会事物的复杂"作为联邦政府权力扩张的有意义解释和合理性论证,政治法律学者不能以这种方式工作。不能排除,甚至美国宪法其结构上也有漏洞,美国法院的法律推理也有缺陷,对此仔细检测是政治法律科学学者的本分。

基础性制度条件①,则需要在更基础的层次上"知其然,也知其所以然"。

紧接上节戴雪说的加拿大的情形。因为联邦和州的立法都直接适用于个人,因为有两个同时存在于同样地域、同样人民之上的政府,而且不仅都立法,还都行政②,法律的冲突会以私人利益纠纷的形式大量表现出来。所以我不太同意说可以采用一种国会立法否决的方式来解决其中的冲突问题,因为它的冲突很多的,表面上看来是私人之间的冲突,实际上是两个政府之间的法律的冲突,冲突不必而且绝大多数情况下不以两者之间直接对抗的形式表现出来,而是以私人利益纠纷形式表现出来。

由于美国联邦主义的特点,政府间的权限冲突以私人利益纠纷的形式大量表现出来,而法院平常的工作就是调节这些冲突。表面上法院的工作没有出奇之处,但是否隐藏着联邦主义成功运转的秘密?

---

① 联邦政体稳定和持续的条件,已经有大量的探讨,例如孟德斯鸠的命题:联邦应有同性质的国家尤其应由共和国组成。麦迪逊也认为:原则和政体不同的政府,对任何一种联邦的适应,不如性质相似的政府(《联邦党人文集》第43篇)。维持联邦政体的经济条件,哈耶克认为:"我们在前述的文字中一直在论证这样一个问题,即一种在本质上属于自由主义的经济制度乃是任何国家间联邦制取得成功的一项必要条件"(哈耶克:《个人主义与经济秩序》,邓正来译,三联书店2003年版,第385页)。"一如我们所知,始终存在着一些极容易为某一特定事件或某一特定措施所影响的利益共同体;尽管这种情形是无从避免的,但是,如果人们可以做到这样两点:第一,这些利益共同体的组合不成为恒定不变的共同体;特别是第二,各种各样的利益共同体不仅在地域上相互交叉重叠,而且也不会被人们长久地视作是某个特定地区的居民所组成的群体。那么显而易见,这种情形便是与维护较大规模统一体的内部团结这一利益相符合的"(同上,第370页)。从联邦的结构看结构与稳定之间的关系,威廉姆·里克认为,关于什么使得联邦稳定并因此长久持续、哪些宪法特征防止联邦或者分裂或者变成集权制帝国的一个结论是:联邦的稳定和持续,与规模大致相等且数量众多的组成单位之间,有紧密的关系,小数量的组成单位和存在大规模的单位,对联邦的稳定和持续构成真正的危险。也许加拿大应该抓住当前的机会将渥太华和魁北克各分成几个省份(William H. Riker, *The Development of American Federalism*, Kluswer Academic Publishers, 1997, pp. 113—129)。托克维尔则说,(联邦制)总的理论被理解之后,仍然有许多实际应用方面的难题有待解决。难题不可胜数,因为联邦主权与各州主权互相交错,不可能一眼就分清其界限。在这样的政府中,一切事情都要经过反复的协议和复杂的手续,只有长期以来惯于自治和政治知识普及到社会下层的民族,才适于采用这套办法(托克维尔:《论美国的民主》,董果良译,商务印书馆1988年版,第185页)。孟德斯鸠和里克所说的可以说是适当的联邦制本身的构成要素,可以在建立联邦政制时适当加以注意;哈耶克所说的是伴随着成功的联邦制的一些现象,其如何形成本身才是问题所在;托克维尔说的是基础性条件,但很容易被解释成成功的联邦制是特殊国情的产物。但本文看来,一般理论才有意义,需要探索成功的联邦制运转的一般性基础条件,无论在其中确定因果性链条是个多么复杂的工作。

② 即使一般性政府不直接行政,但其法律直接适用于个人,以个别利益纠纷形式出现的法律冲突仍然出现。但一般性政府依赖州政府执行,如果州政府不很优良,它会通过推诿的方式不做事,并抓住任何方式推卸责任,可能也没有直接的冲突但不会有那么多显著的私人纠纷。

全国性政府无权命令州政府,州政府也无权命令全国性政府,这样两者之间一般不发生直接的冲突。冲突体现在人们日常的活动当中去了,这样由私人告到法院,法院不是解决联邦与州之间孰是孰非的问题,而是解决一个私人案件,解决某甲和某乙之间的私人纠纷,但间接地影响了两个政府之间的权限划分。法院行使的仅仅是司法权,不比司法权更多,也不比司法权更少。附带地,由于判例法的特点,某些在个案判决中被否认的全国性或州的立法事实上在以后同样的案子中无效了。这种方式的好处,托克维尔已经认识到了:宪法承认各州有权制定法律,而这些法律又可能侵犯联邦的权利。这时,在联邦与制定法律的州之间,不免要发生主权冲突。为了解决冲突,只能采取危险最小的处理办法。我前面讲过的总原则,已经预先规定了这种处理办法。根据通常的想法,遇到我方才提到的这种案件,联邦一定要向联邦系统法院控诉侵权的州,而联邦系统法院也将宣判该州制定的法律无效。这样的处理也最合乎情理。但是这样一来,联邦系统法院就要与该州处于针锋相对的地位,但这种情况却是联邦系统法院打算尽量避免的。美国人认为,执行一项新的法律而不损害某些私人利益,那几乎是不可能的。联邦宪法的制定者认为,这种私人利益可以抵制各州用立法措施损害联邦,所以他们在立法时保护了这种私人利益。……它所攻击的是法令的后果,而不是它的原则。它不宣判取消那项法令,而只是削弱它的效力。① 政治制度设计如果让州政府与联邦政府直接面对面对抗,抽象地说你侵犯我,我侵犯你,就会导致一个国家的危机;这种危机的解决如果在政治层面上,那就比较麻烦,通过国会,还会打得不可开交。②

但是,上述方式不仅是不危险地让道理压倒强力的可实现的方式(最大的强力拥有者就是政府),而且,即使政府都是非常服从于道理的,它也比政府间的直接诉讼有莫大的好处。因为,"实际上,法律很少能够长期逃脱法官的验证分析,因为法律很少不涉及私人利益,而且诉讼当事人在涉及他的利益时也可以和必然向法院提出异议。"③ 表面

---

① 托克维尔:《论美国的民主》,董果良译,商务印书馆1988年版,第166—167页。
② 对此我们看一下联合国和国际法院在解决国家间冲突的效果就可以知道了,尽管在联邦制中政府间的关系不能完全类比于国家间的关系,但会与前者有同样的难题出现。
③ 托克维尔:《论美国的民主》,董果良译,商务印书馆1988年版,第113页。

看,在美国式联邦制中,搞经济上的地方主义很容易,但是地方保护主义不侵犯个人的利益是不可能的,这样导致大量某公司和某公司之间的官司,某公司与一个执行的部门的官司。不是政治实体或主权单位(只好用这样不确切的表达)之间直接来打,方式是温和的,但是通过个案累积对地方保护主义的打击是彻底的、是方方面面细致无遗的。

托克维尔说,美国最高法院职责之所以重大,除了上述的重要原因之外,还有另一个更为重要的原因。在欧洲各国,法院只审理私人间之案件,而美国最高法院,可以说能够审理州的主权。当法院的执达吏登上法院的大堂,简单地宣告"纽约州控告俄亥俄州"时,使人感到这个大堂不是一般的法庭。① 但是,州与州之间的纠纷是有不少,但反而这个时候两个州很私人化。涉及到土和水这两个问题是最多的,边界领土纠纷和流经不同州河流水权的纠纷,在国会通过法律来解决这些问题之前,法院已经发展出了一个州际普通法来解决这些问题。在这个时候,两个州很私人化,代表了某个群体的个别利益。这种个别利益,只能由州集体地来代表。美国最重要的关于联邦和州之间权力范围调整的判例,往往不是两个政府间的诉讼,而是涉及到个人利益的案件或者纯粹是私人间的诉讼。

在联邦主义体系中调整政府间的权力范围,上述方式除了避免政府单位之间直接对抗的一切不利之外,较之制定详尽和精确的宪法、全民公决、体制保护等措施还是更正确的划分权限的方式。即使将关注局限于一部成文宪法所要解决的问题,那么也要考虑:不要假定制宪会议可以完成不可能完成的任务。正如麦迪逊所说:标出全国政府和州政府的权力的适当界线,必然是一项同样艰巨的任务。每个人会根据他习惯于仔细考察和辨别性质广泛而复杂的事物的程度来体会这种困难。② 因此,这里是定义出现含糊和不正确情况的三个原因:对象难以辨认,构思器官不完善,传达思想的手段的不合适。这些原因中的任何一种,必然会造成一定程度的含糊。制宪会议在勾画联邦和州的权限时,必然体会到这三种原因的全部作用。③ 关于两级政府间的权力界限划在那里,

---

① 托克维尔:《论美国的民主》,董果良译,商务印书馆1988年版,第168页。
② 同上书,第181页。
③ 汉密尔顿等:《联邦党人文集》,程逢如等译,商务印书馆1980年版,第181页。

根据一位学者对《联邦党人文集》的解读,从《联邦党人文集》作者在不同地方所说的话可以知道:回答是清楚的,划出任何坚硬稳固的界限是完全不值得讨论的,是完全不可能的。必须寻找的是程序性的解决办法,不是界限问题,而是划界的办法①。我们要在混杂的领域里做到精细,但我们如果想直接获得这种精细,却可能得到非常武断和粗糙的结果。在立法和行政经验中所揭示的问题是,你越试图去详细说明,你会发现你实际上顾及得越少。

同私人间的纠纷不同,除了极少数情况,政治实体或主权单位的行为构成严重的判断的负担。既然正确就是要让道理压倒强力,司法判决除了可能实施之外,道理还必须让人心服②。这样我们就回到一个基本的问题上来,什么是法律中的公理?如果是法律中的公理,那么就更容易获到自愿的服从。对此,本文提出下列尝试性的见解。法律中的公理不能是绝对正确的纯粹形式的伦理法则,因为它没有经验的含义,无法在实际中加以运用。和有实质性含义的若干个正义原则或绝对命令相反,本文认为接近于法律公理的是在非常特殊的、具体的事实条件下形成的一种判断。为了得到判断,需要对事实本身进行剪裁,不断地附加如果这样如果那样等等条件,一直到能得到确信无疑的判断时为止③。

---

① George W. Carey, *The Federalists: Design for a Constitutional Republic*, University of Illinois Press, 1989, p.109.

② 在政治科学当中,没有比建立法院的问题更微妙和复杂了。法院的权威建立在公众对其道德约束力的持久信任的基础上,此为道理压倒强力的关键。如果法院求助于武力,表面看它强大一时,但这不过使它成为行政甚至军事部门的一个分支罢了。法院的权威所能依赖的,非足兵也,非足食也,民信之也。

③ 例如,为了说明什么是错误的行为,说一个卖东西的人,在一个本村的失明的贫穷的人来买东西的时候,多收了他的钱并交给他一件次品,因此这个行为是错误的,事情至少要恢复原状乃至这个人要受其他惩罚。设立条件是为了排除怀疑,达到确信:本村(也许外乡人是可以欺骗的);失明(眼睛看得见的人自己有适当注意的义务);贫穷(如果是地主老财为什么不能骗呢?)。在这个事例中,即使我们达到了完满的确信,判断也仍然是不完备的,仍不能摆脱哥德尔定理,将推理的前提彻底阐明。这里试图说明,人们对于一个个案进行判断比获得一个普遍适用的抽象原则更容易些,在个案的判断中,人们自觉或不自觉地用到了他们所有继承下来的价值体系来进行判断,此种判断不能被化约为一个纯粹的逻辑推理的过程。另外,判断总是从最有可能判断的事物开始的。但是,不要误解笔者认为可以实现个案的绝对公正,最有可能判断的事物不是实际发生了的事物,组成个案的事实必然经过了剪裁。因此先例大概总要比形成先例的判决本身更公正。各个判断之间要实现内在一致性,是要将绝对正确的法律适用于个案,但是只有法律不在我们手中的时候,我们才可能接近于它,每一次判断都是重新发现法律的过程。从个案到个案的例证推理乃是在人的世界实现实证规则体系内在一致性的更好方法。

这样就形成了一个判例,得到确实无疑的判断的案例往往不是真实存在的,是假设的,判断是真实的,事实是虚构的。这正如亚里士多德所说,只有具体的事物才是可判断的。如果彻底追问人们为什么能得出这些判断,最终是不能回答的。一个民族的神话传说甚至民间说唱艺术,在上述意义上可说是建构起来的判例法,它们不是在历史学的意义上真实,而是在实践伦理学的意义上真实。通过个案和个案的比较,在新的案件中也许可以放松一些假定,这样导致一个新的确定的判断产生。如果上述的论辩有些道理,那么政府间的权力范围调整的问题要更少在政治机构间的直接对抗中进行,而应在那些能够判断的案件中做出判决以逐渐修正关于政府间权力范围的宪法法的方式进行,这是私法案件对公法的修理。一项政府的法令,如果导致在一个私人案件中出现不可接受的荒谬后果,那么就被放在一边不管,在这个案件中被否定。这样,在私法案件的审判中逐渐地修正了宪法法。解决问题总是从最切近的部分,最可以解决的部分开始的,然后发生一种外溢效应,溢出的后果并非删掉法典或取消那么简单,而是停留在适可而止的地方,也许是某个政府颁布的某个法律的威信受到了打击。因此政府间权力范围调整的工作对法官来说不是一个绝对不能完成的任务,因为这是以用间接迂回的方式逐渐完成的,也许在开始,就是以平常心判断平常案件。这意味着,法官要高度地审慎,对政治机构争议的贸然加入,将使法庭处于最不利的位置,因为可能用自己的道德权威为强权加冕,从而欲速则不达地导致不能完成他的任务。[①]这也意味着,宪法本身并没有,给法官在案件判决当中提供了偷懒的机会,也就是说提供了一种可以进行简单的形式逻辑三段论推理的方式,而不需要关心案件实际情况。政府间权力的范围问题很复杂,不能单靠宪法条文解决,法官不仅要懂普通法判例、联邦主义,而且还要懂经济学,比如说州的活动的"州际影响"的判断,也许需要了解财政联邦主义的一些模型。普通法上的很多判例,和经济学是分不开的。上述工作,也不是靠一个人、一个法院完成的,而

[①] 这也是笔者对司法审查中所谓"政治问题"的理解途径之一。但奇怪的是,法官紧守司法权的本分,最后却可能更大地影响政治,任何时候都有不可司法的政治问题,但最终一切政治问题都会变成司法问题。

是数代人和所有法院在无数的诉讼中共同完成的。

上述司法过程也使得宪法成为人民的生活方式,戴雪有个观点,英国的宪法,就是英国人民的习惯和生活方式,要推翻英国的宪法,就要推翻整个英国社会。宪法,既是政体结构,也是事物的性质。因为判例法的特点使得所有法院都成为宪法的守护者,是在所有人对于利益的争执之中得以保护的。这样一来,你可以说宪法成就了人民的生活方式,你也可以说人民的生活方式就是宪法,要推翻这个宪法,不推翻这个社会做不到。调整政府间关系的宪法法也成为人民的习惯或民情的一个部分,人民既有的权利和这些法律之间是紧密联系的,地方自治和国家统一都不是抽象的概念,而是人民习惯了的生活方式能否保持的问题。关于治理的知识自然普及到下层,就和中国当年的礼自然普及到下层那样。当一个人主张其权利时,也就自然地可能在保护或打击某个政府的权力。政治知识在社会各个阶层的普及,如果作为联邦政体稳定和运转良好的一个条件,我倒不认为这能够依靠启蒙主义的个人权利话语带来,如果不是起相反的致人于对政治知识的更愚昧状态的作用的话。普通法司法的过程,倒是普通人民和未来的政治家习得政治技艺的场所。它形成既非虚无主义的马基雅维利式的权术政治思考方式,也非将简单的几何演绎式的道德推理直接应用于政治领域的清流政治思考方式。分立结构内部的自治,和中国传统的家族和宗族自治一样,也有助于其成员习得在经验的领域进行良好的规范判断的技艺。因此,托克维尔说的政治知识普及也不是国情决定的,它是普通法民族所自然具有的。[①]

上述司法过程也形成了联邦主义政府间权力范围的共时多样性和历时变化性的特点。一个在多方面以适度、中庸的精神逐渐构建起来的制度,自然可以发现,在一个层面,存在着军营一样的集中;在另一个方面,则像彻底的无政府状态一样的分散;存在着各种过渡的类型;随着环境的变化,上述各方面还相应做出调整。

如果不能认识到普通法视野中的司法独立和司法审查在美国联邦主义体系中所具有的重要作用,那么对美国联邦主义的哪怕是真心实意

[①] 需要另外一篇文章说明,主要通过中央系统法院改革,中国这样的大陆法国家可以建立普通法司法制度,从而过渡到判例法法系。

的模仿,如果只产生托克维尔所说的在墨西哥那样的后果,是并不奇怪的。联邦政体的结构问题本文已经大致说了,这样作为一个政治科学家的任务应该完成了。但政府们的权力范围问题,是一个长期的普通法难题,也许需要发展一些新的法律概念,甚至美国人都不知道的,才能更好地在新的条件下解决某些问题。所以不要认为政治科学那么能干,正确的联邦主义理论也不蕴涵对具体案件的判决结论。当然要尽可能地做到政治问题法律解决,但要法律推理技艺的发达。现代或美国联邦主义确实值得我们赞美,但它是普通法民族才能享有的政治礼物。

七、只有一个最高法院

美国制度的一个显著特征是存在二元司法体系——联邦的和州的,可以说实际上美国有五十一个不同的司法体系。美国最高法院隶属联邦司法体系。初看起来,联邦主义的理论也适用于美国的司法体系,不同的司法体系是分立的政府体系的一个部分,联邦和州法院的司法权是各自政府权力范围的一个部分。但是这种理解,不符合于美国从宪法成立开始到现今的实际状况,而且,上节所说的联邦体系之司法调节的好处在这种理解中不可能实现,也误解了普通法视野中的司法权的性质。美国联邦主义要取得成功,司法权的安排不能根据联邦主义的政府结构和分权理论。本文上文行文中所使用的政府一词,其含义也并不包括法院。①

美国《宪法》第三条规定了联邦法院的司法管辖权(Jurisdiction of the Federal Courts):"一切基于本宪法、合众国法律以及根据合众国权力所缔结或将缔结的条约而产生的一切普通法和衡平法的案件……的诉讼。"联邦法院司法管辖权又可分为联邦问题管辖权(federal question jurisdiction)和多元化管辖权(diversity jurisdiction),前者是涉及美国《宪法》、《联邦法》及国际条约的案件,后者是不同州籍之居民间的争议。多元化案件在联邦法院管辖权内,同时美国国会向来限制惟有重大争议且损害求偿金额超过某额度,联邦法院才有管辖权,这样联邦法院也管

---

① 其实在美国的语境中,也经常如此,政府仅指立法和行政部门或仅指行政部门。

州法案件。除了少数类型的联邦问题案件联邦法院有专属管辖权外,各州州法院对于所有联邦问题案件拥有竞合管辖权①,而且美国没有任何法律禁止案件当事人同时在州法院和联邦法院提起诉讼。② 美国的二元司法体系造成了异常复杂的情形③,而且造成了混乱。美国最高法院对于来自联邦上诉法院的上诉案件,可以行使上诉管辖权,对于审理联邦法争议的州法院判决,也可以行使上诉管辖权。能否上诉仅关系到上诉案涉及的内容对象性质,而不管来自那类法院。大致来说,联邦最高法院拥有最后的上诉司法管辖权,虽然有一个"但书":联邦问题案件。在加拿大和澳大利亚,向最高法院的上诉包括一般法律的全部范围。撇开联邦法院和州法院管辖权划分的复杂问题,从最高法院的上诉司法管辖权和其中包括的所谓宪法案件的性质看,除非我们不在本文的意义上使用联邦主义一词或仅用它描述联邦下级法院和州法院的关系,可以说美国的司法联邦主义是非常有限的,最高法院的司法权相当程度上是自我定义的。美国整个法院体系是统一的,如果说在起点上是二元化(并存联邦下级法院和州法院),在终点上则是一元的(裁决宪法和联邦法案件的最高法院只有一个);而且联邦下级法院和州法院的二元性也不同于联邦政府和州政府间的二元关系。

关于联邦和州法院系统在审理联邦法争议的统一问题,有经典的论述,本文仅引证而不多加自行阐述。当年汉密尔顿认为:除明确排除州法院干预者外,各州对于联邦法律性质的案件应同联邦共享司法权④。在共享司法权下,全国性法院与州法院关系如何?笔者之答案为:由州法院上诉,当然要上诉到最高法院。……舍此,则需排除州法院共享全国性案件的司法权,否则任一诉讼人或检察官均可恣意逃避联邦司法的权威。……如前所述,全国与州的制度原应视为一个整体,州法院自应

---

① 在南北战争前,是州法院而不是联邦下级法院,才拥有联邦问题管辖权,联邦下级法院只有多元化问题管辖权。

② William Burnham:《英美法导论》,林利芝译,中国政法大学出版社 2003 年版,第 163 页。

③ "司法权在两个法院系统之间的划分在某些方面事实上是如此模糊,以致甚至能干的律师也不是总有把握。一般的法律门外汉则经常被分立的司法权所造成的奇怪情形弄得十分迷惑。"(Joseph F. Zimmerman, *Contemporary American Fedderalism: the Growth of National Power*, Praeger, 1992, p.85.)

④ 汉密尔顿等:《联邦党人文集》,程逢如等译,商务印书馆 1980 年版,82 篇,第 413 页。

辅助联邦法律的实施,州法院的上诉案件自应上诉到以统一和协调全国司法及全国裁判法规为其任务的最高法院。①在另一篇文章中,汉密尔顿说:如果十三个相互独立的法院在审理源自同一法律的案件上均拥有最后审判权,则政出多门,必将产生矛盾与混乱。②

在 1816 年 Martin v. Hunter's Lessee 案件("地产充公案")里,美国最高法院明白表示其对诠释联邦法的州法院判决有上诉管辖权。在 1816 年案件里,弗吉尼亚州最高法院虽然承认其受到美国宪法中联邦法至高无上条款的约束而必须遵从联邦法,却否认美国最高法院有审查其诠解联邦法的权力。美国最高法院判决其上诉管辖权适用在系争争议源自于联邦法的所有案件,不论这些案件来自于联邦下级法院或州法院。若非如此,美国最高法院强调严重的大众灾害就会产生,因为美国宪法或条约在不同的州可能代表不同的意义。斯道利法官(Justice Story)的附随意见(dictum):"但这还不是全部。另一种动机……可能导致宪法授予上诉管辖权,以使之处于[各州法院的]决定之上。这种动机出于一种重要性甚至是必要性,即在整个合众国内对宪法范围内的所有议题形成统一决定。在不同的州,同样博学的法官们可能以不同方式解释合众国的法律、条约、甚至宪法本身。假如不存在修正权力以控制这些冲突不一的判决并使它们和谐一致,那么合众国的宪法在不同的州就将不一样,并可能在任何两个州都不具有全同的解释、义务或效力。这种情况所带来的公共危害将真是令人悲哀的。"③ 著名法官霍姆斯把"地产充公案"提到和"马伯里诉麦迪逊案"同等甚至更高的地位④。

一个政治社会必须具备最低限的法律秩序的统一。如果其哲学论辩是对虚无主义和相对主义的反驳、客观正义的实在性,现实中的问题却不是回答统一的法律秩序是什么,客观正义本身是什么,问题是如何实现法律秩序的统一,如何发现和接近客观正义。通过司法的方式,通

---

① 汉密尔顿等:《联邦党人文集》,程逢如等译,商务印书馆 1980 年版,82 篇,第 414 页。
② 同上书,第 80 篇,第 400 页。
③ 保罗·布莱斯特等:《宪法决策的过程:案例与材料》,张千帆等译,中国政法大学出版社 2002 年版,第 76 页。
④ "假如我们失去了宣布国会法案无效的权力,我并不认为合众国就会寿终正寝。但如果我们不能对诸州的法律作出如此宣告,我却认为联邦将受到威胁。"转引自张千帆:《西方宪政体系》(上册),中国政法大学出版社 2004 年版,第 33 页。

过一个又一个的判例,来实现法律秩序内在一致性的和谐,本文认为是较之军事、行政、立法等更好的方式,历史经验也告诉我们这是最有效的方式。如此自然容易理解,最高法院在判例法体系中具有枢纽性的地位,最高法院的判例通过上诉审机制起着统一法律秩序的四两拨千斤的作用。为了维护法律秩序最低限度的统一,在本文辩护的并非以立法为中心进行协调的联邦主义体系中,就必须有一个法院,尽管其权力的性质仍然是司法权,但案件出现并上诉到它那里的时候,它自我定义是否有权管辖、自我决定是否愿意管辖。

仍然可以说美国州最高法院是州法的最高法院,联邦最高法院是宪法和联邦法的最高法院,只要不触犯联邦宪法或法律,各州法院有权自由解释本州法律问题。那么,上述对最高法院司法权的限制和向最高法院的上诉包括产生于一般法律的全部案件的情况,是否有实质上的重要不同?实际发生的案件,不会整齐地落在某些范围划定的法律条款之内。案件可能超出了所有现存法律的范围,根据上文讲的法律推理的问题,这种情况在判例法体系中是必然发生的。[①] 宪法作为司法审判中最后求助的法律,如果要使案件仍然落在其范围之内,其内容必定是不完备的,其规定要使用非常一般的措辞,而不能非常精确和详尽。一部精确详尽的宪法不能使任何案件都可以被说成是宪法案件,反而其精确详尽本身可能成为对人类有史以来的司法实践中形成的智慧的蔑视,因为如此狂妄僭越而不配成为最高大法,一定要成为最高大法则落入法律实证主义中更无可救药的一种——成文宪法实证主义。美国宪法在严格的程序性规定之外,其措辞的含混性或绝对正确性是众所周知的,如国会有权调控州际贸易、制定必要与适当的法律、正当程序、平等保护等。有权最后定义和审理宪法案件的法院,只有一个最高法院。因此,笔者倾向于认为,这个最高法院,在它工作能力允许的范围内,对影响重大和疑难的上诉案件做出判决而言,上述限制并没有造成它和拥有一般上诉管辖权的最高法院实质性的不同。任何最高法院都只处理影响重大

[①] 需要从探讨实践伦理学或规范判断的性质入手才能更好澄清这一问题,但这不是本文的任务。注意一个说法,普通法是没有界限的,它的边界不知道在那里,会不断变化。当成文宪法普通法化了的时候,情况也是同样。

或特殊疑难的案件,在美国这些案件叫宪法案件。美国宪法上层架构性和对权力和权利实质范围一般性规定的特点,反造成拥有最后司法审查权的最高法院威权特加见重。① 联邦最高法院的管辖权实际上是可以自我定义的,什么是宪法案件,法院最后是最高法院说了算,因为面临的是一部需要解释的宪法。最高法院自由裁量是否审理上诉案件,也同时自由裁量案件是否是联邦法案件。②这样最高法院的决定本身成了最终的不可救济的,实际上其权限是自我定义的。限制这种权力的,是法官们自我施加的一些原则,其核心乃是将权力限制在具有可司法性的真实案件上。美国有至高无上的成文宪法,但宪法不尽言,所以不受怀疑。甚至可以这样极端地认为,宪法是宪法法发展的条件,而不是其大陆法意义上渊源,宪法法乃是法院在审理案件时的创制。

司法权的统一在美国是这样,在其他联邦制国家就更是如此。比如理查德·波斯纳说:"最基本的问题是:为什么要分别建立州法院体系和联邦法院体系? 此种二元体系并不是联邦政府体制的必然伴随物。加拿大这个由类似于美国的10个省组成的联邦,只有一些二元法院体系的踪迹。加拿大最高法院、上诉法院和每个省的高级法院(Superior Court)这些主要的法院,对省内案件和联邦案件同时享有管辖权。它们不是同时享有联邦管辖权和省管辖权的省法院,而是同时享有省管辖权的联邦法院;这些法院的法官是由联邦政府任命的,费用亦是由联邦政府支付的。"③ 在上引的脚注中,波斯纳说,澳大利亚同样也是联邦体

---

① 在当年美国批准宪法的辩论中,反联邦党人就攻击联邦法官的权力和独立性将使他们不受制于任何固定的规则,而根据宪法的理性和精神断案。见 David M. O'Brien, *Constitutional Law and Politics*, Volume II, W.W. Norton & Company, 1991, p.26. 以后的事实证明反联邦党人的说法确有道理,尽管其攻击的情况不见得是坏事。

② 对此问题是有争议的。美国宪法第三条第二款:涉及大使、公使和领事以及一州为一方当事人的一切案件,最高法院具有第一审管辖权。对于上述所有其他案件,不论法律方面还是事实方面,最高法院具有上诉审管辖权,但须依照国会所制定的例外和规章。历史上,美国国会立法不断扩展最高法院对州最高法院的上诉管辖权,并使得最高法院司法管辖权经历了从强制性复审管辖权到裁量性复审管辖权的演变。虽然实际当中是这样,但最高法院是否可以对国会制定的例外和规章也进行司法审查? 参见 Laurence Tribe, *American Constitutional Law*(second edition), §3—5, "*Judicial Review in an Institutional Setting*: *The Paradox of Congressional Control of Federal Court Jurisdiction*", The Foundation Press, INC.

③ 波斯纳:《联邦法院——挑战与改革》,邓海平译,中国政法大学出版社2002年版,第291—292页。

制,但其联邦法院体系是非常有限的。

对最高法院权力不受约束的担心是有道理的,但是,虽然只有一个最高法院,它无权无钱,只有判断;而且最高法院发展判例、解释宪法的方式,有点像个老师的性质,是教导以发现客观的独立于他的真理,而不是一种统治、命令的性质。也许,人间的事物只能如此了,现实的制度无法是完满的,无法完备到不能批评。

美国有两套司法体系,但是我认为在根本上只有一个最高法院,而不是有五十一个最高法院。虽然实际当中美国是这样,但理论上留下了根据联邦主义安排司法权的痕迹。如果今后有些国家要搞联邦主义,那么这个问题也许应该考虑得更加明白一些,联邦主义政制结构的理论不是关于司法权安排的理论。二元司法体系不是成功的联邦制的必要条件,只是大范围的联邦制国家可能不得不采取的办法。中等大小的联邦制国家,一元司法体系就足够了。但大国只搞一套法院系统不便,二元司法体系有其特殊的便利,例如法官选拔和任命问题、减少上诉审环节等。但是这种二元司法体系,其法院间的关系和联邦主义政府间的关系绝不相似。其中,联邦下级法院和州法院的竞合管辖权带来了复杂情形并有相应的不利与好处。[①] 根本上,只有一个最高法院,乃是联邦主义成功的条件。

总括言之,联邦主义惟有在通过法院创制判例法发展宪法之宪政主义[②] 中方能真正兴旺。换言之,在普通法宪法化、宪法普通法化之二元互动的法治方式下,联邦主义之多中心、自主分立、重叠管辖之结构乃成为服务人类美好价值的精妙机制,并促进法律秩序的日臻完善——如联邦主义本身又促进可司法性事物的丰富与扩展。

[①] 好处是形成了法院间的竞争(为了声望、影响力等),坏处是使法律程序复杂、造成混乱,但这是大范围宪政必要的代价。

[②] 这可以称之为普通法宪政主义,笔者认为此种有经验含义的法治方式在宪政制度安排中具有最基础性的地位,如果不是在政治哲学上,而是在经验上为宪政下一定义,笔者即选择此种法治方式为宪政的定义。宪政就是道理压倒强力,一个社会,在其道德语言论辩中产生的道理如果经常不受挫于强力,就是在接近于宪政,达成这种接近的方法,就是宪政制度。不从日常语言规范性判断的内部不可能理解道理,也就不能理解宪政。从韦伯式的强调特殊宗教学说和西方宪政的因果关系而发生的对本国政治变革的悲观(难道有哪个民族其语言实践本身消除了价值判断?),在笔者看来,这和我们今天的宪政建设并不相干,只是将政治科学降低为社会学这一思考方式的不自觉的表现而已。宪法法的发展起源于日常人群共享之具体判断的内在一致化过程,因此任何政治社会皆具备逐步完善宪政的价值论前提。以上讨论也表明,如此理解的宪政同热衷于人权宣言并将之直接用于裁断案件逻辑根据的做法亦相去甚远。

二、时评杂议

中国的状况与挑战*

1 如何理解中国

为了理解当今中国的状况,人们相当重视关于中国各方面的统计数据,特别是中国的 GDP,近来对中国 GDP 统计真实性的争论吸引了相当多的注意力。人们也重视在中国发生的可观察到的事实和通过对这些事实的归纳而得出的结论,因此通过大规模的社会调查以获得第一手材料似乎是理解当今中国最重要的方法之一。诚然,上述方法在一定程度上自有其意义。但是,宏观经济统计数据和对中国某些可观察的事实的收集,对理解中国的状况和预测其前景,并不足够,特别是当我们的目的在于帮助人们解决中国所面临的问题时。统计不能包括一切实在甚至可能忽略至关重要的实在。至少对中国这样的超大范围和相对封闭的政治经济体而言,GDP 统计不能和小范围的高度开放的经济体如新加坡具有同样的意义。用 GDP 来评价中国的成就,其意义是有限的。即使我们把 GDP 视为真实的经济绩效的重要表现,中国自 1978 年以来成为世界上经济增长速度最快的国家这一事实可能仅仅证明了原来的制度是多么糟糕,而不能推出以后也会如此的结论。一种制度在短期内取得成就可能恰恰是导致长期衰败的原因。前苏联计划经济体制在短期内取得的增长和工业化成就,表明的是这一体制致命的弱点,这一体制在长期内绝无可能出现持续良性发展的模式。另外,对中国部分领域的成就如几个大城市各项发展指标已同中等发达国家接轨,判断要审慎。区域性地对任何一个分析单元都是真的这一事实,不能得出它可能世界性地对全部单元都是真的这一结论。无人否认澳门和拉斯维加斯

---

* 本文原系应美国 ATLAS 基金会之约而写,以英文在其网站 www.atlasusa.org 发表。

是富裕的地方,但是绝不可能有全局性的澳门或拉斯维加斯经济发展模式,这不过是死亡游戏。在对当今中国状况的分析中,需要区分短期后果与长期后果,区域性的后果与全局性的后果。因此,对中国最基本制度以及此制度下社会秩序的一般性质的理性重构将成为我们理解中国重要的理论基础。社会的整体秩序这样高度抽象的观念事实,不可被化约,必须被视为是其所是。托克维尔《旧制度与大革命》式的视角,哈耶克式的理论建构方法,是不可缺少的。

2 中国的基本制度和其一般后果

上述理性重构的工作由于中国情势的复杂性而非常困难。1949年后中国所建立的政治和经济体制不具有苏联—东欧式极权政治和计划经济的典型性,这个因素再加上文化大革命这一事件,使得中国可能在不进行政权更迭的情况下其政治经济发生较大的变化。对于理解中国而言,将政治和经济领域截然区分尤其是不适当的。早期的一些变革措施,如给私人一些经济自主的空间,高考制度的恢复,对社会全面控制的削弱,确实带来了显著的良好效果。传统共产主义意识形态也极大地削弱了。但是,中国现有的政治经济结构不太可能取得长期的和全局性的成就。

A 旧制度的复归

对于当今中国的政治经济体制,我们最好抽象为旧式的王朝体制即中央集权制的官僚帝国的复归,同时带有利用公共权力寻利的松散性寡头政治特征——即公共权力私人化。在这样的政治结构下,政府一方面在提供基本的制度保障和公共物品方面是低效的,一方面却仍然有强大的控制社会、资源转移和创租的能力。地方没有政治生活,没有像样的精神生活,全国的精英和资源聚集于少数几个大城市,地方和农民子弟中的精英无一不在逃离他们的家乡涌向少数几个都市。都市的地位是由政治权力所创造和保障的。我们必须注意到一些更复杂的、但实质性相同的区域性后果与全局性后果的区别,这里所针对的是一些人士在观察了北京、深圳、上海之后对中国状况所作的乐观估计,我在这里并不否认这些地方经济水平的发达,但疑问的是就中国全局而言这种发展模式是否有效?

中国的政治体制已不具有对基层社会的强大动员能力,但却压制了公民社会的形成,较之托克维尔描述的法国,中国更是一个由原子化个人组成的私性社会。被寄予很大希望的村民委员会选举,如果站在本文政体层次分析的角度看,对中国状况的改变,不会有大的影响。中国传统大帝国长期形成的统治经验就是,理性的王朝不下乡——即中央集权政府不直接统治乡村。

B 两种经济

在当今中国的体制下,出现了庞大的货币化寻租经济,经济结构的二元对立,实际上主要不是传统的产业和现代的产业的对立,而是货币化的寻租经济和市场经济的对立。但货币化的寻租也被误认为市场经济,似乎市场经济的存在可以脱离适当的政治法律背景。中国经济中不那么初级的部分,如金融、证券市场、房地产,变成了货币化的寻租经济已是事实。是否能够深层次地进入货币化的寻租经济,是决定一个人贫富的最重要原因之一。一个人如果有幸在比较纯粹的民营经济领域获得财富,一定会投资于政治,利用政治权力取得超额利润。庞大的货币化寻租经济造成了今天中国不公平的贫富两极分化,引起了严重的不满,而且长期看是一种负和博弈。

C 缺乏发现功能的制度或荒谬的正义

在中国,权力缺乏有效的制约,但中国制度更隐蔽也更严重的缺点是缺乏发现的功能。制约保证不发生腐败,但不能告诉人们做什么事情。行政上的中央集权、立法上的集中统一(中国至今仍拒绝判例法),使得严格实施某些形式公平的规则带来出乎意料的不良后果。中国社会是等级森严的,但等级之间却有可能是很高的流动性,不同阶层并不因出身而凝固。中国有一种形式上接近公平的精英选拔体制,这是中国社会能够在一定时期内保持稳定的重要原因。在中国出人头地的机会很大程度上是由科举式的正义来分配的,科举式正义的思想和实践弥漫于整个社会。设想一种纯粹的科举式正义分配模式,分配的内容是官职和政府通过政治权力汲取、转移的财富,分配的依据是形式公平的客观标准。如以统计数字表现的政绩进行官职提拔、以考试分数决定进入政府举办的最好大学(因此决定了一个人今后的前程)、以发表论文数量决定学术职位等级。形式的公平不能掩藏这其中的资源的巨大耗费,以及获取者行动的寻租性特征。民族的精英将大量的精力用于不创造价值(最广义的,不仅仅是物质财富)、对社会无益的活动而取得财富和地位。首次宣布恢复高考可能带来万众欢腾的效果,但这不意味着在更远的长期,高考制度会有当初在短期内的那样良好效果。这是不可扩展、不可长久的模式,中国现行体制的精英吸纳能力也是有限的,无论是历史的经验还是理论都可以说明这一点。中央集权制下对官员政绩出于善意的要求,却造成报表出官、数字出官、形象工程出官,这使得公共资源的使用被系统地扭曲,短期的效果带来的是长期的代价。一个个人操守很清廉的官员也无法服务于公众真实的福利。中国基本制度的上述方面的缺陷实际还使对权力制约的设计陷入进退两难的境地,造成规则的合理性与严格实施之间的矛盾。社会生活经验丰富的人告诉我,现有规则的严格实施不见得是好事。腐败在一定程度上是中国社会得以运行下去的润滑剂。

3 结 论

当今中国所面临的挑战是如何进行在政体层次或宪法层次的改革,这一改革的方向不应该是重复第三波民主的道路与简单地拥抱权利宣言,也不仅仅是限制权力的腐败,而是建立保证政治之审议性的权力机构配置、引入具有发现之功能的联邦主义和普通法司法制度。由于中国所面临环境的严酷,其社会精神状况对客观正义之信奉的丧失和对建立在大社会抽象秩序之认识上的规则的不理解,改革前景不容乐观。但是,悲观和宿命论是无益的,我们只能为此作出艰巨的努力。中国的政治选择关系到中国能否出现一个自由和繁荣的社会,并成为文明世界的一个重要支柱,从而严重关系到世界的和平、安全与自由。中国政治改革的失败尤其要被认为是全人类的不幸。

私有财产权利保护不必入宪议*

近来,将保护私有财产权利写入宪法这一动议在网络和纸面媒体上引起了激动的讨论,争执双方各引论据,相持不下。据我个人浅见,对成文宪法应有的内容来说,载入这一动议中的条文,在最好的情况下也是无谓之举。往坏处想,空泛地谈论权利可能会转移对一部成文宪法所要解决的关键问题的注意力,甚至可能会导致产生不良的宪法。就现实而言,在我国现有的司法制度和政策推行方式之下则极有可能引发不良后果。

问题的关键是成文宪法的性质及此种宪法究竟载入何种内容为适当。对此问题,实际上有两种不同的思考方式,即演进理性主义的普通法和大陆唯理主义启蒙运动的大陆法思考方式。自普通法方式看来,所谓权利体系不过是法官在判断具体案件时所下判决经总体归纳所形成的通则,而绝无可能通过一纸权利宣言所阐发的原理经演绎推理而得。判例、一般的制定法以及实际被遵循的惯例、习俗就构成了权利体系,它具有确定的通则,却不能以形式化的方法完全表达出来。它的实在性不能仅仅体现为实证的经验和演绎逻辑的条文。权利体系可以是成文的,但其不成文的部分却是基础并且更为重要。人类政制较优良之国家如英国,其宪法性法律未并不以高调规定各种权利为能事,而普通法判例所形成的总体就是正当和能被切实具体地实施的权利法案。美国虽然有一部成文宪法,但美国制宪者制定宪法时,惟着重于政制架构的安排以形成诸政府、诸机构间相互依赖、相互制衡的关系;制宪者们不惟着重于诸机构、诸政府间相互竞争制衡所形成的自发性的政治过程的良好后果,同时也着重于政治过程应为一审议的过程,以及分立结构的安

---

* 本文原载于《经济学消息报》2003年6月20日,这里进行了不大的改动。

排如何有助于正义规则的发现。有论者谓,在宪法中,是关于政府的设计,即关于政府权力行使、结构安排以使政府明智和负责任地行动,而不是它的序言和后记(权利法案),是美国公民和政治自由的保证。因此,美国立宪者们初不以将权利法案置于宪法中为然,谓此为将拉车之马置于马车之后也,又谓良好的政府架构即为权利法案。

美国《宪法》的一些条文,在字句上虽然也谈到了个人权利的保护,但其用意却在于限制调整政府和政府机构的权限范围,是政制结构之维护所必然相关的部分——如美国《宪法》第4条第2款之规定,"每州公民均享有诸州公民的所有优惠与豁免权",是对州权的制约,此为联邦制维持的关键性条件,因此特别提出。经麦迪逊提议补入的权利法案(即宪法前十条修正案),虽然就文字而言与法国式的权利宣言有类似之处,但其用意在于控制国会的行动,以防止立法机关的立法专制,且用一种司法判决的方法,使得立法权的滥用成为无效。一部良好的宪法,司法权的安排乃是基础。宪法只能做到规定权利的一般原则,其具体内容最好的发展方式是独立的法院在判决中通过判例累积。在权利法案中,放进实际上是司法程序的内容(如美国《宪法修正案》第5—8条),是根本性的。美国宪法性法律的总体只可以视为成文宪法与不成文宪法的混合。不作这样的理解,则将卷帙浩繁的宪法性判例置于何地?又如何理解美国宪法在二百多年的演进所形成的权利体系。

一种权利宣言虽然高唱激动人心之抽象原则,若无适当的政制架构和救济手段,只为具文,与人民的实际权利状况无涉。如果在现实的理解中,将现实中实现的某些具体的权利等同为宣言所说的抽象权利,则必形成无法实施的和实施必然丧失公平正义性质的权利。这是因为一个正当的权利体系从来也无法彻底进行成文的规定。成文宪法不注重政制架构之安排,不注重司法独立之保证(在真正的司法独立下,法官的判例必定成为法律渊源之一部分),而争论于权利宣言之字句,不仅是无谓的,甚至可能不免陷入唯理主义大陆法思想中不能自拔以致损害宪法的优良。如果真有神圣不可侵犯之权利,而此权利非赖宪法规定方拥有神圣之地位,是所谓"欲高之,反卑之"也。因为其地位既然可以因宪法规定而成立,也就可以因宪法规定而废除,莫非宪法竟然可以定义什么是神圣本身?如果说宪法规定的权利是必须被论证的具体权利,那么宪法加入这种文字或者因此丧失其最高法律的地位或者保持这个地位而陷入到反宪政的逻辑中。对现实中一系列具体权利的确定，是一系列规范判断的结果，规范判断所依据的前提，许多是未可明言的，因此规范推理总是包含且大于演绎推理。宪法制定者无从明确陈述这些前提，如必将这些权利一一列举，只表明制宪者的僭越与狂妄。何种具体权利被确定实为宪法确定的政制架构下政治和司法过程的后果，离开这一过程，我们无法判断一系列具体权利的正义。因此成文宪法所着重的只能是政制架构的安排，是形式的而非实质的法律，是服务于超逾任何个人意志和利益的永恒正义的仆人。正因为宪法不确定具体权利，所以在诸法律中拥有至尊性。宪法作为一种上层构架，可视为瞎子摸象的程序，虽然不知道象的真实，但可以理性解析摸象程序的相对合理性，离开了此种程序，无从知道真相。此种架构，为宪政科学用理性的方法时时辨析之。宪政科学既为良好政制辩护，也对不良政制批评并谋改进的办法。实际上，没有优良政制架构的成文宪法因为其成文的性质，对权利的抽象保护不容易产生实际中人民的诸权利被适当保护的后果，反而容易摧毁演进中的权利体系，如一句所有土地属于国家的规定，反而可能因为载入宪法而获得一种以假乱真的合法性。

　　宪法的至尊性的另一个方面其实是对宪法精神的认同，即热爱正义本身，这超越了对宪法具实质意义之条文的遵守，此种热爱，没有理性可以论证的理由，反而是理性得以进行的条件。如果从这个角度理解宪法的权利法案，它只宜视为道德宣言，不能构成实证的法律，它宣示一切实证法律的目的，它是司法判决的启示而非判决可直接加以适用的逻辑起点。一般原则宣示的是绝对正确的纯粹形式的伦理法则，有丰富的可阐释余地，不过具体的权利能否在现实生活中生成发展，依赖于宪法规定的政治和司法程序。这些语句不是实证法的一个部分而是宣示了高于任何实证法的非实证原则。既为道德宣示且需不被误认为是实证法，则以最抽象最概括语句表明宪法追求的意向即可，如追求正义，服务于人民长远与普遍之福利。若牵涉到用语习惯问题，则可取之于一社会长远以来共尊共信之教条或被普遍信仰之先圣遗典。在我国语境之下，有比个人财产权利更深入人心之语言，如天理良心一语，为我国社会上下各阶层所习知公尊。此语既可用，则还可以省去似乎制定宪法不可少的权利话语的启蒙运动,其实经启蒙后的民族,往往不能拥有良好的宪法或政制。

对于宪法的具体权利规定,我的看法是根本不必列举。即使认为某些至关重要的实质性具体权利规定也很有必要(尤其是对中国而言),但只能列举极少量的。理由如下:1.对权利的列举不意味着对尚未列举或尚未阐明的权利的蔑视或否认,存在着这样的困难问题,权利列举的越多,有待列举的权利也相应增加。2.更重要的是这样违背了普通法宪政主义的逻辑。无论其判决出现什么结果,法官是不能够违反宪法的。因此,司法审查的问题在规定大量具体权利的成文宪法存在的情况下推理与在框架性宪法下发展判例法的情况完全不同。成文宪法越详尽,人权条款的目录越详尽,法院的司法审查越接近于抽象审查,越离开对案件本身的关注,越注重法条间的形式逻辑关系,法院的案件判决越接近简单的三段论推理。在这种情况下主张宪法司法化,即将宪法规定的诸如教育平等权、健康照顾权、平等选举权直接作为进行司法判决的逻辑依据,是最令人发生混淆的似是而非的宪法理论。这必定和我国的具体情况和普通法的法治方式发生冲突。

由上所论,私人财产权利、新闻出版自由、平等受教育权利,乃至所谓工作与休息权利,在成文宪法中应作为道德宣示看待,但这些字句不一定具有高度的抽象性和被普遍信仰。政制优良的情况下,其对法官判案,包括违宪审查,影响的更可能是其法律意见书的词句而不是判案的结果,而且往往造成获得良好判决的技术性困难。在政制不良的情况下,这种字句极易被混淆为实证法本身,或强行之而引起恶果,或不行之而成为具文徒损害宪法的尊严。

在我国现有的司法制度和政策方式下,保护私有财产权利条款的入宪,有可能产生不良的后果而违背正义。我国的司法制度和政策方式不是普通的大陆法,而拥有经苏维埃法和唯物主义洗礼过的最极端的大陆法精神。法官或政府人员在适应这一条款时,极易发生抽象与具体混淆的谬误,然后以从中学几何老师那里学来的推理技术得出极荒谬之结论,并沾沾自喜认为这就是法治。或许会发生将一个人手中所实际控制的财产当成正当的私人财产而加以几乎是绝对的保护,而不加以任何其他方面的考虑。结果可能是将九十年代以来致富者们所获取的财富加以一刀切式的处理,看起来这是一种右翼的一刀切式的方案,但这没有考虑到其中情况的复杂性,也完全不利于人们形成何为正当行为的预期,会进一步恶化人们的道德状况,也有害于真正市场经济下所能形成的良好秩序。最后将会败坏私有财产权利保护的声誉和宪法在人们心目中的地位。甚至,竟或许重新打开人们以虚无主义方式思考政治的阀门,对本来正义或本来正确的追求再一次在倒转的道德热情之下被完全抛弃和嘲笑。因此可以说,在现实中国的条件之下,提倡在宪法中加入这样的条款,有在政治上不审慎之嫌疑。其实,更好的提法是形成正当的财产权利体系,因此从人员和财政上保证司法独立的政制安排,在《宪法》中对可能的司法专横与立法专横进行程序性制约。判例法(在转型的中国,无论面临多大的现实困难,其必要性都太大了)和司法审查制度的引入,将有助于这一目的,而在《宪法》中添入一条单独的私有财产权利保护条款,却是无谓的甚或有害的。

良好治水秩序的制度条件[*]

在今天的中国,与水有关的事务成了公民与政府最深的忧虑之一:中国的人均水资源拥有量处于世界最低的国家之列,在很多地区水资源严重短缺;洪水灾害频繁剧烈,为了抗洪政府发布紧急警报,大规模调集人力和物力,使得社会经常好像面临一种特殊的战争状态。水质污染、海水倒灌等问题的严重以致有人说现有的经济增长是建立在破坏环境、损害后代人的利益和可持续发展的代价之上的。而且,中国面临着甚至比发达社会更严重的相互依赖和风险社会的问题。在中国的许多地区尽管只有简单的农业生产和小规模的工商企业,但人们行为的互相干涉性却非常强烈,单个的公民或企业对森林的砍伐和制造的污染在绝对的数量上并不比西方的同类要大,甚至要远小于它们,但是他们行为的后果却对他们的邻居和他人造成了显著的甚至是致命的危害。人们各自追求其生活目的的行为都很容易对他人在事实上造成很大的影响。水资源是匮乏的,因此在跨流域调水当中不可避免地出现地区间的矛盾;为了治理环境污染又会不可避免地侵害污染制造者的利益甚至剥夺他们的生计,在治水工程当中上游人民的砍伐和围垦造堤的行为都会给邻居造成危害。我们已经知道和水相关的事务中自然科学意义上的原因和结果之间的知识,即一系列的技术性的解决办法,如什么样的设施可以节水,修筑水库、堤坝等工程与减少下游洪水的关系,森林植被破坏与水土流失、地下水抽取与海水倒灌的关系,大规模跨流域调水的调水量及工程技术可能性等等。但是,仅仅有技术性的知识不能使我们做出关于治水事务的任何决策,技术知识只是我们做出某种决策选择的一个部分。人类的选择,是基于对外部事物的评价做出的,因此是在一系

---

[*] 本文部分内容原发表于搜狐视线。

列因果性的链条终结之处进行,永远大于而不是能够包含于一个因果性科学解释体系中。选择总是在若干事物之间的比较中进行的,一个选择反映的永远只是不同事物之间相对的关系而已,单单就一个事物本身而言,不存在必然好或必然坏的问题。停止抽取地下水,以防止海水倒灌或者停止砍伐森林和放牧以防止下游河床的垫高,如果不考虑到与不这样做的收益和成本的比较,谈不到是利大于弊还是弊大于利的行为。如果我们不顾代价地追求某个特殊的目标,如确保水没有污染,在最一般的含义上却是非理性的行为。

如何评价和计算环境所遭受的损失?在修建大型水利工程时,我们知道,要解决工程修建者的激励问题,避免出现豆腐渣工程。但关键的问题却是这些工程本身出现的理由。所以我们需要追问的首先是我们确定的一个个目标的合理性,而不是实现目标的手段的技术可行性和管理中防止以权谋私。

要合理地解决这一问题,采用中央集中管理的方式是不可行的,因为没有个人或专家群体能够掌握如此复杂的信息,知道不同地方的一切细节、理解人民需要的一切差别,因此能将一切都照顾得很好。所以在大致清楚的权利界限下,由各个人来照顾自身,各个地方来自行管理自身的事务,那么他们会各得其所,远胜于通过单个中心的管理。但是,上述的图景仅仅说了多中心秩序的部分内容,是一个短期静态的视角。我们要考虑到,每个自主调整的个体和单位要对外部环境的变化做出反应,通过交易、交流、竞争、合作同其他部分发生关系,彼此相互调整,往复不已,在长期过程中动态形成的这个秩序才更需要我们认真理解。既然我们已经说了评价的问题乃是不同事物之间相对的关系,那么不同个体、厂商、治水区的互动也形成了一种内在的评价标准,它相当类似于普通市场当中的价格机制,而理解起来却远较价格机制抽象。这样一来我们就不再依赖于我们对事物的表面的印象而知道不同时间不同地点水资源的相对价值,而是有一个内在的评价体系时时刻刻告诉我们这一信息。每个个体彼此相互调整他们的行为,在一个一般性制度框架的协调下,使得整个社会拥有的知识总量和可以利用的知识总量大得不可思议。重要的是这样一种认识,在这种秩序中目标的确定是一种副产品,尽管是人类每个个体有意识有目的行动的总的结果,但是这些结果从来不能完全具体化或在事先设计出来,它们只能是一个过程的产物,离开了过程,我们不可能再有意义地评价这些目标的好坏。追求科学和民主协商决策的办法对这些事物的举办作出合理的决策,仍然存在根本性局限,因为这是通过理性直接地有意识地完成一个具体的任务。理性地实现理性本身不能认识的事物,不如通过理性地认识理性的无能来实现这些目的。我们只能通过理解那个抽象的秩序模式为这个过程的运行提供有利的条件。至少就部分而言,一个良好治水秩序同市场秩序的差异是程度上的,而非本质上的,不过却是更抽象的。

一系列相对自主的治水事务单位,在其范围内自主行动和互动所形成的复杂秩序,如果在合适的法律框架下的话,那么这个复杂秩序就是上述似乎不可解决的问题的答案,这是一个客观实在却无法以直接经验的形式存在于我们心智的事物。因此多中心治理的结构是良好治水秩序的一个必要条件,尽管不是充分条件。

接下来的问题是如何有一套良好的规则体系的问题,我们当然在现实中通过观察知道人们对于权利的范围总是争执不休的,不同群体间行使权利时总会发生冲突。权利体系的适当调整也是良好治水秩序的一个条件,所以要获得界定权利的正当标准。那么,这种标准是如何出现的呢?我只能说它更无法以明确阐述的含有实质性意义的命题出现,这种标准更是以一种非逻辑,非经验的形式存在的。通过集中立法的方式来获得这种标准不见得可取。我们可以通过构建一种司法制度和程序的方法来发现它。人们对于一个个案进行判断比获得一个普遍适用的抽象原则更容易些,比如人们对一个具体盗窃案的事实和是非作出判断比找出一个解决所有盗窃案的普遍标准更容易。在个案的判断中,人们自觉或不自觉地用到了他们所有继承下来的价值体系来进行判断,此种判断不能被化约为一个纯粹的逻辑推理的过程。我们不可能制定出包罗万象的、严密的、通过纯粹逻辑推理即可获得明确结论的权利体系,因此必须考虑能够较好地保证正当规则出现的司法制度。一般来说,普通法的司法制度包括这么一些特征:司法机构的高度独立、遵循判例与法官造法、司法机构间的竞争、训练有素的法官等等。在其司法过程中,法官、当事人、律师等等间的互动可以视为一个独立于人的利益的正当规则的探究过程。在司法过程中,普通法法官被置于同时面临神学和经济学问题的双重困扰中,而不是面临纯粹逻辑推理的问题。因此需要发展一种高度专业化的司法理性,这种司法理性唯有在一个司法传统中经长期实践才能形成,因此需要遵循先例原则和训练有素的法官。司法体制内部的竞争使得法官不得不使自己的判案和发展的规则最大限度地合乎正义与合乎社会秩序的需要,这样一种看起来是自发的规则就具有客观正义的性质,也是在我们已有的关涉到水事务的惯例和习俗当中发展起来的。

大型工程论证的计算机式治水方法,是不可能做到目标的理性的可欲性论证的。代际间的正义,不同群体间的利益协调和公平负担成本与收益,是不可能在上面这种思路中得到解决的。工程本身的管理体制实行公开招标、公平竞争,采取严格的质量管理措施保证不留任何隐患,相比之下只是一个次要的问题。

上面我们简单讨论了一种治水模式,它的制度条件是多中心治理结构和普通法司法。我们也可以大胆做和现实相关的预测,如果其他条件基本没有改变的话,这个模式如果在中国实现,较之现今,无论洪水的灾害、水资源的短缺程度、水质的质量和可持续发展的环境资源都将有很大的改善。这种模式使得我们国家超大的范围、丰富的多样性本身变成了优势,这可能是我们以前没有发现的幸运条件,因为这一幸运的条件,公民们对水的忧虑也可以大为减轻。

众多利益相关者互动的决策过程*

《21世纪》：三峡工程的争论很多，即使是关于工程的性质问题也有很多争论，它和体制运作也有关系吗？

刘海波：到目前为止，三峡工程争论的双方主要集中在技术领域。但它涉及到的问题首先不是技术问题，而是行政体制和法律体制的问题。这有两方面的原因：一，这样一个工程是一个大规模的社会合作，需要很多协调；二，这个工程本身是多目标的，有防洪、航运、灌溉、生态、移民、发电等等，但我们还不能误认为这仅仅是在航运、防洪、环保、发电等等诸目标的一个权衡问题，此种权衡可以发生在一个人身上，但社会不是人那样的实体，不能把社会合作和正义的问题化约为个人理性的计算。实际上是千千万万人的人生目的和不同群体的利益，工程对之有不同的影响。所以我们需要追问的首先是我们确定的一个个目标的合理性，而不是实现目标的手段的技术可行性和管理中防止以权谋私。怎么协调这些目标？哪些目标是正当的可以得到实现的？哪些目标是非正当的不能得到实现的？这种社会协作和目标协调当然涉及到行政体制和法律体制的运作。仅以工程技术论证为基础和保证工程中没有贪污腐败不能解决这一任务。我们既然不能用生理学替代心理学，不能用工程学替代行政管理，同时也不能用行政管理替代协调大规模的社会合作，判断人们行为正当与否的程序。依靠超越于技术和行政体制的制度才可能产生标准来解决这种大型的社会工程是否合理这一问题。

---

* 这是《21世纪经济报道》记者张赋宇先生对刘海波的访谈，原文发表于《21世纪经济报道》2003年6月12日。

《21世纪》：在信息披露上是否也有要求？

刘海波：解决大规模的社会协调和其中冲突和多样目标的评价，确实应该广泛地收集信息，通过信息披露和交流的充分化，对不同的目标加以协调和评价，然后进行决策。但是，面对如此复杂的情形，如果想要发现标准，作出正确的、理性的判断，则需要相当庞大的社会信息的集合，而这种社会信息被分散在无数的和工程有关人们那里，且时刻在发生着变化，想要行政体制通过信息搜集的方法得到它们并获得明确的标准，是很难的甚至是不可能的。一般地说，垂直管理的行政体制较之多中心的市场经济体制，其发现和利用信息的功能不是很强。

《21世纪》：政府在行使公共职权的时候，有些问题是清楚的，但有些问题似乎不太清楚？

刘海波：大型水利"工程"可分为三类：第一类是几乎没有任何争议且目标明确的：紧急防洪、国防，或社会受到威胁的紧急状态下实施的重大举措；第二类是目标是实现一部分人的利益但却是明确的利益，如中国古代的漕运，就是为了解决京城的缺粮；第三类是非常复杂工程，它牵涉到许多方面的利益协调和目标判断。它面临难题：如何进行大规模的社会协调和平衡多目标的冲突？

行政部门作为行为主体的工程，通常目标很单一，像漕运，单一目标就是把粮食从南方运进京城。但是复杂工程并非单一目标，这就要对许多目标进行协调。也就是说，这类工程必须找到一种信息交流和目标判定的机制，行政体制本身不能完成这个任务。

有个西方学者威特夫认为，中国传统体制同中国的治水关系甚大，因为中国不是水灾就是旱灾，这就赋予了行政部门一种超级的力量来治水，权力过大。但事实上，治水开支在王朝的财政支出中只占很小的比例，且主要是第一、二类。明智的统治者可能对王朝体制的弱点有所意识，很少主动进行第三类工程。这么看来，由于中国环境和自然的多样性，由于治水工程非技术非行政管理层面的复杂性，真实的情况和威特夫说的相反，并非在王朝体制下，而是在"多中心的利益协商机制"下才能真正完成复杂的治水工作。

《21世纪》:"多中心的利益协商机制"如何建立?

刘海波:对于复杂的大型工程项目,建立多中心的互动的利益协商解决机制,不能只强调所出现的结果,而是必须重视结果出现的程序和过程,让所有的利益主体都能够进入解决程序,这样对多目标多矛盾的协调才能出现良好的局面。

我们相信判断的客观标准是存在的,如果我们在这些标准指导下行动就能获得良好的结果,问题是标准如何获得?这个标准可以分成两个方面,一个是是否充分利用了相关信息的标准;另一个是判断人们行为正当与否的标准。

要获得充分的信息,一种办法是通过相关利益者的互动。相关的利益者包括个人,各级政府特别是其行政部门,还有各种各样的社区——这些社区不见得是正式的行政区,而只是在水的问题上有着共同利益的群体。这些利益相关者的互动就会自发地形成信息传递的机制,每个部分彼此相互调整他们的行为,在一个一般性的制度框架协调下,使得整个社会拥有的知识总量和可以利用的知识总量大得不可思议,所能够利用的社会信息会远远多于集中收集的方式得来的。这时,人们可以通过这种互动实现一种有利结果,但并没有任何一个人或组织机构掌握这种造成有利结果的标准,这种标准是以一种非逻辑,非经验的形式存在的。这样,个人、组织、群体间的互动就解决了大型工程决策中的信息搜集问题。大型工程的决策不是单一的决策,而是无数决策合成的结果。

在这无数的决策过程中,各相关利益者之间会形成冲突,解决这一系列冲突所依照的是非标准是我们上面所提到的另一个标准。只有依照正确的是非标准解决这一系列冲突的结果才是良好的,多个利益相关者的互动的结果是有效率的,但效率又依赖于我们判断什么是正义的标准。那么,这种判断正义的标准是如何出现的呢?我只能说它更无法以明确阐述的含有实质性意义的命题出现,这种标准更是以一种非逻辑,非经验的形式存在的。通过集中立法的方式来获得这种标准不见得可取。我们可以通过构建一种司法制度和程序的方法来发现它。人们对于一个个案进行判断比获得一个普遍适用的抽象原则更容易些,比如人们对一个具体盗窃案的事实和是非作出判断比找出一个解决所有盗窃案的普遍标准更容易。在个案的判断中,人们自觉或不自觉地用到了他们所有继承下来的价值体系来进行判断,此种判断不能被化约为一个纯粹的逻辑推理的过程。所以,保证法官独立和法官通过判例造法的普通法司法制度,在我国关于水事务的法律几乎是空白的情况下,是一种更好地发现正义规则的程序。

我们反思三峡工程出现的过程,在这个过程中,几乎没有出现多个利益相关者互动的情形和发现正义规则的司法过程,人们长期积累的关于水事务的知识,处理冲突的惯例习俗,几乎没有进入三峡工程出现的决策过程中。因此,这个工程的最后结果很可能是负面的。我在这里既不是诅咒也不是要谴责,只是要引发一个纯粹理论性的反思,希望人们对以前指导我们行动的理论进行反思。这种反思也许有助于我们今后的制度建设和大型工程决策。

我很长时间一直在猜想,如果在多中心治理和普通法司法的制度之下,中国的水危机存在着一种尽管不现实但非常真实的被解决的可能性。在人均物理水量上,中国是世界上最缺水的国家之一,但是公民们对此的日常感受却有可能居于世界中等水平或更好,并且不是以损害后代利益和可持续发展的条件而获得的。公民们对于水患,缺水,水污染的感受,要比现在那些人均物理水量和中国类似的小国的人们好得多。这是因为中国那时不仅有良好的制度,而且中国本身超大范围、超丰富多样性使得上述制度的潜力能够充分发挥出来。

由"宝马"案反思我们的司法制度*

新年伊始,一个本不复杂的案件——哈尔滨宝马车肇事案成了公众关注的焦点,互联网上的反响几可以用"沸腾"来形容。在21世纪的中国,又一次,媒体和社会舆论似乎成了法官,实现公正判决的责任落到了它们肩上。又一次,一个普通的刑事案件变成了政治性问题,处理不慎重可能带来有全局性影响的严重后果。但是我说,如果太多的案件要通过这样的方式解决,这是一个社会不可承受的。一般社会公众对案件没有亲历性,不具备专业知识,他们有自己的生活和工作,朴素的正义感不足以解决事实认定和法律适用中的复杂问题。这样一种方式的运用,需要巨大的成本,也只能关注到最具轰动效应的案件。它能够帮助维系最低限的正义,但如果离开了日常司法,整体而言解决社会问题的象征意义远大于实质意义。为了实现公正而诉诸公众舆论,只宜作为一种非常偶然的手段。

在信息公开和社会舆论的更多表达渠道上,我们确实有了事实上的进步,这值得欣慰。但同时,我们有理由为国家感到忧虑,因为这个事件折射出一般民众对司法几乎失去了信任,公共权力机构几乎丧失了公信力。联系到去年发生的一系列事件和"上访洪峰"的汹涌,完善中国的司法制度已成为极为紧迫的事情。

司法制度建立的目的是要通过程序解决冲突,发现正义,确立正当行为的规则,而使我们逐步实现建立一个美好的社会的理想。司法的性质要求法官的高度独立、法律秩序的统一与法官在判决中面向正义,而不仅仅是机械执行成文法条。这些条件要靠制度来保障,要靠宪法程序来保障。如果严重缺失这些条件,即使法治的声音喊得再高,也只能形

---

* 本文曾发表于《东方瞭望周刊》2004年第3期,有删节。

成一个不幸的司法体制，失去一般民众的信任在所难免。

我国的现状是司法权几乎彻底的地方化，我国司法区域与行政区域完全重合，每一级法院都是同级政府的一个组成部分，中央在地方没有独立的司法分支。相反，联邦制的美国倒只有联邦和州两个法院系统。甚至联邦制并不必然伴随一个二元的司法体系，并不必然存在一个州法院系统，在加拿大所有法官皆是联邦法官。对一般人来说，在美国法律还没有开始的地方，在中国法律就已经结束。我国的二审终审制使对普通公民关系重大的案件封闭于一个地级市的法院。在"宝马"案中，除非特殊的例外，冤屈最多上达于哈尔滨市中级法院。这些情况在两个方面破坏了我国法官们在审判中的独立，一个是地方法院在人、财、物上完全受制于地方政府，同地方利益集团存在着千丝万缕的联系；另一方面，部分也是为了判决的公正、化解社会矛盾，上级法院以行政的方式对下级法院进行监督、下达指示成为不得以的事情。

我们现在已经有大量的立法，但同时人人都知道，严格实施某些形式公平的规则会带来出乎意料的不良后果。这种情况损害了法律的尊严，事实上的选择性执法（如孙大午案、刘涌案）又使得人们深感不公平。依靠立法上的集中统一，是否就能真保证法律秩序的统一和法律的确定性？一个判例累积形成的规则体系，在表面上不像法条主义体系那样有着形式上的美感，但无论在形成人们行为预期的确定性，还是在适应快速变化社会的灵活性上，可能都更有优势。但我们至今仍拒绝判例法。

也许不得不说，现在我国司法的局面是小案多缠讼、中案多腐败、大案多干预（中央政治权力干预和公众舆论的干预等）。改革的迫切性无论怎样强调也不为过。

司法改革是一个审慎的政治改革，它是在不造成政局动荡的情况之下，对严重社会问题采取的妥当解决方式。良好司法体制发挥的力量是缓慢的，但却无时无刻地存在着，其作用的影响是深远的。人们在良好司法体系中逐渐养成的良好习惯和从中发展的正当行为规则又反过来影响着政体的其他部分，从而使政体逐步稳健地向良性方向变化，正如一位伟大的政治科学家在评论某个国家政制时所说：在那里，一切政治问题最后都会变成法律问题。

莫兆军事件的启示*

莫兆军事件和孙志刚事件几乎发生在同时,但没有引起人们的注意。中国法律的问题,不仅仅是孙志刚事件凸现的不公正,也是莫兆军事件所揭示的荒谬,因此我们要寻求这一事件带来的启示。

一、事件的过程

在广东的一个小城市,有两个男人到一对老夫妇家用持刀威胁的办法,迫使老夫妇和其女儿写了一张欠其中一个男人一万元的借条,老夫妇和他们的女儿都在借条上签了名字。后来,持有借条的男人到法院起诉,要求法院判决还款。案件是莫兆军法官审理的,在审理中,老夫妇和其女儿不能提供发生胁迫的相关证据,莫兆军法官根据"谁主张谁举证"的原则判决被告败诉。老夫妇没有上诉,他们在法院门口自杀了。这两个男人被逮捕,他们承认了胁迫并被判以重刑。后来,莫兆军法官也被逮捕了,被控以玩忽职守罪,最近法院判莫兆军法官无罪,但他作为法官的前途被毁了。事情的经过就是这样,事件起源于一个不大的纠纷,但引起了严重不幸的后果,两人死亡,两人被判重刑,一名法官的前途被毁灭。

二、不是增强法律意识

从这个事件中得出的教训似乎是要增强人们的法律意识,比如老夫妇在受到胁迫后要及时报警,要采取上诉的途径维护自己的权利而不是

---

* 本文曾载于《新京报》2003年12月10日,发表时有删节。

自杀。但依我看来,在我国现行的制度环境下,老夫妇即使"增强法律意识",他们败诉的命运也不见得会改变。因为报警未必有效,事情真相大白的新证据是他们以死换来的,如果上级法院仍同莫兆军法官那样判案,他们获得的仍将是败诉的结局。他们严格地遵循现行的法律条文也不能更好地维护自己的权益。实际上他们倒可以以另一种方式不偿还那笔并不存在的借款,如不应诉;在法庭上宣称借条不是自己写的,要求笔迹鉴定(谁知道会出现什么结果?);败诉了也宣称自己"要钱没有要命一条",让法院陷入执行难。一个了解中国当前法律运转实情的人从他们的利益角度出发很可能会给予这样的建议。彻底消灭对正义的信仰,只在现有规则下缠讼。如果人人都这么做,法律秩序将不能维持,而法律的僵化,必然带来这样的结果,这是我们社会中的现实。这似乎是对我们现行司法制度的一个讽刺,人们更多地了解法律,反而会嘲弄法律。

三、反对机械适用法律

一种流行的看法认为:法律就是一套已知的、摆在桌面上的规则,法官仅仅是去适用这些规则,法官只是一个输出法律产品的自动售货机,并且法官对法条要抱有绝对的忠诚,似乎只要这样,就会对案件做出正确的判决。莫兆军法官在上面的案件中似乎就是这样做的,他机械地适用了法律,他没有全面地审理案件,他只重视借条这样的事实,没有重视双方的争议,没有重视在一个不大的"债务"纠纷中,双方严重对立的事实。如果莫兆军法官不那么机械地适用法律,也许(仅仅是也许)会做出更好的判决,悲剧就不会发生。但我们现行的司法被严格法条主义的思想所支配,莫兆军没有更大的裁量权和独立性,他只能下这样的判决(尽管他心中不一定相信老夫妇真欠了钱)。莫兆军事件给我们的启示是上面的说法是错误的。司法过程是一项非常复杂的创造性工作,在司法过程中,法官无时无刻地不面临着判断的负担,这是作为法官不可回避的责任和重担。法官不能逃避判断的负担,仅仅依靠成文法条而解除法官主观判断的负担,这样做只能更不利于获得接近正义的判决结果。如果法官只允许执行清楚的命令,那么他们岂不是要被置于最严格的从属地位中。

四、豁免法官的错误

  对莫兆军的起诉似乎并非按照严格的法条主义的逻辑来行事，莫兆军也正是以此为自己辩护的，所以按现行的司法逻辑对莫兆军起诉的罪名并不成立，他被判无罪应是预料中的结果。现在，我们假设莫兆军法官有更大的裁量权和独立性，或者实际上他就有这样的裁量权和独立性，但他仍然下了一个错误的判决，他是否应该以玩忽职守罪被起诉并承担法律责任？法官要受到约束，但不应该因此损害法官独立审判的逻辑。在此我援引丹宁勋爵在《法律的训诫》一书中对这个问题的见解："只要法官在工作时真诚地相信他做的事是在他自己的法律权限之内，那么他就没有受诉的责任。法官可能弄错事实，可能对法律无知，他做的事情可能超出他的司法权限——不管是在事实上，还是在法律上——但是只要法官真诚地相信他做的事情是在自己的司法权限之内，他就不应承担法律责任。"当然，如果不是上述情况，"倘若法官受贿或者哪怕有一点点腐化行为，或者法官滥用司法程序，那他将受到刑事法庭的惩处"。

我国现行"一国两制"的问题

香港回归祖国和"一国两制"的运行迄今已六年多了,根据政治科学一般原理和既有政制的经验对其分析是非常必要的。

一国两制的目的和美国当年立宪者建立联邦制的意向有相同之处,既要保证是一国而非国家间的联盟,又要充分适应地方的特殊情况,维护地方的高度自治。"一国两制"要实现两个目的——维护国家统一;保证香港高度自治。有论者谓一国两制下,香港特别行政区所拥有的自主权力实际上大于一般联邦制下成员邦的权力。甚至较之于差异性的或歧视性的联邦制(联邦某一成员拥有比其他联邦成员更大的自治权力,如西班牙),香港所拥有的自治权较之差异性联邦主义下的特殊成员权力更大。但是,现行的一国两制和联邦制有重要的不同点,我们应该加以注意。

美国1787年宪法所创立的联邦主义其要点在于:建立一个直接对人民负责并直接对人民行使权力的全国性政府,这就是汉密尔顿所反复强调的,立法以个人而非以政治或集体资格成立的团体为对象;同时原有的州政府保持其独立。这样,全国性政府的权力范围哪怕是极为有限的,但这个权力不是借用而来的,也不是需要通过另一个政府才能够得以实施的。现行"一国两制"之下,中央政府并不对香港人民直接行使权力,而是在特区政府之上的政府。如果中央政府不成为直接临民的政府,是否能避免历史上已经失败的在政府之上建立政府的统治难题?

美国式联邦制下形成了并行的、相互独立的两个层级的政府面临同一批人民,在实际运转当中,必定会带来复杂的冲突和协调问题。但是,实际上这两个层级政府主要指的是行政部门的相互独立、各自运转,协调的任务在于立法,尤其是司法部门。在联邦制下,立法部门都由两院组成,呈混合性的特征,一院代表各成员体,一院直接代表人民,在美国《宪法》第十七条修正案通过之前,联邦参议员是由州议会加以选举的,更体现了这一全国性立法机构的混合性特征——原来邦联制议会与单一制全国性议会的混合。联邦议会既具有这一混合的特性,故其立法较其成员单位的立法有优先地位(国会立法对州法的优占)。然而更重要的是美式联邦制呈现司法至上或法院至上的特点,维护政体稳定,宪法不被损害的任务落在法院尤其是最高法院的头上。联邦制下行政部门呈现分散的特点,地方和全国性的行政部门之间不存在等级结构,但司法制度是统一的。联邦制并不必然伴随一个二元的司法体系,并不必然存在一个州法院系统,在加拿大所有法官皆是联邦法官。在美国司法制度也呈现出较行政体制远为统一的特点,美国宪法只规定了联邦最高法院对某些特殊案件拥有初始管辖权,但州法院也管辖涉及到联邦法律的案件。联邦最高法院作为最后的上诉法院,拥有法律上和事实上的上诉司法权,无论从联邦下级法院或州法院,案件皆可上达至最高法院。要研究联邦制是如何正常运转的,就需要知道,在这样一种多中心的行政安排下,法律是如何得到遵守的。它依赖于独立而统一的司法体系。美国早在马伯里诉麦迪逊案确立法院对国会立法有司法审查权前,美国最高法院已经确立了宣告州立法违宪的权力,这对维系联邦政体的稳定至关重要。行政权力的分散,并不意味着法律秩序的不统一,也不意味着宪法会遭到破坏失去稳定。

现行我国"一国两制"的制度安排中,并没有统一的司法体系,香港地区案件的终审权在香港最高法院,而不在全国最高法院;全国人大和政协尽管有来自香港特别行政区的代表,但无论考虑到人大、政协在现实条件下所实际发挥的作用,还是《宪法》中所安排的人大的超级权力,都不能指望人大和政协起到既维持一国又保持香港的高度自治这一高度复杂的协调难题。

在中国历史上长期实行中央集权制的时代里,地方官员严格来说,只是中央政府的一个分支,其权力源于中央的授予而非其他。长期来看,这一体制既不能保证行政的效率,也难以避免地方势力坐大而形成地方割据的局面。中国王朝统治的经验是,保持一个相对小规模的政府(只有一个政府即中央政府),朝廷设官只到县一级,而不下乡,而官员则使用科举或察举出身的文人,并且实行回避和定期更换的制度。这样,制度上依靠一个集权制的行政体系〔其组成人员是文官集团〕,来维系王朝的统一和稳定。时至今日,上述王朝的统治经验不仅无法用于香港,甚至大陆中央与省的关系中也出现捉襟见肘之事,因为宪法规定,省级官员由地方人大产生,如果中央政府不成为直接临民的政府,则不能避免历史上已经失败的在政府之上建立政府的统治难题。但是对中国内地而言,从调整全国性政府和地方政府间关系的功能角度,这既不是靠司法体系,也不是靠人大制度,而是依靠党的制度。中国共产党是当代中国政体中一个重要的组成部分,党的各级组织不仅执行着立法职能中最关键的部分和重要的行政职能,而且也发挥着协调中央和地方关系的作用。党的全国中央委员会和政治局,都是由中央和地方两个方面的实际掌权人物所组成的。这在世界的政制历史上的确是一种前所未见的安排,但其确实在实际运转着,并使当今中国政府拥有超过任何历代王朝的行政控制能力。

反观目前香港特别行政区的架构,既然缺少有效的、可实际运作的制度来调整全国性政府和香港特别行政区政府间的关系,那么中央政府所能做的就只能是直接或间接影响特区长官的人选。这和联邦制架构是大不相同的,因为缺失党的体制,和中国内地目前的办法也不同。仅依靠行政体制来协调两级政府间关系的做法,依靠行政中央集权制来维系政体的稳定,既容易形成专制,也扼杀整个社会的活力且从根本上破坏公民美德的养成。在中央与香港的关系中,上述做法还有一个更深刻的难题,即如何应对香港人民的民主诉求?如果顺应香港人民的愿望,搞行政长官和立法会直选,那么中央政府失去一切可温和采取的和平手段来保证"一国两制"中的一国,而由此产生的特区政府则必然同中央政府愈行愈远,这就出现了两难的局面。本来在拥有良好的司法制度的情况之下,行政部门的相互独立本不足为虑,且能更好地造福人民,但缺失后者的条件下,分裂或政体不稳定的危险就不再是杞人忧天了。

如果设想(仅仅在理论上)对现行的"一国两制"架构进行修改,比如,建立统一、强大、独立的司法体系,靠司法判决阐示"一国两制"的具体含义而确立全国政府和特区政府的权力界限,那么又发生另一些重大问题——不仅仅是全国最高法院的独立和违宪审查权问题,更加重要的是,香港属于普通法系,而中国内地是大陆法系。一国而分属不同的法系的情况有，比如在普通法的美国，路易斯安那州实行的是大陆法，那么倒过来的话，我认为是不可能的，即不能在大陆法下的一个地区实行普通法而保证司法的统一和良好运转，这是我的看法但不在此论证。问题似乎变成不仅要有一个虽由人大选择但不是人大执行部门或下级部门的最高法院，而且这一最高法院一定是普通法法院，能依靠判例创制法律，以发展全国性政府和特区政府间关系的普通法。